这是一些语言和心灵的钻石
在时光的沉淀和洗礼中
变得更加璀璨夺目
阅读吧
让它们闪耀在你的精神世界

新课标经典名著

学生版
SCHOOL EDITION

《资治通鉴》故事

(北宋) 司马光 原著

沈慧红 改写

南京大学出版社

目录 CONTENTS

- 001　三家分晋
- 007　豫让报恩
- 012　商鞅变法
- 020　孙膑智斗庞涓
- 026　苏秦合纵，张仪连横
- 038　将相和
- 044　乐毅前功尽弃
- 051　田单巧布火牛阵
- 057　虎父犬子
- 065　毛遂自荐
- 069　信陵君窃符救赵
- 074　吕不韦奇货可居
- 080　功过参半的李斯
- 086　荆轲刺秦王

- 091　陈胜吴广起义
- 099　破釜沉舟　巨鹿之战
- 105　鸿门宴
- 113　背水一战
- 119　四面楚歌　霸王乌江自刎
- 124　冯唐易老　李广难封
- 132　苏武牧羊
- 139　王莽夺权
- 148　班超出使西域
- 155　官渡之战
- 164　三顾茅庐
- 168　士别三日　刮目相看
- 174　赤壁之战
- 182　七擒孟获

187	挥泪斩马谡
191	羊祜以德服人
199	司马懿装病夺兵权
206	竹林七贤
212	司马昭之心路人皆知
218	王与马共天下
226	江左风流第一——谢安
232	多行不义必自毙
240	扪虱谈政的王猛
244	刘裕建宋
254	仓皇北顾的刘义隆
264	笔头忠心的古弼
268	萧道成建康称帝
274	萧衍建梁

- 283　高欢和宇文泰
- 296　瞎子祖珽
- 306　隋文帝灭陈
- 314　隋炀帝的扬州情结
- 324　李渊起兵
- 333　李世民玄武门之变
- 352　谏臣魏徵
- 362　一代女皇武则天
- 375　唐室砥柱狄仁杰
- 384　太平公主
- 397　忠心不二的高力士
- 404　字如其人　铁骨颜真卿
- 412　朱全忠灭唐建后梁
- 427　"儿皇帝"石敬瑭
- 436　赵匡胤立功掌兵权

三家分晋

自公元前770年平王东迁雒邑（今河南洛阳）以后，周朝王室更加衰微，君臣之间的礼纪已经崩坏，天下英雄开始以智慧、武力互相争雄。从公元前770年到公元前476年的二百九十多年间，社会风雷激荡，可以说是烽烟四起，战火连天。经过连年兼并，到后来只剩较大的几个，这些大国之间还互相攻伐，争夺霸权。一些强大的诸侯国为了争夺霸权，互相征战，争做霸主，先后称霸的五个诸侯叫做"春秋五霸"。他们分别是：齐桓公、宋襄公、晋文公、秦穆公和楚庄王。

这五人之中，仅晋一国前后称霸百年之久，是名副其实的霸主。然而到了春秋末期，一向称为中原霸主的晋国，国君的权力也衰落了，实权由韩、赵、魏、智、范、中行这六家大夫把持。他们各有各的地盘和武装，一直想侵吞他人，互相攻打，后来范、中行两家被打散了，还剩下智家、赵家、韩家、魏家。这四家中，又以智家的势力最大。周威烈王二十三年，也就是公元前403年，周威烈王姬午迫于四家的压力分封晋国大夫魏斯、赵籍、韩虔为诸侯国君，这给晋国埋下了无穷的祸患。

正在这时，智家的族长智宣子想将自己的儿子智瑶定为家族的继承人。智家一个叫智果的人听说后，连忙去劝说智宣子说："族长，您不能将智瑶定为继承人呀，选他还不如选您的另一个儿子智宵呢。"智宣子问道："您何出此言？"智果回答道："智瑶是不错，他有超越他人的五项长处：第一，身材高大，仪表堂堂；第二，精通射箭，擅长骑马；第三，才华横溢，技艺过人；第四，能言善辩，文辞优美；第五，刚毅坚强，勇敢果断。但他有一个致命的弱点，那就是不仁厚。如果他用这五项长处来制服别人而做不仁不义的恶事，那么谁又能与他和睦相处呢？"智宣子摇头说道："我看不尽然，你说得太夸张了吧。"智果心痛的大声疾呼："您一定要三思啊，要是真的立智瑶为继承人，那么智氏宗族一定会灭亡的。"最终智宣子还是没有听从智果的建议，立智瑶为继承人。智果看到这个结果，知道多说无益，便向太史请求脱离智族姓氏，另外立了辅氏家族。

不久，智宣子便去世，智瑶也顺理成章地继承了王位。一天，他与另外两大家族的韩康子、魏桓子在蓝台饮宴，吃饭时，智瑶戏弄韩康子，又侮辱他的家相段规。智瑶的家臣智国听说此事，就告诫说："主公您平时说话一定要谨言慎行，不然一定会招致祸患的！"智瑶很狂傲地说："这晋国上下，每个人的生死灾祸都是我决定的。谁还敢在我面前兴风作浪！"智国又说："这话可不对。贤德的人能够谨慎地处理小事，所以不会招致大祸。现在主公一次宴会就开罪了人家的主君和臣相，又不戒备，这种态度恐怕不行吧。蚊子、蚂蚁、等昆虫都能害人，何况是国君、国相呢！"但智瑶根本就没听进去。

过了一段时间，智瑶想侵占其他三家的领地。他首先向韩康子要地，韩康子刚开始想不给，但他的家臣段规说："智瑶贪财好利，又刚愎自用，如果不给，一定讨伐我们，不如姑且给他。他拿到地更加狂妄，一定又会向别人索要；别人不给，他必定向人动武用兵，这样我们就可以坐收渔人之利了。"韩康子说："好主意。"便派了使臣去送上有万户居民的领地。智瑶大喜，果然不久之后他又向魏桓子提出索地要求，魏桓子想不给。魏桓子的家相任章问："为什么不给呢？智瑶无缘无故强索他人领地，一定会引起其他大夫官员的不满；我们给智瑶土地，他一定会骄傲。他一旦骄傲而轻敌，我们就会团结在一起，用精诚的士兵来对付狂妄轻敌的智瑶，智家的命运一定不会长久了。主公不如先答应智瑶的要求，让他骄傲轻敌，然后我们可以选择盟友共同图谋。何必单独把我们作为智瑶的靶子呢！"魏桓子说："对。"于是也交给智瑶一个有万户居民的封地。

智瑶还不满足，又向赵襄子要蔡和皋狼的地方。赵襄子拒绝不给。智瑶勃然大怒，率领韩、魏两家甲兵前去攻打赵家。赵襄子逃到了先祖的领地晋阳，凭着弓箭死守了晋阳城两年多。三家兵马始终没有能把它攻下来。

智瑶率领其他两家将晋阳团团围住，有一天，智瑶到城外察看地形，这时候正赶上雨季，水坝上的水满了。智瑶命令兵士在水坝上挖开了个豁口。这样，大水就直冲晋阳，灌到城里去了。城内几乎全被淹没了，锅灶被泡塌，青蛙到处跳，但人们仍是没有背叛之意。智瑶巡视水势，魏桓子为他驾车，韩康子站在右边护卫。智瑶说："我今天才知道水可以让人亡国。"魏桓子用胳膊肘碰了一下韩康子，韩康子也踩了一下魏桓子脚，两人没有回应。

回来之后智家的谋士疵对智瑶说："韩、魏两家肯定会反叛。"智瑶问："你怎么知道？"疵说："以人之常情而论。我们调集韩、魏两家的军队来围攻赵家，赵家覆亡，下次灾难一定是连及韩、魏两家了。现在我们约定灭掉赵家后三家分割其地，晋阳城仅差三版就被水淹没，城内宰马为食，破城已是指日可待。然而韩康子、魏桓子两人不但没有高兴的心情，反倒面有忧色，这不是必反又是什么？"

第二天，智瑶把疵的话告诉了韩、魏二人，二人连忙狡辩说："这一定是小人离间，在为赵家游说，让主公您怀疑我们韩、魏两家而放松对赵家的进攻。我们两家怎么会放着早晚就要到手的赵家土地不要，而要去干那危险又不可能成功的事呢？"智瑶相信了他们。

当天晚上，赵襄子派张孟谈秘密出城来见韩、魏二人。张孟谈对他们说："俗话说'唇亡齿寒'。现在智瑶率领韩、魏两家来围攻赵家，赵家灭亡后就该轮到韩、魏了。"韩康子、魏桓子也忧心地说："我们心里也知道会这样，但是如果反叛的话，又怕事情还未办好而计谋却先泄露出去，就会马上大祸临头。"张孟谈打包票说："你放心，此事天知、地知、你知、我知，不会有任何问题的。"于是两人与张孟谈密议，约好起事日期后又送他回城了。

第二天夜里，赵襄子派人杀掉智军守堤的官吏，改变了大水决口的方向，使水流反灌智瑶军营。当时智瑶正在营帐中睡觉，突然听到一阵慌乱的喊声，起身一看，原来大水已经淹到自己军营来了。他开始还以为大概是堤坝决口，赶紧叫士兵们去抢修。智瑶正在惊慌不定时，突然间，四面八方响起了战鼓。赵、韩、魏三家的士兵驾着小船、木筏一齐冲杀过来。韩、魏两家军队乘机从两翼夹击，赵襄子率士兵从正面迎头痛击，大败智家军，并且杀死了智瑶。

赵、韩、魏三家灭了智家，不但把智瑶侵占的土地收了回来，连智家的土地也由三家平分。以后，他们又把晋国留下的其他土地也瓜分了。周威烈王二十三年，也就是公元前403年，周威烈王姬午迫于四家的压力分封晋国大夫魏斯、赵藉、韩虔为诸侯国君。这就是历史上所谓的"三家分晋"。

诗词拓展：

咏晋水

［明］李继贞

水可亡人国，哪知国自倾。
片言能树敌，三版得完成。

豫让报恩

赵、韩、魏三家打败智瑶,瓜分了智家的田土后,各自为政。为了显示自己的英勇善战,赵襄子杀死了智瑶,并且把智瑶的头骨涂上漆,作为喝酒的容器来喝酒。

这件事情传到了一个名叫豫让的人耳朵里,他气愤无比,当时就拍案而起,大声地骂道:"这个赵襄子也欺人太甚了,怎么可以这样对待一个死去的人!"原来这个叫豫让的人以前是智瑶的家臣,他认为赵襄子这种行为是对智瑶的极大侮辱,所以他一心想要为主公报仇。

他天天在赵襄子的宫殿周围转悠,伺机为智瑶报仇。一天,他听说赵襄子要找一个人打扫厕所,就自告奋勇地报名了。他顺利地被选上了。于是他化装为仆人,怀揣匕首,混到赵襄子的宫殿中寻找机会。

一天，赵襄子上厕所时，忽然心动不安，感觉有危险在靠近，于是就赶紧命人全宫殿搜索，一一排查，看看有没有什么可疑的人。手下领命排查，最后发现这新来的仆人豫让有问题，发现他以前是智瑶的家臣，就上报给了赵襄子。赵襄子听后也觉得豫让的存在对自己是一个威胁，于是就叫人将豫让抓了过来。

赵襄子看着被捆得结结实实的豫让说：“你来我宫中的目的是什么？”豫让高昂着头说：“我要杀了你，为智瑶报仇。”赵襄子问豫让：“你以前也曾效力于范氏、中行氏，智瑶攻灭他们，你为什么不为他们效死，反而为智瑶效力。现在我灭了智瑶，又为什么来刺杀我？”豫让回答说：“范、中行氏用常人之礼对待我，我也用常人之礼回报他；智瑶用国士之礼对待我，我当然也要以国士之礼报答他。”

左右随从对赵襄子说：“主公，这人以前是智瑶的家臣，现在偷偷地躲在我们宫中，想对您图谋不轨，您一定要将他杀死，以绝后患。”赵襄子听后，摇摇头说：“智瑶已经被杀死，而且智家族人也全部被处决，他们已无后人，而此人还要为他的主公报仇，我觉得此人真是一个义士。我不忍心将他杀死，把他放了吧，我以后小心躲避他好了。”于是命令左右释放了豫让。

然而豫让并没有放弃为智瑶复仇的决心，他还是一直徘徊在赵襄子的宫殿周围，伺机再次刺杀。但是，经过了上次的事件后，赵襄子明显提高了警惕，不再允许招来路不明的人进入自己的宫殿，每次出行也都会派很多的护卫保护，所以豫让一直没办法靠近赵襄子。

这样又耽搁了很久，豫让越来越着急。有一天，他正在街上走着，突然一个人跪在他面前哀求道："大爷，行行好吧，可怜可怜我吧，我好久都没吃过一顿饱饭了。"豫让低头一看，原来是一个浑身是疮的乞丐。这乞丐形容枯槁，邋里邋遢，完全看不出他的长相。豫让突然拊掌称赞："妙，这个办法不错，"说完他就急急忙忙地跑回家了。

回到家后，豫让找来了油漆，并且将油漆涂在身上，没过几天，他浑身开始长癞疮，疼痛难忍。妻子叫他赶紧去找医生来看看，但他并没有去求医治病，而是任其发展，没过多久，豫让就面目全非了。为了防止别人认出他的声音，他又吞下火炭，弄哑嗓音。他这副模样，妻子实在受不了，就把他赶出了家门。他也只能落得个在街市上乞讨过活的下场。艰苦的生活，病痛的折磨让豫让变得越来越憔悴了，连结发妻子在街上遇到他也认不出来。

一天，豫让照常在街上乞讨，他以前的一个朋友看到他的身形、举止，觉得有些熟悉，便上前询问。刚开始他一再否认，但在朋友再三追问下，他只好承认自己是豫让。朋友流着眼泪说道："你这又是何苦呢？以你的智谋、才干，如果投靠赵家，一定会成为赵襄子的亲信，到那时再报仇不是易如反掌吗？何苦把自己糟蹋成这样呢？用这样的方式来图谋报仇，不仅太困难了，也太为难自己了吗！"豫让说："忠臣不事二主，再说我要是委身于赵家，再去刺杀他，就是怀有二心，这样做就是不忠不义了。虽然我现在的这种办法是极困难的，但我还是要坚持下去。我之所以还要这样做，就是为了让现在和后世做人臣子而怀有二心的人感到羞愧。"朋友听了他的话感到佩服之至，含泪辞别。

终于有一天，机会来了。听说赵襄子要乘车出行，豫让事先打听到了他出行的路线，潜伏在他必经之路的桥下。等了半天，赵襄子终于到了桥前，眼看着自己的报仇行动快要成功，豫让紧张得都不敢呼吸了，生怕再次让赵襄子觉察。然而，天不遂人愿，大队人马走到桥头时，赵襄子所乘车的马突然惊叫起来，止步不前。赵襄子大惊，觉得这桥肯定有问题，赶紧让手下进行搜索，侍卫在桥下找到了埋伏在那的豫让，并将他捕获。

赵襄子气愤地看着豫让说："看你忠心可嘉，第一次我并没有杀了你，但你却一而再，再而三地企图刺杀我，人的忍耐是有限的。"豫让大声说道："不要你假惺惺，你侵占了我们智家的土地，还杀了我们的主公，最可恶的是你竟然还将他的头砍下来做酒杯，我一定要替主公报仇。"

赵襄子生气地说道："不识好歹的家伙！"于是命左右侍

从杀死了豫让。

诗词拓展：

豫让桥

［唐］胡　曾

豫让酬恩岁已深，高名不朽到如今。
年年桥上行人过，谁有当时国士心？

商鞅变法

周显王七年（公元前362年），秦献公去世，二十一岁的秦孝公即位。当时黄河、崤山以东有六个强国，分别为齐、楚、燕、赵、魏和韩，其中楚国国土面积最大，齐国最富。而秦国在崤山之西，在当时是比较落后的国家，所以被其他六个国家称为"蛮夷之邦"。六国根本不想与秦国结盟，更不准它参加中原各诸侯国的会议盟誓。

秦孝公目睹此情，感到秦国外受强邻的欺压，内有贵族的专横，决心奋发图强，改变国家的落后面貌。周显王八年（即位第二年），秦孝公就下令说："当年，我的祖先秦穆公，立足于岐山、雍地，励精图治，向东平定了晋国之乱，以黄河划定国界；向西称霸于戎、狄等蛮夷，占地广达千里，被周王赐予方伯重任，各诸侯国都来祝贺，所开辟的基业是多么宏伟。只是后来的国君厉公、躁公、简公及出子管理不当造成国内动乱不息，才无力顾及外事。导致三晋地区的魏、赵、韩三国夺取了河西地区，真是奇耻大辱。但是献公在位期间，他平定安抚边境，把都城迁到栎阳，亲往治理，准备向东征讨，收复穆公时的旧地，重修穆公时的政策法令。现在我即位了，想到先辈没有完成的心愿，我常常痛心疾首。若是宾客群臣中谁能献上奇计，让秦国变得强盛起来，我就封他为高官，给他封地。"卫国的公孙鞅听到这道求贤令，认为自己可以胜任，就急忙来到了秦国。

公孙鞅原来是卫国宗族旁支后裔，从小喜好法家刑名之学。以前他在魏国国相公叔痤手下做事，公叔痤深知他的才干，一直想把他推荐给魏惠王，但还未来得及推荐，公叔痤就生重病了。魏惠王前来看望公叔痤，问道："您是国家的栋梁，国家离不开您呀。如果您不幸去世了，那国家大事该如何处置？"公叔痤说："我手下有一个能人叫公孙鞅，他虽年纪轻轻，却有奇才，希望国君把国家交给他来治理！"魏惠王听罢没有说话。

公叔痤又说："如果国君您不想用他的话，那就要杀掉他，不能让他到别的国家去。"魏惠王许诺后告辞而去。魏惠王走后公叔痤又急忙召见公孙鞅，道歉说道："我必须先忠于君上，然后才能照顾属下；所以建议惠王要么重用你，要么杀了你。国君没有重用你的意思,所以你赶快逃走吧!"

公孙鞅摇摇头说:"国君不听从你的意见任用我,又怎么会听从你的意见来杀我呢?"所以就没有逃走。果然魏惠王离开公叔痤后对左右近臣说:"公叔痤已经病入膏肓了,真是太可怜了。他先让我把国家交给公孙鞅去治理,一会儿又劝我杀了他,岂不是糊涂了吗?"

公叔痤死后公孙鞅还是没有受到魏惠王的重用,正好这时秦孝公发出了广招贤才的公告,所以公孙鞅就离开了魏国来到了秦国。通过秦孝公宠臣景监的关系,公孙鞅见到了孝公,向秦孝公陈述了自己富国强兵的计划,孝公听后大喜过望,决定重用他,经常与他共商国家大事。

周显王十年(公元前359年)公孙鞅想实行变法改革,但是秦国的贵族听了他的方案后都不赞同。公孙鞅对秦孝公说:"对下层人,不能和他们商议开创的计划,只能和他们分享成功的利益。那些谈话至高道德的人,与凡夫俗子没有共同语言,要建成大业也不能与大多数人商议参谋。所以圣贤之人只要能够强国,就不必拘泥于旧传统。"

大夫甘龙反驳说:"不对,万事都有根本,按照旧章来治理,才能使官员熟悉规矩而使百姓安定。"公孙鞅反驳说:"普通人只知道安于旧习,学者往往陷于自己的知识不能自拔。这两种人,让他们做官守法可以,但不能和他们商讨旧

章之外开创大业的事。聪明的人制定法规政策，愚笨的人只会受制于人；贤德的人因时而变，无能的人才死守成法。"秦孝公说："说得好！"便任命公孙鞅为左庶长的要职，专门制定改革的法令。

商鞅下令：将百姓编为五家一伍、十家一什，互相监督，犯法连坐。举报奸谋的人与杀敌立功的人获同等赏赐，隐匿不报的人按临阵降敌给以同等处罚。立军功者，可以获得上等爵位；私下斗殴内讧的，以其轻重程度处以大小刑罚。致力于本业，耕田织布生产粮食布匹多的人，免除他们的赋役。不务正业因懒惰而贫穷的人，全家收为国家奴隶。王亲国戚没有获得军功的，不能享有宗族的地位。明确由低到高的各级官阶等级，分别配给应享有的田地房宅、奴仆侍女、衣饰器物。有功劳的人获得荣誉，无功劳的人即使富有也不能显耀。

法令已详细制定，尚未公布的时候，公孙鞅怕百姓不相信法令，就在国都的集市南门立下一根长三丈的木杆，下令说："有人能把它拿到北门去就赏给十金。"百姓们感到此事很古怪，没人动手去搬。公孙鞅又说："能拿过去的赏五十金。"重赏之下必有勇夫，终于有一个人半信半疑地拿着木杆到了北门，立刻获得了五十金的重赏，人们这才相信。直到此时，公孙鞅才下令颁布变法法令。

变法令颁布一年后，有上千秦国百姓前往国都控诉新法的不好。这时，太子正好也触犯了法律，公孙鞅说："新法不能顺利施行，就在于上层人士带头违犯。这次一定要严惩，以儆效尤。"太子是国君的继承人，不能施以刑罚，便转而将他的老师公子虔处劓刑，将另一个老师公孙贾脸上刺字，以示惩戒。

秦国人听说此事后，都开始小心翼翼地遵从法令。新法施行十年后，秦国一片路不拾遗、山无盗贼的太平景象。百姓勇于为国作战，不敢再行私斗，乡野城镇都得到了治理。这时，那些当初说新法不好的人中，有些又来说新法好，公孙鞅说："这些人都是乱法的刁民！"于是，把他们全部驱赶到边疆去住。此后老百姓不敢再议论法令的是非。

周显王十九年（公元前350年），秦从雍（今陕西凤翔）迁都咸阳，并命公孙鞅在咸阳修建宫殿。公孙鞅进行了第二次变法。他下令禁止百姓家庭不分长幼尊卑地父子、兄弟混居一堂；把四散凌乱的小村落合并到一起，成为一个县，设置县令、县丞等官员，共设了三十一个县；还废除旧的井田制度，打破原来的土地疆界；并统一斗、桶、权、衡、丈、尺等计量单位，改革了赋税制度。公孙鞅的种种措施使得秦国蒸蒸日上。

周显王二十六年（公元前343年），周显王封秦孝公为诸侯之长，各国听闻都来致贺。秦孝公命令公子少官率军队与诸侯在逢泽举行会议，并朝见周显王。

秦王在商附近封赏给公孙鞅十五个县。于是他号称为商君，这就是后世称他为商鞅的缘由。

起初，商鞅在秦国做国相时，制定的法律极为严酷，他曾亲临渭河处决犯人，血流得河水都变红了。他任国相十年，招致很多人的怨恨。一次，赵良来见商鞅，商鞅问他："你看我治理秦国，与当年的五大夫百里奚谁更高明？"赵良说："一千个人唯唯诺诺，不如有一个人敢于直言不讳。请允许我说出心里全部的意见，而您不加以怪罪，可以吗？"商鞅说："好吧！"赵良坦然而言："五大夫，原是楚国的一个乡野之人，秦穆公把他从卑贱的养牛郎，提拔到一人之下、万人之上的崇高职位。他在秦国做国相六七年，向东讨伐了郑国，三次为晋国扶立国君，一次拯救楚国于危难之中。他做国相，劳累了也不乘车，炎热的夏天也不打起伞盖。他在国中视察，从没有众多车马随从前拥后呼，也不舞刀弄剑咄咄逼人。五大夫死的时候，秦国的男女老少都痛哭流涕，连儿童也不再唱歌谣，舂米的人也不再唱舂杵的谣曲，以遵守丧礼。现在再来看您。您起初以结交主上的宠幸心腹景监为进身之途，待到掌权执政，就凌辱践踏贵族大家，残害百姓，弄得公子虔被迫闭门不出已经有八年之久。

您又杀死祝欢，给公孙贾以刺面的刑罚。《诗经》中说'得人心者兴旺，失人心者灭亡。'上述几件事，可算不上是得人心。您的出行，后面尾随大批车辆甲士，孔武有力的侍卫在身边护卫，持矛挥戟的武士在车旁疾驰。这些保卫措施缺了任何一样，您就绝不出行。您的危险处境正像早晨的露水，没有多少时间了，却还贪恋於地方的富庶收入，在秦国独断专行，积蓄下百姓的怨恨。一旦孝公有个三长两短，秦国用来逮捕您的罪名还会少吗？"商鞅没有听从赵良的劝告，果然只过了五个月就大难临头了。

显王三十一年（公元前 338 年），秦孝公去世了，秦惠文王即位。公子虔为了报当年劓刑之仇，向秦惠文王告商鞅谋反，惠文王便派官吏前去捉拿商鞅。商鞅听到消息，立即逃跑。

他找到一家客店准备住宿，店主不知他是商鞅，对他说："商鞅定下规矩，留住没有凭证的人，我要受'连坐'的处罚。"商鞅只得继续逃亡。他本想逃到魏国避难，但因为他曾率领秦兵攻打过魏国，所以被拒之门外。无奈之下，商鞅只好重返商地。

秦惠文王派重兵进攻商地，商鞅率领家丁等兵卒进行抵抗，但最终因众寡悬殊而失败。商鞅被杀于郑渑池，他的尸体被带回国，并处以车裂之刑。

诗文拓展：

商 鞅
［宋］王安石

自古驱民在信诚，一言为重百金轻。
今人未可非商鞅，商鞅能令政必行。

孙膑智斗庞涓

战国时期还有两个人不得不说，那就是孙膑和庞涓。他们两人是同窗，曾一起拜鬼谷子先生为师，学习兵法。同学期间，两人情谊甚厚，就结拜为兄弟，孙膑稍年长，为兄；庞涓稍年轻，为弟。

有一年，魏国国君以优厚的待遇招求天下贤才到魏国做将相，庞涓耐不住深山学艺的艰苦与寂寞，决定下山，谋求富贵。孙膑则觉得自己学业尚未精熟，还想进一步深造；另外，也舍不得离开老师鬼谷子，就表示先不出山，等学艺精湛了再下山。

于是，庞涓一个人先走了。临行前，庞涓对孙膑说："我们有八拜之交，情同手足。我这一去，如果能获得魏国重用，一定来迎接孙兄，我们共同建功立业，也不枉来一回

人世。"两人久握双手，最后洒泪而别。

庞涓到了魏国，魏王考察他治国安邦、统兵打仗等方面的才能、见识。庞涓倾尽胸中所有，滔滔不绝地讲了很长时间，并保证说："若任用我为大将，则六国就可以在我的把握之中，我可以随心所欲统兵横行天下，战必胜，攻必克，魏国则必成为七国之首乃至最终兼并其余六国！"魏王听了，很兴奋，便任命他为元帅，执掌魏国兵权。

庞涓确有本领，不久便侵入魏国周围的诸侯小国，连连得胜，使宋、鲁、卫、郑的国君纷纷来到魏国朝贺，表示归属。不仅如此，庞涓还领兵打败了当时很是强大的齐国军队！这一仗更提高了他的声威与地位，魏国君臣百姓，都十分尊重他、崇拜他。而庞涓自己，也认为自己取得了盖世大功，不时向人夸耀，大有"普天之下，舍我其谁"的气势了。

这期间，孙膑仍在山中跟随鬼谷子先生学习。他原来就比庞涓学得扎实，加上先生见他为人诚挚正派，便把秘不传人的《孙武兵法》十三篇拿出来让他细细地学习、领会。因此，这时孙膑的才能应该远远超过庞涓了。

有一天，从山下来了一个魏国大臣，礼节周全、礼物丰厚，代表魏王来迎接孙膑下山。孙膑以为是庞涓以魏王名义请他共创大业，很高兴两人的情谊并没有失去，便随魏国使臣下山了。其实，请孙膑到魏国，并非是庞涓的推荐；而是一个了解孙膑才能的人向魏王讲述后,魏王自己决定的。

孙膑一到魏国,便兴冲冲地先去看望庞涓。庞涓表面表示欢迎,但心里很不安。他得知自己下山后,孙膑在先生鬼谷子的教诲下,学问才能更高于从前,十分嫉妒,唯恐孙膑抢夺他一人独尊独霸的位置,于是想设计除掉孙膑。

不久,庞涓预先让家丁扮个齐国商人,见孙膑,骗孙膑回复家书,然后得了他的手迹。得了手迹后,庞涓立刻拿给惠王看,说孙膑还在思恋他的齐国,留在魏国一定不会尽忠尽力的,日后一旦被齐国重用,便成为魏国的后患,要惠王杀了孙膑。但惠王是个重用人才的君王,没有听从庞涓的话。

庞涓见自己的计谋没有得逞,便继续设计陷害孙膑。他怂恿孙膑回齐国探亲,让孙膑向惠王请假,还假意说要在惠王面前帮他说话。可是他到了惠王那里却说:"孙膑思乡之情不死,执意要回齐国,这人日后定会成为魏国的后患。"

这回惠王真的发怒了,把孙膑抓到军师府。庞涓还故作不知情,大惊失色问孙膑,究竟怎么回事?并假惺惺的前往王府,为孙膑讲情。庞涓建议惠王削去孙膑的膝盖骨,让他不能回齐国。惠王答应了,让庞涓削去孙膑的膝盖骨,孙膑因此变成了残疾人。

周显王十六年(公元前353年),齐国使者来到魏国,孙膑以受刑罪人身份与他暗中相见,并说动了齐国使者,偷

偷地把他藏在车中，带回齐国。

齐国大臣田忌见到孙膑后，把他奉为贵宾，经常向他请教国家大事。田忌发现他是一个不可多得的人才，便把他推荐给了齐威王。齐威王向孙膑请教了兵法，看他对答如流，也认为他是一个难得的人才，便延请他做自己的老师。

这时，魏国正在攻打赵国，齐威王计划出兵援救赵国，任命孙膑为大将，孙膑因自己是个残疾之人坚决辞谢，齐威王便任命田忌为大将、孙膑为军师，让他坐在帘车里，出谋划策。

田忌准备率兵前往赵国，孙膑对他说："排解两方的斗殴，不能用拳脚将他们打开，更不能上手扶持一方帮着打，只能因势利导，乘虚而入，紧张的形势受到阻禁，就自然化解了。现在两国攻战正酣，精兵锐卒倾巢而出，国中只剩老弱病残；您不如率军急袭魏国都城，占据交通要道，冲击他们空虚的后方，魏军一定会放弃攻赵回兵救援。这样我们一举两得，既解了赵国之围，又给魏国以打击。"田忌听从了孙膑的计策，果然大获全胜。魏国回兵，与齐国军队交战于桂陵，魏国大败，史称"桂陵之战"。

周显王二十八年（公元前341年），魏国庞涓率军攻打韩国。韩国派人向齐国求救。齐威王召集大臣商议说："是早救好呢，还是晚救好呢？"

成侯邹忌建议："不如不救。"

田忌不同意，说："如果我们坐视不管，韩国就会灭亡，被魏国吞并。这样对我们不利还是早些出兵救援为好。"

孙膑立即说："现在韩国、魏国的军队士气正盛，我们就去救援，是我们代替韩国承受魏国的打击，反而要听命于韩国了。这次魏国有吞并韩国的野心，待到韩国感到亡国迫在眉睫，一定会再来恳求齐国，那时我们再出兵，既可以加深与韩国的亲密关系，又可以趁魏国军队疲惫的时候打败他们，正是一举两得，名利双收。"

齐威王说："恩，你说得不错。"于是便暗中答应韩国使臣的求救，让他先回去，却迟迟不出兵。韩国以为有齐国的支持，便奋力抵抗，但经过五次大战都大败而归，只好把国家的命运寄托在齐国身上。齐国这时才出兵，派田忌、田婴、田盼为将军，孙膑为军师，前去援救韩国，仍用老办法，直袭魏国都城。庞涓听说，急忙放弃韩国，回兵国中。

魏国集中了全部兵力，派太子申为将军，抵御齐国军队。孙膑对田忌说："魏、赵、韩那些地方的士兵向来剽悍勇猛，看不起齐国；齐国士兵的名声也确实不佳。善于指挥作战的将军必须因势利导，扬长避短。《孙武兵法》说'从一百里外去奔袭会损失上将军，从五十里外去奔袭只有一半军队能到达。'"于是，田忌便命令齐国军队进入魏国地界后，做饭修造十万个灶，第二天减为五万个灶，第三天再减为二万个灶。庞涓率兵追击齐军三天，见此情况，大笑着说:"我早就知道齐兵胆小,进入我国三天,士兵已逃散一多半了。"于是丢掉步兵,亲率轻兵精锐日夜兼程追击齐军。孙膑估计魏军的行程当晚将到达马陵。马陵这个地方道路狭窄而多险隘,可以埋伏重兵,孙膑便派人刮去一棵大树的树皮,在白树干上书写六个大字:"庞涓死此树下!"再从齐国军队中挑选万名优秀弓箭手夹道埋伏,约定天黑后一见有火把亮光就万箭齐发。

果然,在那天夜里庞涓赶到那棵树下,看见白树干上隐约有字,便令人举火照看,还未读完,两边箭如飞蝗,一齐射来,魏军大乱,溃不成军。庞涓自知败势无法挽回,便拔剑自尽,临死前叹息道:"让孙膑这小子成名了!"齐军乘势大破魏军,俘虏了太子申。

孙膑因为这一次胜利而闻名天下,后世的军人都争相学习他的兵法。

诗词拓展：

孙　膑

〔唐〕周　昙

曾嫌胜己害贤人，钻火明知速自焚。
断足尔能行不足，逢君谁肯不酬君。

苏秦合纵，张仪连横

商鞅变法之后，秦国迅速崛起。周显王三十一年（公元前338年），秦惠文王即位。他从秦孝公手中接过来的是一个强盛的秦国，但同时也是一个已经成为众矢之的的秦国。

此时天下形势出现了重大变化：秦国一国独大的局面已经初步形成，其他六国之中任何一国都没有能力单独与秦国抗衡。面对这种新的局面，六国只有采取能够适应新形势的生存策略才能继续存在下去，秦国面对六国的生存策略也只有调整应对策略才能持续保持崛起的优势。

在这个过程中，有两个人始终与六国的生存策略、秦国的应对策略息息相关。正是这两个人，凭借三寸不烂之舌左右着当时的天下大局。那么，这两个人是谁呢？这两人就是苏秦和张仪。

苏秦、张仪也算是师出名门,他们与孙膑和庞涓是同门师兄弟,都是鬼谷子的学生。

苏秦第一个求见的是周显王,但是,周显王身边的人一向看不起苏秦,周显王也不信任他。苏秦没有办法,只好西行奔赴秦国,想劝说秦国凭借众多的士兵、百姓和精锐的军队,称帝而统治天下。秦惠文王因为刚刚车裂了商鞅,非常忌讳说客,他一看苏秦又是一个说客,一来就劝他称帝,便婉言谢绝了苏秦。

于是苏秦又来到了燕国,他对燕文公道:"燕国之所以没有遭受侵犯和掠夺,是因为南面有赵国做挡箭牌。秦国要想攻打燕国,必须远涉千里之外,而赵国要攻打燕国,只需行军百里以内。现在您不担忧眼前的灾患,反倒顾虑千里之外,没有比这更错的了。我希望大王您能与赵国结为亲密友邦,两国一体,燕国就可以无忧无虑了。"苏秦在此基础之上提出了自己的主张:"合纵。"

所谓"合纵","合",就是联合;"纵",指南北。当时六国从燕至楚,是从北至南。"合纵"就是六国南北联合共同对付秦国,所以也叫"合众弱以攻一强"。但说"攻一强"并不准确,准确的说法是"合众弱以抗一强",是联合六国应对强秦,而不是进攻秦国。

燕文公听从了苏秦的劝告,资助他车马,让他去游说赵肃侯,希望让赵、齐两国不侵犯燕国。

苏秦来到赵国，对赵肃侯说道："当今之时，崤山以东的国家以赵国最强，秦国的心腹之患也是赵国，然而秦国始终不敢起兵攻赵，就是怕韩国、魏国在背后算计。秦国要是攻打韩、魏两国，没有名山大川阻挡，只要吞并一些土地，很快就兵临国都。韩国、魏国不能抵挡秦国，必定会俯首称臣；秦国没有韩国、魏国的牵制，就会立即把战祸蔓延到赵国头上。根据天下的地图分析，各国的土地面积相加是秦国的五倍，各国的兵力加起来是秦国的十倍，如果六国结成一气，向西进攻秦国，一定可以攻破。现在主张巴结秦国的人都想割各国的土地去献给秦国，秦国成就霸业他们可以获得个人的荣华富贵，而各国遭受秦国的践踏，他们却毫无分忧之感。所以这些人日日夜夜总是用秦国的威势来恐吓各国，以使各国割地。我劝大王好好地想一想！为大王着想，不如联合韩、魏、齐、楚等国，抵抗秦国，让各国派出大将、国相在洹水举行会议，互换人质，结成同盟，共同宣誓：'如果秦国攻打某一国，其他五国都要派出精兵，或者进行牵制，或者进行救援。哪一国不遵守盟约，其他五国就一起讨伐它！'各国结成盟邦来对抗秦国，秦国就再也不敢派兵出函谷关来侵害崤山以东各国了。"赵肃侯听罢大喜，将苏秦奉为上宾，赏赐丰厚，让他去联合其他各国。

于是苏秦又来到了韩国，他对韩国国君说："您如果一味地向秦国示弱，割地求和，最后一定会输得很彻底，因为您的地是有限的而秦国的欲望是无限的。并且，以您这么强盛的国力却要去侍奉秦国，让国家蒙受耻辱，没有比这更让天下人耻笑的了。"苏秦这番话把韩国国君羞得满脸通红，他挽起袖子，仰天长叹道："我就是再没有才能，也不能再侍奉秦国了。"

经过不懈游说，苏秦终于组成了六国的反秦联盟。苏秦一人佩带六国相印，成为六国合纵的领袖。

这时秦国派犀首为大将攻打魏国，大败四万多魏军，活捉魏将龙贾，攻取雕阴后，又要引兵东下。苏秦担心秦兵到赵国会挫败"合纵"的计划，盘算没有别人可以到秦国去用计，于是用激将法挑动张仪，前往秦国。

张仪，魏国人，当年与苏秦一起在鬼谷子先生门下学习，学习联合、分裂各国的政治权术，苏秦自认为才能不及张仪。张仪游说各国没有被赏识，流落楚国，这时苏秦便召他前来，又加以羞辱。张仪被激怒，心想各国中只有秦国能让赵国吃苦头，便前往秦国。秦王见到张仪很高兴，以客卿地位礼待张仪。苏秦派人对张仪说明："苏秦先生担心秦国攻打赵国会挫败'合纵'的计划，认为除了您没有人能操纵秦国，所以故意激怒您，又暗中派我来供给您费用，这些都是苏秦先生的计谋啊！"张仪感慨地说："罢了！我在别人的计谋中还不自知，我不如苏秦是很明显的事了。请代我拜谢苏秦，只要他活着，我张仪就不说二话！"

张仪到秦国后，他的才华有了施展的舞台，渐渐忘了对苏秦的承诺，提出了一个帮助秦国破坏六国合纵的应对策略——连横。"连横"是指游说那些联合抗秦的国家，要他们靠拢秦国，去攻击别的国家。这个策略和苏秦的合纵抗秦策略，正好针锋相对。张仪的策略是在六国合纵的链条上先找一个薄弱环节，从中截断，使整个链条断裂，而这个薄弱环节就是魏国。

秦国公子华和张仪率兵攻取了魏国的蒲阳，张仪劝说秦王将蒲阳归还魏国，并派公子繇作为人质到魏国。张仪因此劝说魏王说："秦国对魏国这么好，魏国也不应该对秦国无礼。"魏国因此将上郡的十五个县给了秦国，张仪回到秦国后就做了秦国的国相。秦国后来又把焦、曲沃两个地方，归还给了魏国。

公元前三二四年，张仪又带兵攻打魏国，取得陕这个地方。后来，张仪辞去秦国国相，做了魏国国相，相劝魏王先跟秦国走，然后其他国家也仿效魏国，化解苏秦的"合纵同盟"。公元前三一九年，魏惠王死了，魏襄王即位。

张仪劝说魏襄王道："魏国地方不满千里，士兵不足三十万，地势平坦，没有崇关大河的险要。守军分别守卫与楚、韩、齐、赵接壤的边界，用来扼守要塞的不过十万人。所以，魏国历来是厮杀的战场。各国约定联合抗秦，在洹水结盟，作为兄弟之邦互相救援。然而同一父母的亲兄弟，有时还为争夺钱财互相残杀，各国之间，想靠反复无常的小人苏秦的一番伎俩，就结成同盟，明显是不可靠的。大王您不与秦国结好，秦国就会发兵进攻河外，占据卷县、酸枣等地，袭击卫国，夺取阳晋。那时，赵国不能南下，魏国也不能北上，南北隔绝，就谈不上联合抗秦，大王您的国家想避免危险也不可能了。所以我希望大王您能深思熟虑，拿定主意，让我辞去魏国相位，回秦国去筹划修好。"于是魏王背弃了联合抗秦的盟约，派张仪前往秦国去求和。

在六国之中，齐、楚两国是大国。张仪认为要实行"连横"，非把齐国和楚国的联盟拆散不可。他向秦惠文王说明了自己的计策，就去楚国了。

张仪来到楚国，对楚王说："大王如果能听从我的建议，与齐国废除盟约，断绝邦交，我可以向楚国献上商於的六百里土地，让秦国的美女来做侍奉您的妾婢。秦、楚两国互通婚嫁，就能永远结为兄弟之邦。"楚王十分高兴，听从张仪的建议。

楚国的大臣们听说有这样便宜事儿，都向楚怀王庆贺。只有陈轸提出反对意见。

楚王恼怒地问："我一兵未发而得到六百里土地，有什么不好？"

陈轸回答："您的想法不对。以我之见，商於的土地不会到手，齐国、秦国却会联合起来，齐、秦一联合，楚国即将祸事临门了。"楚王问:"你有什么解释呢?"陈轸回答:"秦国之所以重视楚国,就是因为我们有齐国做盟友。现在我们如果与齐国毁约断交,楚国便孤立了,秦国又怎么会偏爱一个孤立无援的国家而白送商於六百里地呢!张仪回到秦国以后,一定会背弃对您的承诺。那时大王北与齐国断交,西与秦国生出怨仇,两国必定联合发兵夹攻。为您算计,不如我们暗中与齐国仍旧修好而只表面上绝交,派人随张仪回去,如果真的割让给我们土地,再与齐国绝交也不晚。"楚王斥责道:"请你闭上嘴巴,不要再说废话了,等着看我去接收大片土地吧!"于是把国相大印授给张仪,又重重赏赐他。

楚王拒绝了陈轸的忠告,一面跟齐国绝交,一面派人跟着张仪到秦国去接收商於。齐宣王听说楚国同齐国绝交,马上打发使臣去见秦惠文王,约他一同进攻楚国。

楚国的使者到咸阳去接收商於,想不到张仪回国后,就假装从车上跌下,三个月不上朝。楚王听说后自语道:"张仪是不是觉得我与齐国断交做得还不够彻底?"便派勇士宋遗借了宋国的符节,北上到齐国去辱骂齐王。

齐王大怒,立即降低身份去讨好秦国,齐国、秦国于是和好。这时张仪才上朝,见到楚国使者,故作惊讶地问:"你为何还不去接受割地?从某处到某处,有六里多见方。"使者愤怒地回国报告楚王,楚王勃然大怒,想发兵攻打秦国。

陈轸又说:"我个人觉得攻秦国还不如用一座大城的代价去收买它,与秦国合力攻齐国。这样我们从秦国失了地,还可以在齐国得到补偿。现在大王您已经与齐国断交,又去质问秦国的欺骗行为,这会促使齐国、秦国和好而招来天下的军队,国家一定会有大损失!"

楚王仍是不听他的劝告,派屈匄率军队征讨秦国,秦国也任命魏章为庶长,起兵迎击。

周赧王三年(公元前312年)春季,秦、楚两国军队在丹阳大战,楚军大败,八万甲士被杀,屈匄及以下的列侯、执圭等七十多名官员被俘。秦军乘势夺取了汉中郡。楚王又征发国内全部兵力再次袭击秦国,在蓝田决战,楚军再次大败。韩、魏等国见楚国危困,也来袭击楚国。楚王听说后,只好率军回救,割让两座城向秦国求和。

周赧王四年(公元前311年),秦惠文王派人通知楚怀王,想用武关以外的地方换黔中之地。对张仪心存仇恨的楚王说:"我不愿换地,只想用黔中之地来换张仪。"

张仪听说后,请求秦王同意。秦王问:"楚国要杀死你才甘心,你为什么还要去?"张仪说:"秦国强,楚国弱,只要大王您在,估计楚国不敢把我怎么样。而且我和楚王的宠臣靳尚关系密切,靳尚又侍奉楚王的爱姬郑袖,郑袖的话,楚王没有不听的。"于是,张仪欣然前往楚国。

楚王把他关在狱中,准备处死。靳尚对郑袖说:"秦王十分宠爱张仪,想用上庸等六个县及美女来赎回他。大王看重土地,又尊重秦国,那样,秦国的美女将被宠幸,您就会遭到冷落。"于是,郑袖日夜在楚王面前哭着哀求:"当年的事,不过是各为其主。现在您要是杀了张仪,秦国必定震怒。我请求让我们母子两人先迁居江南,不要成为秦国刀下的鱼肉。"于是楚王赦免了张仪,还以厚礼相待。

张仪劝说楚王道:"倡导各国联合抗秦,简直是赶着羊群去进攻猛虎,明显打不赢。现在大王您不肯听命秦国,秦国如果逼迫韩国、驱使魏国来联合攻楚,楚国可就危险了。秦国西部有巴、蜀两地,备船积粮,沿岷江而下,一天可行五百余里,不到十天就兵临扞关。扞关惊动,则由此以东的各城都要修治守备,黔中、巫郡便不再是大王您的了。秦国如果大举兴兵攻出武关,那么楚国的北部就成为绝地,秦兵再南攻楚国,楚国的存亡只在三个月以内,而楚国等待各国来救援要在半年以上。坐等那些弱国来救,而忘记了强秦的威胁,我可为大王您现在的做法担心啊!大王如果能诚心诚意地听我的意见,我可以让楚国、秦国永久结为兄弟之邦,不再互相攻杀。"楚王虽然已经得到了张仪,却又舍不得拿黔中之地来交换,于是同意了张仪的建议,让他离开。

张仪离开楚国后,便前往韩国,劝说韩王:"韩国地方险恶多山,所产五谷,不是豆子而是杂麦,国家口粮积存不够两年，现在军中的士兵不过二十万，秦国却有甲兵一百余万。崤山以东的人要披上盔甲才可以参战，而秦国人个个赤膊便能上阵迎敌，左手提着人头，右手夹着俘虏。秦国用孟贲、乌获那些勇士们来进攻不肯臣服的弱国，正像在鸟蛋上压下千钧重石，无一可幸免。大王您不肯迎合秦国，若秦国发甲兵占据宜阳，扼守成皋，大王的国家就被分裂，鸿台的宫殿，桑林的园苑，就不再是您能享有的了。为大王着想，您不如结好秦国进攻楚国，既转嫁了灾祸又取得秦国欢心，没有比这更好的主意了！"韩王也听从了张仪的意见。

　　张仪回到秦国报告，秦王封赏给他六个城邑和武信君的爵位。又派他向东游说齐王，张仪劝齐王说："主张联合抗秦的人，必对您说'齐国有三晋作屏障，地广人多，兵强士勇，即使有一百个秦国，也拿齐国无可奈何。'大王您也总是称赞这种说法而不考虑实际情况。现在秦、楚两国互通婚姻，结为兄弟之国；韩国献给秦国宜阳；魏国交出河外之地；赵王也去朝见秦王，割让河间讨好秦国。大王若是不迎合秦国，秦国将驱使韩国、魏国之兵进攻齐国南部，再逼迫赵兵倾巢而出，渡过清河，直指博关。那时临淄、即墨等齐国心腹地带可就不属于您所有了。等到国家遭受攻击的那天，您再想讨好秦国，也来不及了！"齐王同样采纳了张仪的建议。

　　张仪离开齐国，又向西游说赵王道："大王带头联合各国抵抗秦国，使秦兵十五年不敢出函谷关侵犯各国。大王的威望在崤山以东传扬，我们秦国十分恐惧，缮甲厉兵，积蓄粮草，时刻担忧您的威慑，不敢放松警惕，唯恐大王您兴兵前来问罪。现在我们秦国托大王您的神力，一举攻下巴、蜀，吞并汉中，包围两周，兵抵白马津。我们秦国虽然地处偏远，然而对赵国心含愤怒已不是一天了。如今秦国有一支不成样子的败甲残兵驻在渑池，愿意渡过黄河，越过漳水，进据番吾，前来邯郸城下相会。希望用古时甲子会战形式，重演武王伐纣的故事。为此，秦王特派使臣我来通知您。现在楚国与秦国结为兄弟之邦，韩国、魏国俯首称臣，齐国献出盛产鱼盐的海滨之地，这就像砍断了赵国的右臂。被砍断了右臂而与别人争斗，失去同党而又孤立无援，赵国想要不灭亡，能办到吗！如果秦国派出三支大军，一支军队扼守午道，通知齐国渡过清河，在邯郸之东驻军；另一支军队驻扎成皋，驱使韩、魏军队进军河外；第三支军队驻扎渑池，约定四国联合攻赵，征服后必定四分其地。我为大王着想，不如与秦王当面亲口结下盟约，使两国成为长久的兄弟之国。"没办法，赵王也接受了张仪的劝说。

就这样，苏秦辛辛苦苦建立起来的六国"合纵"联盟最终被张仪的"连横"拆散了。

诗词拓展：

经苏秦墓

［唐］贾　岛

沙埋古篆折碑文，六国兴亡事系君。
今日凄凉无处说，乱山秋尽有寒云。

张　仪

［唐］徐　夤

荆楚南来又北归，分明舌在不应违。
怀王本是无心者，笼得苍蝇却放飞。

将相和

周赧王三十二年（公元前283年），赵王得到楚国宝玉和氏璧，秦昭王知道这件事后，心中起了贪心，就派人给赵王送信，表示愿意用十五座城邑来换取和氏璧。

赵王与各位大臣商议：如果把和氏璧给秦国，秦国的城邑恐怕得不到，只能是白白地受骗；如果不给秦国和氏璧，又担心秦国会出兵攻打赵国。赵王拿不定主意，又找不到可派去回复秦国的人。

宦官缪贤说："我有一个门客叫蔺相如，他智勇双全，遇事灵活机变，是个可造之才，可以让他出使秦国。"于是赵王召见蔺相如，问他："秦王打算用十五座城邑换我的和氏璧，能不能给他？"蔺相如说："秦国强，赵国弱，不能不答应他。"赵王说："如果秦国得了我的璧，不给我城邑，怎么办？"蔺相如说："秦王请求用城换璧，如果赵国不答应，那就是赵国理亏；如果赵国给了璧，而秦国不给赵国城邑的话，那就是秦国理亏。比较这两个计策，宁可答应把玉璧给秦国，使它承担理亏的责任。"赵王问："可以派谁去呢？"蔺相如说："如果大王实在无人可派，臣愿捧护和氏璧出使秦国。城邑归属赵国了，就把璧留给秦国；城邑不给赵国，我就把璧完好无损地带回赵国。"于是赵王就派蔺相如带着和氏璧西行入秦。

秦王坐在章台宫接见蔺相如。蔺相如捧璧献给秦王。秦王非常高兴，把璧传给妃嫔及左右侍从看，群臣高呼"万岁"。

蔺相如看出秦王没有要把城邑给赵国的意思，就走上前说："璧上有点毛病，请让我指给大王看。"秦王把璧交给蔺相如。蔺相如于是手持璧退后几步站定，背靠着柱子，怒发冲冠，对秦王说："大王想要得到和氏璧，派人送信给赵王，赵王召集所有大臣商议，大家都说'秦国贪婪，倚仗它强大，想用空话得到和氏璧，给我们的城邑恐怕得不到。'打算不将和氏璧给秦国。我认为平民之间的交往尚且不相互欺骗，何况是大国之间的交往呢！况且为了一块璧的缘故惹得强大的秦国不高兴，也是不应该的。于是赵王斋戒了五天，派我捧璧，在朝廷上将国书交给我。为什么要这样呢？是尊重大国的威望而修饰礼仪表示敬意呀。现在我来到秦国，大王却在一般的宫殿接见我,礼节十分傲慢;得到璧后又将它传给妃嫔们看,以此来戏弄我。我看大王无意补偿给赵国十五座城邑,所以又把璧取回来。大王如果一定要逼迫我,我现在就与和氏璧一起撞碎在柱子上!"

蔺相如手持璧玉,斜视着柱子,就要向柱子上撞去。秦王怕他真把璧撞碎,就婉言道歉,请求他千万不要去撞柱子,并召来负责的官吏察看地图,指明要把哪十五座城邑划归赵国。

蔺相如估计秦王只不过以欺诈的手段假装给赵国城邑,实际上赵国是不可能得到这些城邑的,他就对秦王说:"和氏璧是天下公认的宝物,赵王敬畏大王,不敢不献出来。赵王送璧的时候,斋戒了五天。现在大王也应斋戒五天,在朝堂上安设'九宾'的礼节,我才敢献上和氏璧。"

秦王估量此事终究不能强夺,就答应斋戒五天,把蔺相如安置在广成馆里住宿。蔺相如估计秦王虽然答应斋戒,也必定违背信约,不给赵国城邑,就派他的随从穿着粗麻布衣服,怀揣和氏璧,从小路逃走,把璧送回赵国。

秦王斋戒五天后,就在朝廷上设了"九宾"的礼仪,延请赵国使者蔺相如。秦王和群臣知道和氏璧已经被蔺相如送回赵国后,面面相觑,可是也无可奈何,觉得杀了蔺相如也于事无补,只好在朝廷上接见蔺相如,完成礼节后,让他回赵国去了。

蔺相如回国之后，赵王认为他很贤能，出使到诸侯国家能不受欺辱，就任命他做上大夫。秦国没有把城邑给赵国，赵国也始终没有把璧给秦国。

周赧王三十六年（公元前279年），秦国大将白起攻打楚国，占领鄢、邓、西陵等地。楚国一片慌乱。就在这时，秦王派使臣告诉赵王，打算与赵王和好，在西河外渑池相会。

赵王害怕秦国，不想去。廉颇、蔺相如商量说：“大王如果不去，显得赵国既软弱又胆小。”赵王只好前往赴会，蔺相如随行。廉颇送到边境，和赵王辞别说：“大王这次出行，直到回国，不会超过三十天。如果大王三十天还没回来，就请允许我立太子为王，以便断绝秦国的念头。”赵王同意廉颇的建议。

来到渑池之后，秦王设宴招待赵王、秦王喝酒喝到酒兴正浓时说：“我私下里听说赵王喜好音乐，请赵王弹弹瑟吧！”赵王就弹起瑟来。赵王弹罢，蔺相如也请秦王表演敲击瓦盆的音乐，秦王却不肯。蔺相如厉色说道：“在五步之内，我就可以血溅大王！”秦王左右卫士想上前杀死蔺相如，蔺相如怒目呵斥，左右人都畏缩不敢行动。秦王只好非常不情愿地敲了一下瓦盆。

直到酒宴结束，秦国始终不能对赵国加以非分之求。再加上赵国人也早有军队戒备，秦国到底没敢轻举妄动。渑池之会结束赵王回国后，觉得蔺相如功劳很大，就封他为右上卿，位在廉颇之上。

廉颇觉得很不服气，生气地说："想想我当初出生入死，为赵国立下赫赫战功，而蔺相如只不过动动嘴皮子，职位却在我之上。再说蔺相如本来只是一个卑贱的人，凭什么我的职位在他之下！我遇见蔺相如，一定要羞辱他。"蔺相如听到这些话后，不肯和他碰面，每逢上朝时常常推说有病，不愿跟廉颇争位次。

有一次蔺相如出门，远远看见廉颇，就掉转车子避开他。蔺相如的门客就一齐劝谏说："我们离开亲人来侍奉您，不过是因为仰慕您的高尚品德啊。现在您与廉颇职位相同，廉将军口出恶言，您却害怕他躲避他，怕得太过分了。就是普通人对这种情况也会感到羞耻，请允许我们告辞吧！"蔺相如坚决挽留他们，说："你们看廉将军与秦王相比哪个厉害？"门客回答说："廉将军不如秦王厉害。"蔺相如说："以秦王那样的威势，我蔺相如却敢在秦国的朝廷上呵斥他，羞辱他的群臣。蔺相如虽然才能低下，难道偏偏害怕廉将军吗？我是想到秦国之所以不敢轻易对赵国用兵，只是因为有我们两个人在啊！现在如果两虎相斗，必有一伤，我这样做是把国家的利益放在首位呀。"

廉颇听说了蔺相如的话感到很羞愧，就脱去上衣，露出上身，背着荆条，到蔺相如家门前请罪。蔺相如原谅了他，两人终于和好,成为生死与共的朋友。

诗词拓展:

咏史·廉颇蔺相如

[宋]陈 普

长年霜骨白皑皑,廉蔺羞颜似湿灰。
白起杀心如未谢,二家随璧献章台。

乐毅前功尽弃

周赧王三年（公元前312年），燕国贵族共同推举太子姬平为燕昭王。昭王是在燕国被齐国攻破后即位的，他凭吊死者，探访贫孤，与百姓同甘共苦。自己纡尊降贵，用重金招募人才。一天，他问郭隗："齐国乘我们内乱而攻破我国，我深知燕国国小力少，不足以报仇。然而招揽贤士与他们共商国是，以雪先王的耻辱，始终是我的愿望。先生您如果见到合适人才，我一定亲自服侍他。"

郭隗说："古时候有个君主派一个负责洒扫的涓人用千金去购求千里马，那个人找到一匹已死的千里马，用五百金买下马头带回。君主大怒，涓人解释说：'死马您还买，何况活的呢！天下人知道了，好马就会送上来的。'不到一年，果然得到了三匹千里马。现在大王您打算招致人才，就请先从我郭隗开始。比我贤良的人，都会不远千里前来的。"于是燕昭王为郭隗翻建府第，尊他为老师。各地的贤士果然争相来到燕国，乐毅就是其中之一。昭王奉乐毅为亚卿的高位，把国家大事委托给他。

周赧王三十年（公元前285年），齐王灭掉宋国后变得十分骄傲，便想向南侵入楚国，向西攻打赵、魏、韩国，想吞并东西二周，自立为天子。

与此同时，燕昭王日夜安抚教导百姓，使燕国更加富足，于是他与乐毅商议进攻齐国。乐毅说："齐国称霸以来，至今有余力，地广人多，我们独力攻打不易。大王一定要讨伐它，不如联合赵、楚、魏三国。"燕王便派乐毅约定赵国，另派使者联系楚国、魏国，再让赵国用讨伐齐国的好处引诱秦国。各国苦于齐王的骄横暴虐，都争相赞成参加燕国的攻齐战争。

周赧王三十一年（公元前284年），燕王调动全部兵力，以乐毅为上将军。秦国大将斯离率军队与韩、赵、魏联军会合。赵王把相国大印授给乐毅，乐毅统一指挥秦、魏、韩、赵大军。齐王集中国内全部人力进行抵御，双方在济水西岸大战。齐国军队大败。乐毅便撤回秦国、韩国军队，令魏国军队分兵进攻宋国旧地，部署赵国军队去收复河间。自己率领燕军，由北长驱直入齐国。

这时剧辛劝说乐毅道："齐国大，燕国小，依靠各国的帮助我们才打败齐军，我们应该及时地攻取边境城市充实燕国领土，这才是长久的利益。现在大军过城不攻，一味深入，既无损于齐国又无益于燕国，只能结下深怨，日后必定要后悔。"乐毅说："齐王好大喜功，刚愎自用，不与下属商议，又罢黜贤良人士，专门信任谀谄小人，政令贪虐暴戾，百姓十分怨愤。现在齐国军队已溃不成军，如果我们乘胜追击，齐国百姓必然反叛，内部发生动乱，齐国就可以收拾了。如果不抓住时机，等到齐王痛改前非，体贴臣下而抚恤百姓，我们就难办了。"于是，下令进军深入齐国。

齐国果然大乱，失去常度，齐王出逃。

齐王出逃到卫国，卫国国君让出宫殿给他居住，向他称臣并供给日常用度。齐王却傲慢不逊，卫国人气愤地攻击他。齐王又出奔到邹、鲁国，仍旧面有骄色。邹、鲁两地闭门不纳，齐王又出奔莒地。楚国派淖齿率军前来救援齐王，被任命为齐相。淖齿却想与燕国瓜分齐国，于是抓住齐王，数说他的罪过："千乘、博昌之间的方圆几百里地，下血雨浸湿衣服，你齐王知道吗？"齐王回答："知道。""嬴、博之间，大地崩塌，泉水上涌，你齐王知道吗？"齐王回答："知道。""有时能听到有人堵着宫门哭泣，去看却不见人影，人一离开哭声又有了，齐王你知道吗？"齐王回答："知道。"淖齿说："天降血雨，是上天警告你；地崩泉涌，是大地警告你；人堵着宫门哭，是人心在警告你。天、地、人都警告，而你却不知改悔，你还想不死吗！"于是，他在鼓里这个地方将齐王处死。

乐毅率军进入齐都临淄，搜刮宝物和祭祀重器，运回燕国。燕王亲自到济水上游去慰劳军队，颁行奖赏，犒劳将士；燕王封乐毅为昌国君，让他留在齐国进攻其余未攻克的城市。燕国军队乘胜长驱直入，齐国大小城市望风崩溃。

乐毅整肃燕军纪律，禁止侵掠，寻访齐国的隐士高人，致以荣誉礼待。他还放宽人民赋税，革除苛刻的法令，恢复齐国旧的良好传统，齐国人民都十分喜悦。乐毅调左军在胶东东莱渡过胶水；前军沿泰山脚下向东到达渤海，进攻琅琊；右军循着黄河、济水而下，屯扎在东阿、鄄城，与魏国军队相连；后军沿北海镇抚千乘，中军占据临淄，镇守齐国国都。他还亲至城郊祭祀齐桓公、管仲，表彰齐国的贤良人才，赐封修治先王的陵墓。经过收敛人心，齐国人接受燕国所封君号、领取俸禄的有二十余人；接受燕国爵位的有一百多人。六个月之内，燕军攻下齐国七十余座城，都设立郡县治理。

当时齐国大部分地区都被燕军占领，仅有莒城、即墨未沦陷。乐毅集中右军、前军包围莒城，集中左军、后军包围即墨。即墨大夫出战身亡。即墨人士说："安平之战，田单一族人因铁皮包轴得以保全，可见田单足智多谋，熟悉兵事。"即墨百姓于是共同拥立田单为守将抵御燕军。

乐毅围攻这两城，一年未能攻克，便下令解除围攻，退至城外九里处修筑营垒，并下令说："城中的百姓出来不要抓捕他们，有困饿的还要赈济，让他们各操旧业，以安抚新占地区的人民。"过了三年，城还未攻下。

有人在燕昭王面前挑拨说："乐毅智谋过人，进攻齐国，一口气攻克七十余城。现在只剩两座城，不是他的兵力不能攻下，之所以三年不攻，就是他想倚仗兵威来收服齐国人心，自己好南面称王而已。如今齐国人心已服，他之所以还不行动，就是因为妻子、儿子在燕国。况且齐国多有美女，他早晚将忘记妻子。希望大王早些防备！"

燕昭王听罢，下令设置盛大酒宴，拉出说此话的人斥责道："先王倡导全国礼待贤明人才，并不是为了多得土地留给子孙。他不幸遇到继承人缺少德行，不能完成大业，使国内人民怨愤不从，无道的齐国趁着我们国家动乱得以残害先王。我即位以后，对此痛心疾首，才广泛延请群臣，对外招揽宾客，以求报仇。谁能使我成功，我愿意和他分享燕国大权。现在乐毅先生为我大破齐国，平毁齐国宗庙，报了旧仇，齐国本来就应归乐先生所有，不是燕国该得到的。乐先生如果能拥有齐国，与燕国成为平等国家，结为友好的邻邦，抵御各国的来犯，这正是燕国的福气、我的心愿啊！你怎么敢说这种话呢！"于是燕王将挑拨者处死，又赏赐乐毅妻子以王后服饰，赏赐他的儿子以王子服饰，配备君王车驾乘马,及上百辆属车,派宰相侍奉送到乐毅那里,立乐毅为齐王。

乐毅十分惶恐,不敢接受,一再拜谢,写下辞书,并宣誓以死效忠燕王。从此齐国人敬服燕国乐毅的德义,各国也畏惧他的信誉,没有再敢来算计的。

不久,燕昭王去世,燕惠王即位。惠王从当太子时,就与乐毅有矛盾。田单听说了,便派人去燕国用反间计,散布说:"齐王已经死了,齐国仅有两座城未被攻克。乐毅与燕国新王有矛盾,害怕加祸不敢回国,他现在以攻打齐国为名,实际想率领军队在齐国称王。齐国人没有归附,所以他暂缓进攻即墨,等待时机起事。齐国人所怕的是,燕王派别的大将来,那样即墨就城破受害了。"燕惠王本来就疑心乐毅,中了齐国的反间计,便派骑劫代替乐毅为大将,召他回国。乐毅知道燕王换将居心不良,于是投奔了赵国。从此,燕军将士都愤愤不平,内部不和。

乐毅来到赵国后,赵王分封他于观津,对他十分尊宠,想以此来警戒燕国和齐国。燕惠王便派人去批评乐毅说:"乐将军你过于听信传言,因为与我有矛盾,就抛弃燕国跑到赵国。你这样作为自己打算是可以的,然而,又怎能报答先王对你的一片恩情呢?"

乐毅回信答复道:"从前伍子胥的建议被吴王阖闾采纳,吴国的势力一直扩展到郢地;而继任吴王夫差不听他的话,把伍子胥的尸体装入皮囊抛进江中。夫差不明白伍子胥对先王的建议是吴国得以成就功业的根本,所以沉下伍子胥的尸体一点儿也不后悔。伍子胥不能早日看出不同的君王有不同的器量,所以尸体虽入江而魂灵仍怨愤不化。免去自身的灾祸,立就功业,以表明先王的心迹,是我的上策。自己遭到别人的诽谤,从而使先王的英名蒙上耻辱,是我最害怕的。但因为蒙受了不白之冤,就为赵国,谋算燕国,也是我在道义上绝不会做的。我听说古代的君子,与人断交绝不口出恶言;忠臣被迫离开祖国,也不去辩解洗雪自己的名声。我虽然不成器,也曾多次从古代君子的故事上得到教益。谨请大王明鉴。"

于是燕王仍封乐毅的儿子乐间为昌国君,而乐毅也为修好睦邻而往来燕国,最后死于赵国,谥号望诸君。

诗词拓展:

送幽州陈参军赴任寄呈乡曲父老
[唐] 卢照邻

蓟北三千里,关西二十年。冯唐犹在汉,乐毅不归燕。
人同黄鹤远,乡共白云连。郭隗池台处,昭王尊酒前。
故人当已老,旧壑几成田。红颜如昨日,衰鬓似秋天。
西蜀桥应毁,东周石尚全。灞池水犹绿,榆关月早圆。
塞云初上雁,庭树欲销蝉。送君之旧国,挥泪独潸然。

田单巧布火牛阵

当初，燕国军队攻打齐国安平时，临淄市的一个小官田单正在城中。他预先让家人都用铁皮包上车轴头，待到城破，人们争相涌出城门，都因为车轴互相碰断，车辆损坏难行，被燕军俘虏，只有田单一族因铁皮包裹车轴得以幸免，逃到了即墨。

即墨人说："安平之战，田单一族人因铁皮包轴得以保全，可见田单足智多谋，熟悉兵事。"于是即墨人共同拥立他为守将，抵御燕军。

田单下令让城中人吃饭时，先在庭院里祭祀祖先。四处飞鸟因争吃祭饭而盘旋落到城中，燕军很惊讶。田单又让人散布说："会有天神派军师下界来帮助我们。"有个士兵信口说："我可以做神师吗？"说罢，起身便走。田单急忙离座追回他，让他面东高坐，奉为神师。士兵很惊慌地说："我犯上欺主了。"田单忙悄声嘱咐："你不要说出去。"便以他为师，每当发布号令，都必称奉神师之命。田单散布消息说："我只怕燕军将俘虏的齐军士兵的鼻子割了，并让他们走在队伍的前面，若是这样，即墨就要守不住了。"燕军听说后，真的将俘虏的鼻子都割了。

即墨城中的守兵看到投降燕军的人都被割去鼻子，万分痛恨，决心坚守不降，唯恐被俘。田单再使出反间计，散布消息说："我怕燕军掘毁我们城外的坟墓，那样齐国人就寒心了。"燕军中计，把城外坟墓尽行挖毁，焚烧死尸。齐国人从城上远远望见，都痛哭流涕，争相请求出战，怒气倍增。

田单知道这时军士已经可以拼死一战，于是带头拿起版、锹和士卒一起筑城，把自己的妻妾编进军队，还分发全部食品犒劳将士。他下令让披甲士兵都潜伏在城下，只以老弱人员、女子登城守卫，又派人去燕军中约定投降，燕军听闻田单投降都欢呼万岁。

田单在城中百姓中募集到一千镒金银，让即墨城的富豪送给燕军大将，说："我们马上就投降。请不要抢劫掠夺我们的家族！"燕国将军大喜，立刻应允，燕军戒备更加松懈。

田单又在城中搜罗到一千余头牛，给牛披上大红绸衣，绘上五彩天龙花纹，在牛角上绑束尖刀，而在牛尾绑上灌好油脂的苇草，然后点燃，趁着夜色，从预先凿好的几十个城墙洞中，赶牛冲出，后而紧随着五千名壮士。牛尾部被火燎烧，都惊怒地奔向燕军大营。燕军大惊失色，碰到的不是死就是伤。城中的百姓都敲锣打鼓齐声呐喊，老弱居民也敲击铜器助威，响声惊天动地。燕国军队万分恐惧，纷纷败逃。齐军趁乱杀死燕军大将骑劫，追杀逃亡的燕军，所经过的城邑都叛离燕国，再度归顺齐国。田单的军队越来越多，乘胜追击，燕军日日望风而逃，逃到黄河边，齐国失去的七十几座城都收归了。于是，田单前往莒城迎齐襄王回国都临淄，襄王册封田单为安平君。

田单出任齐国国相，有次路过淄水，见到一个老人渡淄水时冻得直哆嗦，走出水面时已不能前行。田单便解下自己的皮袍给他披上。齐襄王听说后十分厌恶，说："田单对别人施恩，是打算夺我的王位，我不早下手，恐怕以后会有变故！"

说完一看左右无人，只在殿阶下有个穿珠子的侍者，襄王便召他过来问道："你听见我的话了吗？"侍者回答："听见了。"襄王问："你觉得怎么样？"侍者说："大王不如把此事变成自己的善行。大王可以嘉奖田单的善心，下令说：

'我忧虑人民的饥饿，田单就收养他们，供给饮食；我忧虑人民的寒冷，田单就脱下皮袍给他们披上；我忧虑人民的操劳，田单也因此忧虑。他正符合我的心意。'田单有善行而大王嘉奖他，那么田单的善行也就是大王的善行了。"襄王说："好。"于是，襄王赏赐田单酒宴。

过了几天，穿珠子的人又来见齐襄王说："大王应该在群臣朝见时召见田单，在殿庭上致谢，亲自慰劳他。然后布告国内寻找百姓中饥饿者，予以收养。"襄王这样做后，派人到街头里巷去探听，听到大夫等官员互相说："哦！田单疼爱百姓，是大王的教诲呀！"襄王听后非常满意。

田单向齐王推荐貂勃。齐王的九个宠幸臣子都想利用貂勃中伤田单，争相对齐王说："燕国攻打齐国时，楚王曾派将军率一万军队来帮助齐国。现在齐国已经安定，社会也日趋稳定，何不派使者前去楚国道谢？"齐王问："左右的人谁合适？"九个人都说："貂勃可以。"

貂勃出使楚国，楚王予以热情款待，几个月不放他回去。九个人又一齐对齐王说："以貂勃的地位能受到万乘车马的楚国重视，难道不是倚仗了田单的权势吗！田单与大王之间，不分君臣上下，况且他心怀不良之志，对内安抚百姓，对外关怀狄族，礼待天下的贤良人才，他的志向是想大有作为，希望大王明察！"

过了几天，齐王喝道："召国相田单来！"田单非常惊恐，摘下帽子，光着脚，赤裸上身前来，退下时请齐王治他的死罪。过了五天，齐王却说："你没有得罪我。只不过要你行臣子的礼节，我守君王的礼节而已。"貂勃从楚国回来，齐王赐宴招待。

喝到兴头上，齐王又喝道："召国相田单来！"貂勃离开座位下拜说："大王上比周文王如何？"齐王回答："我不如。"貂勃说："是的，我本知道大王不如。那么下比齐桓公如何？"齐王回答："我也不如。"貂勃又说："是的，我也知道大王不如。然而周文王得到吕尚，尊为太公；齐桓公得到管仲，敬为仲父。现在大王您得到安平君田单，却直呼'田单'，怎么能说这种亡国的话呢？何况自开天辟地，有人民起，做臣子的功劳，谁能比安平君更高？当年的大王不能承守祖业，在燕国起兵袭击齐国时，大王逃到城阳的山里，安平君以人心危恐的即墨方圆三五里城郭，疲惫不堪的七千名士兵，力擒敌军大将，收复齐国千里领土，这些都是安平君的功劳呀！如果当时他置大王您不顾，自立为王，天下没有谁能阻止。然而他从道德礼义考虑，认为坚决不能那样做，所以修筑栈道木阁前去城阳山中迎接大王和王后，大王您才能得以回归，治理百姓子民。现在国家已经稳定，人民已经安宁，大王却'田单、田单'地叫，小孩子也知道不该这样做。大王您赶快杀掉那九个家伙向安平君谢罪；不然，国家就危险了！"

齐王听了之后，顿时醒悟，杀掉了那九个佞臣并流放其家族，加封给安平君掖邑地方的一万户俸禄收入。

诗词拓展：

田 单
[宋] 王安石

湣王万乘齐，走死区区燕。
田单一即墨，扫敌如风旋。
舞鸟怪不测，腾牛怒无前。
飘飖乐毅去，磊砢功名传。
掘葬与劓降，论乃愧儒先。
深诚可奋土，王蠋岂非贤。

虎父犬子

　　周赧王四十四年（公元前271年），当时赵奢还是赵国一个收田租的小官。一天，他到平原君赵胜家去收租税，但是，赵胜的家人不肯交。赵奢依法处置，杀死平原君家中管事人九名。

　　平原君十分恼怒，想杀死赵奢，赵奢便说："您在赵国是贵公子，如果纵容家人而不奉公守法，法纪的功效就会削弱，法纪削弱国家也就衰弱，国家衰弱则各国来犯，赵国便不存在了。您还到哪里找现在的富贵呢！以您的尊贵地位，带头奉公守法则上下一心，上下一心则国家强大，国家强大则赵家江山稳固，而您作为王族贵戚，难道会被各国轻视吗？"

　　平原君听完，大吃一惊，细想之下，认为赵奢很贤明，便把他介绍给赵王。赵王派他管理国家赋税。在赵奢的管理下，没过几年，国家赋税征收顺利，人民富庶而国库充实。

一年后，秦国进攻赵国，围困阏与城。赵王召见廉颇、乐乘问道："可以援救吗？"两人都说："道路遥远、险峻，难救。"再问赵奢，赵奢回答说："正因为道路遥远险峻，就好比两只老鼠在洞穴中咬斗，将是勇敢者取胜。"

于是赵王令赵奢率领军队前去援救。赵奢刚离开邯郸三十里就停止不前，下令军中说："如有人谈及军事，一律处死！"

秦国军队驻扎在武安城西，列阵大喊大擂，武安城内的屋瓦都为之震动。赵军中一个军吏忍不住提议急救武安，被赵奢立即斩首。赵奢军坚守二十八天不动，反倒增修营垒。秦国一个间谍潜入赵军，赵奢佯装不知，用好吃好喝招待他。间谍回去报告秦军大将，秦军大将十分高兴地说："援军离开国都三十里就按兵不动，还增修营垒，阏与一定不是赵国的了！"

赵奢放走间谍以后，下令部队卷起盔甲悄声前进，一天一夜便到了离阏与五十里的地方，扎下营来，修起营垒。秦国军队听说后，知道自己上当，立即披甲前往迎敌。

赵奢军中有个军士许历要求提出军事建议，赵奢便召他进来。许历说："秦军没想到赵军会到这里，他们来势汹汹。赵将军你一定要集中兵力排出战阵，不然必败。"赵奢说：

"我接受你的指教。"许历以自己违反了军纪,请处死刑,赵奢忙说:"且慢,现在是邯郸那次军令以后的事了。"许历便再次提出建议说:"先占领北山的人必胜,后到的必败。"赵奢点头称是,立即派出一万人前去北山。

赵军先行一步,抢先爬到了山顶,秦军过了很久才爬到山顶。这时赵军已经休整了很长时间,而秦军刚刚爬上山顶,一个个累得气喘吁吁,根本就无法攻上北山。于是,赵奢指挥全军猛击秦国军队,秦军大败,撤去对阏与的包围,退兵而还。赵王因此封赵奢为马服君,与廉颇、蔺相如同等地位;又任命许历为国尉。

俗话说"虎父无犬子",但也有例外。赵奢是赵国名将,为赵国屡建战功。可是赵奢的儿子赵括却不像父亲。赵括从小的确读了不少兵书,谈起用兵之道那简直是滔滔不绝,连他父亲都不如他。

于是,赵括自以为是,觉得自己是了不起的军事家,他狂妄地认为自己在军事上已经是天下无敌了。然而赵奢却不这么认为,从未赞扬过儿子。赵括的母亲询问原因,赵奢说:"带兵打仗,就是出生入死,而赵括谈起来却很随便。赵国不用他为大将也还罢了,如果用他,灭亡赵军的必定是赵括。"

赵括喜谈兵学,自己也著书立说,军中门徒众多。赵奢死后,惠文王赐赵括袭封马服君,军中将领皆尊称赵括为马服子。

惠文王死后，子孝成王即位。孝成王四年（公元前262年），韩国上党（今山西东南部沁水以东地区）守将冯亭抵挡不住秦军的进攻，愿把上党献给赵国。赵国接受了，封冯亭为华阳君，并让他继续守上党。眼看到手的上党归了赵，秦昭王十分恼火。但由于赵国的插手，秦军暂时停止了对韩上党的进攻。

两年后，秦国派左庶长王龁进攻上党，终于攻克，上党百姓逃往赵国。赵国派廉颇率军驻守长平，接应上党逃来的百姓。王龁于是挥兵攻打赵国，赵军迎战，几战都不胜，一员副将和四名都尉阵亡。赵王与楼昌、虞卿商议，楼昌建议派地位高的使节与秦国媾和。

虞卿反对说："和与不和，控制权在秦国；秦国现在已下决心要大破赵军。我们即使去求和，秦国也不会同意。我们不如派出使者用贵重珍宝拉拢楚国、魏国。楚国、魏国一接受，秦国就会疑心各国重新结成了抗秦阵线，那时媾和才可成功。"

赵王不听虞卿的意见，仍派郑朱赴秦国求和。秦国接待了郑朱。赵王便对虞卿说："秦国接纳郑朱了。"虞卿说："大王肯定见不到和谈成功而赵军就被击破了。为什么呢？各国都派使者赴秦国祝贺胜利，郑朱是赵国地位很高的人，秦王、应侯肯定会把郑朱来求和的事向各国宣扬，各国看到赵王派人去求和，便不会再出兵援救赵国；秦国知道赵国孤立无援，就愈发不肯讲和了。"不久，秦国果然大肆宣扬郑朱来使，而不与赵国进行和谈。

刚开始，赵军连连失利，在这样的情况下，廉颇改变战略方针，他下令让军队坚守城池，以逸待劳，不要主动出击，保存实力守住阵地从而拖垮秦军。秦军由于远道而来，经不住廉颇的拖延，粮草渐渐接不上，快要支撑不下去了，秦军十分恐慌。可这时，急于听到胜利消息的赵王却以为廉颇损兵折将后更加胆怯，不敢迎敌，气愤得多次斥责他。

听说赵王多次斥责廉颇，应侯范雎便趁机派人带着很多钱去赵国施行反间计。他们散布说："秦国所怕的，只是赵括做大将。廉颇年纪太大了好对付，而且他也快投降了！"赵王听说之后果然中计，便用赵括代替廉颇为大将。蔺相如劝阻说："大王因为赵括有些名气就重用他，这是粘住调弦的琴柱再弹琴呀！赵括只知道死读他父亲的兵书，不知道随机应变。"赵王仍是不听。

赵括的母亲听说赵王要派赵括上战场，急忙上书，指出赵括不能重用。赵王问："为什么？"赵括的母亲回答说："当年我侍奉赵括的父亲，他做大将时，亲自去捧着饭碗招待的有几十位，他的朋友有几百人。大王及宗室王族给他的赏赐，他全部分发给将士。他自接受命令之日起，就不再理睬家事。而赵括刚刚做了大将，就向东高坐，接受拜见，大小军官没人敢抬头看他。大王赏给他的金银绸缎，他全部拿回家藏起来，每天忙于察看有什么良田美宅可买的就买下。大王您以为他像父亲，其实他们父子用心完全不同。请大王千万不要派他去。"赵王却说："老太太你不用管，我已经决定了。"赵括母亲便说："万一赵括出了什么差错，我请求不要连累我治罪。"赵王同意了赵母的请求。

秦王听说赵括已经上任为大将，便暗中派武安君白起为上将军，改王龁为副将，下令军中："谁敢泄露白起为上将军的消息，格杀勿论！"赵括到了赵军中，全部推翻原来的规定，调换军官，下令出兵攻击秦军。白起佯装战败退走，预先布置下两支骑兵准备截击。赵括乘胜追击，直达秦军营垒，秦军坚守，无法攻克。

这时，秦军一支二万五千人的骑兵已切断了赵军的后路，另一支五千人的骑兵堵截住赵军返回营垒的通道，赵军被一分为二，粮道也断绝。武安君白起便下令精锐轻军前去袭击，赵军迎战失利，只好坚筑营垒等待救兵。

秦王听说赵军运粮通道已经切断，想将他们一网打尽，就亲自到河内征发十五岁以上的百姓全部调往长平，阻断赵国救兵及运粮。

赵军缺乏粮食，向齐国请求接济，齐王打算拒绝。周子听说后对齐王说："赵国对于齐国、楚国来说，是一道屏障，就像牙齿外面的嘴唇，唇亡则齿寒。今天赵国灭亡了，明天灾祸就会降临齐国、楚国。援救赵国这件事，应该像捧着漏瓦罐去浇烧焦了的铁锅那样，刻不容缓。何况援救赵国是高尚的道义；抵抗秦军，是显示威名的好事。必须主持正义援救赵国，显示兵威击退强秦。不致力于此事反而爱惜粮食，这样为国家决策是个大错！"可是齐王仍是不听。

九月，赵军已断粮四十六天，士兵们都在内部暗中残杀，互相吞吃。赵括走投无路，便下令进攻秦军营垒，派出四支队伍，轮番进攻，到第五次，仍无法突围。赵括亲自率领精兵上前肉搏，被秦兵射死。

赵军于是全线崩溃，四十万士兵全部投降。白起说："当初秦军已攻克上党，上党百姓却不愿归秦而去投奔赵国。赵国士兵反复无常，不全部杀掉，恐怕会有后乱。"于是，使用奸计把赵国降兵全部活埋，只放出二百四十个年岁小的回到赵国。秦军前后共杀死四十五万人，赵国大为震惊。

第二年，秦军就包围了邯郸，有一年多，赵国几乎不能保全，全靠楚国、魏国军队来援救，才得以解除邯郸的包围。赵王也因赵括的母亲有言在先，最终没有株连她。

赵括因战败而断送40余万将士性命和赵国前途而成为千古笑柄，其事迹成为成语"纸上谈兵"，这个比喻可谓恰如其分。值得一提的是，战国时期并没有纸张，所以"纸上谈兵"一词应为后人所创，但赵括这个例子比较典型，所以被当做此词的典故来应用。

诗词拓展：

赵 括
［宋］徐钧

少年轻锐喜谈兵，父学虽传术未精。
一败谁能逃母料，可怜四十万苍生。

毛遂自荐

周赧王五十七年（公元前258年）正月，秦王派王陵进攻邯郸，但几次失利。秦王便征发更多的兵丁去支援王陵；可是王陵损失了五校，仍不能取胜。

这时武安君白起病愈，秦王想派他去替代王陵。白起却说："邯郸实在是不容易攻下，而且诸侯救兵一天便可到达。那些国家对秦国的怨恨已经积蓄很久了。秦国虽然在长平一战大获全胜，但自己士兵也死亡过半，国内空虚，再长途跋涉去远攻别人的国都，这时如果赵国在内抵抗，各国在外围进攻，秦军必然大败。"秦王见亲自下命令不行，又让应侯范雎去劝说白起。白起始终以病推辞，不肯前去，于是秦王只得派王龁去代替王陵。

在这种情形下，赵王派平原君赵胜到楚国去求救，赵胜准备挑选门下食客中文武双全的二十个人一起前往，但挑来挑去只挑出十九个，剩下的都不足取。正在犯难之时，有个叫毛遂的人向赵胜自我推荐说："听说先生将要到楚国去签订'合纵'盟约，约定与门客二十人一同前往，而且不到外边去寻找。可是还少一个人，希望先生就以毛遂凑足人数出发吧！"。

平原君赵胜看着此人很面生，疑惑地问："先生您来到我门下几年了？"毛遂回答说："三年了。"赵胜说："贤良人才为人处世，好比锥子在口袋中，锥尖立即能露出来。如今先生来到我赵胜门下已经三年，可我左右的人没有谁称赞过你，我也未听说过你的作为，说明先生没有什么长处，这件事先生干不了，你还是留下吧！"毛遂说道："我不过今天才请你把我放到口袋里而已！如果早把我放进去，我早就脱颖而出了，岂止是露出个锥尖呢！"平原君赵胜觉得此人对答非常自信，应该不是平庸之人。于是便同意让毛遂一同赴楚，但是另外十九个门客却瞧不起毛遂，相视嘲笑他。

赵胜到了楚国，向楚王阐述联合抗秦的必要性，从清早，一直谈到中午，楚王仍是犹豫不决。这时，毛遂手按宝剑顺着台阶走上去，对楚王大声地说："联合抗秦的重要性，'利'、'害'两个字可以说清楚，非利即害，非害即利，简单而又明白！你们从日出时谈起，到中午还不能决断，到底是什么意思啊？"

楚王怒斥毛遂道："你还不赶快滚下去，我和你的主人说话，你算是什么东西？轮到你插嘴！"毛遂按着剑又上前几步说："大王你之所以斥责我，是仗着楚国人多势众。现在咱们相距在十步以内，你不可能依仗楚国人多势众了！你的性命在我的手中。在我的主人面前，你为什么呵斥我？我毛遂听说商朝开国的汤王以七十里地方为开端，终于称王天下；周朝创业的周文王仅凭着一百里土地，使诸侯臣服。他们难道是仗着兵多将广、人多势众吗？只不过是顺应历史大势，振奋扬威而已。现在楚国有地五千里，持戟战士一百万，这是称王称霸的资本呀！以楚国的强大，各国都难以抵挡。白起，不过是个小人物，带着几万兵，兴师动众与楚国作战，一战就夺去鄢、郢两城，再战便火烧夷陵，三战已将楚国宗庙平毁，侮辱楚王祖先。这是百世难解的仇怨，连赵国都替你羞愧，而大王却不以为难堪。现在提倡联合抗秦，实在是为了楚国，不是为赵国啊！我的主人在面前，你还呵斥我什么？"

楚王听完后，赶紧说："是，是！先生说得对，就按先生说的，以我们的社稷来订立'合纵'盟约。"

毛遂问："'合纵'盟约决定了吗？"楚王说："决定了。"于是，毛遂对楚王左右的人说："取鸡、狗和马的血来。"毛遂捧着铜盘跪着献给楚王，说："大王应当歃血来签订'合纵'的盟约，其次是我的君侯，再次是我毛遂。"于是赵国和楚国在宫殿上签订了'合纵'盟约。毛遂左手拿着铜盘，而用右手召唤那十九个人说："先生们在堂下相继歃血。先生们碌碌无为，这就是人们所说的依赖别人而办成事情的人啊。"

平原君签订"合纵"盟约之后，回到赵国，说："我赵胜不敢再鉴选人才了。我鉴选人才，说多了有上千人，少说也有几百人，自以为没有失去天下的人才；今天却在毛遂先生这里看走眼了。毛遂先生一到楚国，就使赵国的威望高于九鼎和大吕，他那三寸不烂之舌，强似上百万的军队。我赵胜以后不敢再鉴选人才了。"从此以后，平原君就把毛遂作为上等宾客对待。

诗词拓展：

春秋战国门毛遂

［唐］周昙

不识囊中颖脱锥，功成方信有英奇。
平原门下三千客，得力何曾是素知。

信陵君窃符救赵

战国时代末期秦国越来越强大,各诸侯国的贵族们为了对付秦国的入侵,竭力网罗人才。他们礼贤下士,广招宾客,以扩大自己的势力,因此养"士"之风盛行。当时,以养"士"著称的有魏国的信陵君、齐国的孟尝君、赵国的平原君、楚国的春申君。因其四人都是王公贵族,时人称之为"战国四公子"。位列四公子之首的是魏国公子魏无忌,他为人仁义而礼贤下士,收养食客三千人。

魏国有个隐士名叫侯嬴,已经七十岁,家中贫穷,在魏都大梁任夷门守门官吏。一次,公子魏无忌设置盛大酒宴,招待宾客,来客已经坐定,魏无忌却吩咐备齐车马,空着左边位置,亲自去接侯嬴。

侯嬴穿戴旧衣破帽，跳上车子，昂然上坐，一点也不谦让。魏无忌亲自驾车，倍加恭敬。半途，侯嬴突然对魏无忌说："我有个朋友在集市上当屠夫，请让车子绕到他那里去一下。"魏无忌指挥车子进了集市，侯嬴下车见到朋友朱亥，故意久久地站在那里与他谈话；同时微微斜视魏无忌，只见他态度仍然十分谦和，于是告辞朋友登车，到了魏无忌府第。魏无忌引侯嬴坐在上座，向各位宾客介绍称赞他，宾客们都很惊讶。

　　这时秦兵围困赵国首都邯郸。赵国平原君赵胜的夫人，是魏无忌的姐姐，她多次向魏国求救。但是魏无忌没有回应，平原君指责魏无忌说："赵胜我之所以与您联成姻亲，就是仰慕您的高尚道义，能够急人之危。现在邯郸早晚要落入秦国手中而魏国援兵裹足不前，即使您看不起我赵胜，鄙弃我，难道也不可怜您的姐姐吗？"魏无忌十分焦急，多次请魏王命令大将晋鄙进兵救赵，又派门下能说善辩的宾客百般游说，然而魏王始终不为所动。

　　魏无忌只好聚集门下宾客百余乘车马，准备赴赵国以死相拼。他路过夷门，去见侯嬴。侯嬴只淡淡地说："公子您好自为之吧，我老了不能前去！"

　　魏无忌离开后，走了数里，心中闷闷不快，又转回去见侯嬴。侯嬴笑着说："我早就知道公子会回来！如今您没有别的办法而亲身去迎战秦军，好比用肉去投打饿虎，能有什么结果！"魏无忌于是下车再拜请教计策。侯嬴屏退左右随从悄声说道："我听说晋鄙的调兵兵符在魏王卧室里，他最宠爱的如姬，有办法偷出来。公子您曾经为如姬报过杀父之仇，如姬表示愿意为您办事，万死不辞。公子只要一开口，就可以得到调兵的兵符，夺去晋鄙的兵权。如此一来，你就可以北上救赵，西向抗强秦，建立五霸的功业了。"

　　魏无忌照他的办法去做，果然拿到了兵符。临行前，侯嬴又说："大将出征在外，君王的命令可以不接受。假如晋鄙合验兵符后仍不交出兵权，再向魏王请示，那事情就危险了。我的朋友朱亥，是个勇猛力士，可以与您一齐去。晋鄙如果听从，最好不过；如果不听从，可以让朱亥打死他！"

　　于是魏无忌邀请朱亥前去。到了邺城，晋鄙合验兵符后，仍很怀疑，摆手看着魏无忌说："我率领十万大军在边境驻扎，而你只孤身单车前来替代我，是怎么回事呢？"朱亥立即从袖中掣出四十斤重的铁锥，一下子打死了晋鄙。魏无忌立刻部署军队，下令说："父子两人都在军队中的，父亲可以回去！兄弟两人都在军队中的，哥哥可以回去！独子一个没有兄弟的，可以回去奉养父母！其他人一律跟我出发。"最后魏无忌选定了八万士兵，挥军前进。

魏无忌率领援军在邯郸城下大破秦军，王龁撤除邯郸围军退走。魏无忌救下赵国以后，也不敢再回魏国，只好与门下宾客留在赵国居住，派将军指挥军队回国。

赵王与平原君赵胜商议，准备用五个城来赐封魏无忌。赵王布置打扫，亲自前去迎接魏无忌，以主人的礼节对待，引他由西面台阶登上大殿。魏无忌侧着身子辞让，从降一等级的东面台阶走上，自己口中说着罪过罪过，已经辜负了魏国，又对赵国没有什么功劳。赵王与魏无忌一直饮酒到天黑，因为魏无忌过于谦让，赵王始终不好意思说出送给他五个城的事。最后，赵王送给他五座城池，作为汤沐邑。后来，魏国也把魏无忌的原封地信陵送还给他。

魏无忌听说赵国有个高士毛公隐居在赌徒之中，还有个薛公隐居在卖酒人家，想与他们见面，两人不肯见，魏无忌便徒步前去拜访，同他们出游。

平原君赵胜听说后，不以为然。魏无忌便说："我听说平原君是个贤德之人，才背弃魏国前去援救赵国。现在看他与一些人结交出游，只不过是阔绰的举动，不是为访求人才。我魏无忌跟着毛、薛二位出游，心里还直怕他们不愿意接纳我，平原君竟然认为这是羞耻！"于是整备行装，想离开赵国。赵胜急忙前去摘下帽子谢罪，魏无忌才留下。

诗词拓展：

博平郑太守自庐山千里相寻入江夏北市门见访

〔唐〕李　白

大梁贵公子，气盖苍梧云。若无三千客，谁道信陵君。
救赵复存魏，英威天下闻。邯郸能屈节，访博从毛薛。
夷门得隐沦，而与侯生亲。仍要鼓刀者，乃是袖槌人。
好士不尽心，何能保其身。多君重然诺，意气遥相托。
五马入市门，金鞍照城郭。都忘虎竹贵，且与荷衣乐。
去去桃花源，何时见归轩。相思无终极，肠断朗江猿。

吕不韦奇货可居

　　吕不韦是阳翟的大商人，他做生意眼光独到，往来各地，以低价买进货物，再以高价卖出，这样一进一出积累了千金的家产。

　　周赧王四十八年（公元前267年），秦国太子悼死在魏国，运回国，葬在芷阳。两年后，秦昭襄王把他的第二个儿子安国君立为太子。

　　安国君有个非常宠爱的妃子，立她正夫人，称之为华阳夫人。可是华阳夫人没有儿子，安国君只能在其他姬妾所生的二十多个儿子选择一个作为储君。

　　安国君有一个姬妾叫做夏姬，并不受安国君的宠爱，当时各诸侯国常派遣质子到别国去，所以她的儿子异人便被作

为秦国的人质被派到赵国。

异人被送到赵国后，赵王以为有一人质在手上秦国会有所忌惮，不敢乱来。但是他万万没想到秦国这次送来的是一个最不受重视的王子，秦国根本就没有把他的安危放在心上，照旧多次攻打赵国。赵王非常生气，赵国人也因此对异人很不友善，车马及日常供给都不充盈。异人在赵国的生活非常窘困，常常郁郁不得志。

一天，吕不韦去邯郸，机缘巧合之下见到异人，立刻觉得他气度不凡。在得知他身份之后，吕不韦笑着说："这可是一个宝物啊，是可以囤积起来卖好价钱的奇货呀！奇货可居呀，奇货可居呀！"

于是他前去拜见异人，问他说："你想不想出人头地？"异人说："当然想！"吕不韦接着说："那你跟我合作吧，我可以提高你的门第！"异人笑着说："就凭你？你还是先提高自己的门第吧！"吕不韦说："你不知道吗，我的门第可是要靠你的门第来提高的。"异人一听，心中知道他有所指，便邀他一起坐下深谈。

吕不韦说："秦王老了。等秦王驾鹤西去后，肯定是太子即位。太子宠爱的是华阳夫人，而华阳夫人却没有儿子。你兄弟二十余人中，你排行居中，不太受重视，长久在外做人质。如果太子即位做秦王，你很难争得继承人的地位。"

异人说:"那怎么办呢?"吕不韦说:"能够确立嫡子继承人的,只有华阳夫人。取得她的信任,事情就成功一半了。我吕不韦虽然不算富,但是为了你能成功,我愿意拿出千金为你到西边去游说,让她立你为继承人。"异人说:"如果能实现你说的计划,将来我成为秦王以后后,我愿意分割秦国与你共享。"

于是,吕不韦拿出五百金给异人,让他广交天下宾客,还剩五百金吕不韦置买了些奇宝珍玩,自己携带着前去秦国。他见到华阳夫人的姐姐,通过她把珍宝献给华阳夫人,趁机称赞异人贤明,宾客遍天下。还说,异人常常日夜哭着思念太子和华阳夫人,说:"异人把夫人当做自己的上天!"华阳夫人听了大喜。

吕不韦又通过华阳夫人的姐姐劝说她:"我听说用美色来侍奉别人的,一旦色衰,宠爱也就随之减少。现在夫人您侍奉太子,甚被宠爱,却没有儿子,不趁这时早一点在太子的儿子中结交一个有才能而且孝顺的人,立他为继承人,然后像对待亲生儿子一样对待他。那么,你在丈夫在世时受到尊重,丈夫死后,自己立的儿子继位为王,最终也不会失势,这就是人们所说的一句话能得到万世的好处啊。不在容貌美丽之时树立根本,等到容貌衰竭,宠爱失去后,即使想和太子说上一句话,还有可能吗?现在异人贤明,又知道自己排行居中，做不了嫡子，如果夫人这时候提拔他，异人就从无国变成了有国，夫人也从无子变成了有子，便会终生得到宠幸。"

华阳夫人认为吕不韦说的很对，抓住机会便对太子说："儿子异人绝顶贤明，来来往往的人都称誉他。"又哭道："我不幸，没有生儿子，我想把异人立为自己的儿子，使后半辈子有个依靠！"太子答应了她，与华阳夫人刻下玉符，约定异人为继承人。此后，安国君和华阳夫人陆陆续续送给了异人很多财物，并请吕不韦辅佐他，异人的名望声誉从此在各国盛传。

吕不韦有一个非常美丽的侍妾，并一直宠幸这个侍妾，不久她就怀孕了。一次，异人与吕不韦喝酒，见到这位女子，也很喜欢，便向吕不韦表示自己想要这个美女。吕不韦知道后非常生气，但转念一想，自己已经为异人破费了大量家产，为的是借以钓取奇货，现在为了一个女子跟他翻脸，太不值了。于是他就献出了这个女子。此女隐瞒了自己怀孕在身的事实，不久之后，生下儿子名政，异人便把她立为正室夫人。

周赧王五十九年（公元前256年），秦国派摎将军进攻韩国，夺取阳城、负黍，杀死四万人。再进攻赵国，夺取二十几个县，杀死、俘虏九万人。周赧王十分恐惧，便背弃秦国，与各国联合抗秦，派各国精锐部队出伊阙进攻秦国，使秦国不能通行到阳城。秦王派将军进攻西周，周赧王来到秦国，叩头领罪，献出全部三十六个城市，三万人口。秦王接受了他的进献，放周赧王回到东周。当年，周赧王驾崩，历史的车轮驶入了秦的时代。

周赧王五十八年（公元前257年），秦昭襄王派王龁围攻邯郸，情况非常紧急，赵国想杀死异人。异人就和吕不韦密谋，拿出六百金送给守城官吏，得以脱身，逃到秦军大营，这才得以顺利回国。赵国又想杀异人的妻子和儿子，可是异人的夫人是赵国富豪人家的女儿，她娘家人想办法将他们隐藏了起来，母子二人最终还是活了下来。异人身穿楚国服装前去见华阳夫人，夫人说："我是楚人啊！我把你当作亲生儿子。"于是把他的名字改为楚。

秦昭襄王五十六年（公元前251年），秋季，秦昭襄王去世，安国君继位，是为孝文王。孝文王尊奉生母唐八子为唐太后，立子嬴异人为太子，赵国人便将嬴异人的妻子儿女送回秦国。孝文王元年（公元前250年）十月初四，孝文王正式登王位。但孝文王在位仅三天就去世了，他的儿子嬴异人继位，是为秦庄襄王。

秦庄襄王继位后，尊奉嫡母华阳夫人为华阳太后，尊奉生母夏姬为夏太后，任吕不韦为秦国的相国。吕不韦的"奇货可居"最终大获成功。

诗词拓展：

吕不韦

[宋]徐 钧

谋立储君谁孕姬，巨商贩鬻巧观时。
十年富贵随轻覆，奇货原来祸更奇。

功过参半的李斯

　　李斯生于战国末年,是楚国上蔡(今河南上蔡县西南)人,年轻时做过掌管文书的小吏。在战国时期人人争名逐利的氛围下,李斯也不甘寂寞,想干出一番事业来。他认为人无所谓能干不能干,聪明才智本来就差不多,富贵与贫贱,全看自己是否能抓住机会和选择环境。为了飞黄腾达,李斯辞去小吏,到齐国求学,拜荀卿为师。

　　荀卿是当时著名的儒学大师,他的思想比较接近法家的主张,也研究如何治理国家的学问,即所谓的"帝王之术"。李斯学完之后,反复思考应该到哪个地方才能显露才干,得到荣华富贵。经过对各国情况的分析和比较,他认为楚王无所作为,其他各国也在走下坡路,所以决定到秦国去。

　　李斯到了秦国以后,很快就得到秦相吕不韦的器重,当上了秦国的小官，有了接近秦王的机会。一次，他对秦王说："凡是成就事业的人，必须要抓住时机。过去秦穆公时秦国虽然很强，但未能完成统一大业，原因是时机还不成熟。自秦孝公以来，周天子彻底衰落下来，各诸侯国之间连年战争，秦国才乘机强大起来。现在秦国力量强大，大王贤德，消灭六国如同扫除灶上的灰尘那样容易。现在是完成帝业，统一天下的最好时机，千万不能错过。"秦王把李斯的话听进了心里。

李斯还为秦王谋划了离间各国君臣之计，他说："诸侯名士可以接受我们贿赂的，就多多地贿赂他们，与他们结交；不肯接受贿赂的，就用利剑杀了，并以此来离间他们君臣。"秦王听从了他的建议，派人持金玉去各国收买、贿赂，离间六国的君臣，果然收到了效果，李斯又被封为客卿。

秦始皇帝十年（公元前237年），冬季，十月，吕不韦被罢免相国之职，离开京城，到他的封国河南洛阳。

这时，东方各国也纷纷派间谍来到秦国做宾客，群臣对外来的客卿议论很大，秦国的王族大臣们建议说："各诸侯国到秦国来做官谋职的人，大都是为自己的君主来游说，以挑拨我们君臣上下之间的关系。因此，请大王将他们一律驱逐出境。"于是，秦王下令全国实行大搜索，驱逐外来人。客卿楚国人李斯也在被逐之列。

他在临离开前上书秦王说："从前秦穆公招纳贤才，由西部戎地选得由余，东方宛城物色到百里奚，在宋国选择了蹇叔，晋国寻求到丕豹和公孙支。如此，秦国得以兼并二十多个封国，而称霸西戎。孝公任用商鞅实行变法，使各国都亲和服从，以至今日天下大治，国势强盛。惠王采纳张仪的策略，拆散六国的合纵联盟，使它们为秦国效力。昭王得到范雎的辅佐，加强了王室的权力，遏制了贵族家族的势力。这四位君王都是依靠客卿的作用而建功立业的。如此看来，客卿有什么地方辜负了秦国啊！美色、音乐、宝珠、美玉都不产在秦国，可大王搜集来使用、享受的却很多。但对人的取舍偏不是这样，不问可不可用，不论是非曲直，凡非秦国人就一概不用，凡是客卿就一律驱逐。这样便是只看重美色、音乐、宝珠、美玉等，而轻视人才了。我听说泰山不辞泥土，故能成就其巍峨；河海不择细流，故能成就其深广；圣贤的君王不抛弃民众，故能明示他的恩德。这便是五帝三王所以能无敌于天下的原因。现在您抛弃那些非秦国籍的平民百姓，使他们去帮助敌国，辞退那些外来的宾客，令他们去为各诸侯效力，这就是所谓的把武器借给入侵者，把粮食送给盗匪了。"

　　嬴政看了李斯上的这封上书，即召他入见，要恢复他的官职，并撤销逐客令。此时李斯已走到了骊邑，接秦王召令后即刻返回。嬴政最终采用了李斯的计策，并在几年之内兼并了天下。

然而，李斯却是一个心眼非常小的人，始皇帝十四年（公元前233年），韩国国君韩安向秦国割让土地，并献出国君的大印，请求作为秦国的附庸，派遣韩非为使节往秦国拜谒问安。韩非是韩国的公子之一，精通刑名法术的学说，可是在韩国却一直得不到重用。

秦王嬴政听说韩非是个德才兼备的人，便想约见他。韩非正好作为韩国的使者来到秦国，也趁机写信呈给嬴政，劝说道："现今秦国的疆域方圆数千里，军队号称百万，号令森严，赏罚公平，天下没有一个国家能比得上。而我鲁莽地冒死渴求见您一面，是想说一说破坏各国合纵联盟的计略。您若真能听从我的主张，那么，您如果不能一举拆散天下的合纵联盟，战领赵国，灭亡韩国，使楚国、魏国臣服，齐国、燕国归顺，不能令秦国确立霸主的威名，使四周邻国的国君前来朝拜，就请您把我杀了在全国示众，以此告诫那些为君主出谋划策不忠诚的人。"嬴政读后，心中颇为喜悦，但一时还没有任用他。

李斯很忌妒韩非，便对嬴政说："韩非是韩国的公子，如今您想吞并各国，韩非最终还是要为韩国利益着想，而不会为秦国尽心效力的，这也是人之常情。现在您不用他，而让他在秦国长期逗留后再放他回去，这不啻是自留后患啊。还不如依法将他除掉算了。"

秦王嬴政认为李斯说得有理，便把韩非交司法官吏治罪。李斯又派人送毒药给韩非，让他及早自杀。韩非试图亲自向秦王陈述冤情，但却无法见到秦王。不久，嬴政有些后悔，就派人去赦免韩非，可是韩非已经死了。

李斯最大的问题就是犯下了一个致命的错误——焚书坑儒。在秦始皇三十四年（公元前213年），一位朝廷的高官淳于越反对当时实行的"郡县制"，要求根据古制，分封子弟。

丞相李斯加以驳斥，上书给秦始皇说："过去诸侯国纷争，以高官厚禄招徕游说之士。现在天下已定，法令统一出自朝廷，百姓理家就要致力于耕田做工，读书人就要学习法令规章。但今日的儒生却不学习现今的事务，只知一味地效法古代，并借此非议现实，蛊惑、扰乱民众，相互非难指责现行制度，并以此教导百姓；他们闻听命令颁下，就纷纷根据自己的学说、主张妄加评议，入朝时口是心非，出朝后便街谈巷议，夸饰君主以提高自己的声望，标新立异以显示自己的高明，煽动、引导一些人攻击诽谤国家法令。这种情况如不禁止，就势必造成君主的权势下降，臣下结党纳派的情况蔓延民间。唯有禁止这些才有利于国家！因此我建议史官将除秦国史记之外的所有史书全部烧毁；除博士官按职责收藏书外，天下凡有私藏《诗》、《书》、诸子百家著作的人，一律限期将所藏交到郡守、郡尉处，一并焚毁；有敢于私下谈论《诗》、《书》的处死；借古非今的诛杀九族；官吏发现这种事情而不举报的与以上人同罪；此令颁布三十天后仍不将私藏书籍烧毁的，判处黥刑，并罚处修筑长城劳役的城旦刑。不予焚烧的，是医药、占卜、种植的书。如果想要学习法令，应以官吏为师。"始皇下制令说："可以，就按你的办。"

这种措施引起许多读书人的不满。第二年，"诸生"言语攻击秦始皇。秦始皇派人调查，挖大坑将四百六十多人活埋。历史上称这些事情为"焚书坑儒"，这也加速了秦国的灭亡。因为这些个错误，后世的人对李斯有很多指责，所以我们称之为功过参半的李斯。

诗词拓展：

李　斯

[宋] 徐　钧

燃除六籍忍坑儒，本欲愚人卒自愚。
若使当时甘被逐，东门牵犬欢应无。

荆轲刺秦王

　　当初,燕国太子姬丹曾在赵国作人质,与生在赵国的秦王嬴政相友善。待到嬴政即位,燕太子丹又在秦国充当人质。但做了秦王的嬴政开始翻脸不认人,与姬丹慢慢疏离,不再以礼相待,太子丹一怒之下逃回了燕国。

　　回到燕国的太子丹非常怨恨秦王嬴政,想要实施报复,为此征求太傅鞠武的意见。鞠武建议太子丹西与韩、赵、魏三晋订约,南与齐、楚联合,北与匈奴媾和,赖此共同图谋秦国。但太子丹唯恐秦灭六国的灾祸会降临到燕国,无暇顾及策略,急于成事。

　　不久,秦国将领樊於期在本国获罪,逃到燕国。太子丹接纳了他,并让他住下。鞠武规劝太子丹说:"秦王本来就是一个暴虐的人,而且他对燕国的愤怒、怨恨积累了很久,对燕国一直虎视眈眈，这就已经足以令人担心的了。现在如果他知道了樊将军被收留在燕国，那就等于把肉弃置在饿虎往来的小道上。所以希望您尽快将樊将军送到匈奴去，不要招来无妄之灾！"太子丹摇摇头说："樊将军走投无路，归附于我，我就应当舍命保护他，哪能就这样把他送出去啊？我们还是想想其他的办法吧！"鞠武说："您这是做危险的事情来求取安全，制造灾祸以祈求幸福，谋略浅薄而致积怨加深，您为了结交一个新的朋友，而不顾及国家将遭受大的危害，这即是所谓的积蓄怨仇并助长灾祸了！这个樊於期肯定留不得啊！太子您一定要三思啊！"太子丹对鞠武的劝说置之不理，还是将樊於期留了下来。

太子丹听说卫国人荆轲很贤能，便携带着厚礼求见他。太子丹对荆轲说："现在秦国已俘虏了韩王，又乘势举兵向南进攻楚国，向北威逼赵国。赵国无力对付秦国，那么灾难就要降临到燕国头上了。燕国既小又弱，多次为战争所拖累，哪里还能够抵挡住秦国的攻势啊！各诸侯国都屈服秦国，没有哪个国家敢于再合纵抗秦了。但是，我一直没放弃，我认为如果真能获得一位大无畏的勇士，让他前往秦国胁迫秦王，迫使他将兼并来的土地归还给各国，就像曹沫当年逼迫齐桓公归还鲁国丧失的土地一样。如此当然是最好的了，假若不行，可以乘机刺杀掉秦王。秦国的大将拥兵在外，国内发生动乱，君臣之间肯定会相互猜疑。趁此时机，各国如能够合纵抗秦，就一定可以击败秦军。希望您可以做这件事情。"荆轲答应了请求充当刺客赴秦。

于是太子丹安排荆轲住进上等客舍，并天天亲往舍中探望，凡能够进送、供给荆轲的东西，没有不送到的。不久之后，秦将王翦灭亡了赵国，太子丹听说后惊恐不已，便想送荆轲出行。

荆轲说："如果现在前往秦国，没有令秦人信任我的理由，这就未必能接近秦王。倘若能得到樊将军的头颅和燕国督亢的地图奉献给秦王，秦王必定很高兴召见我，接近他之后我才能够刺杀他来回报您。"太子丹说："樊将军在穷途末路时来投奔我，我实在不忍心杀他啊！"

于是荆轲私下里会见樊於期说："秦国对待您，可说是残酷之极，您的父母、宗族都被诛杀或没收为官奴了！现在听说秦国悬赏千斤黄金、万户封地购买您的头颅，您打算怎么办呢？"樊於期叹息地流着泪说："哪能想出什么办法呢？"荆轲说："希望能得到您的头颅献给秦王，秦王见此必定欢喜而召见我，那时我左手拉住他的袖子，右手持匕首刺他的胸膛。这样一来，您的大仇得报，燕国遭受欺凌的耻辱也可以消除了！"樊於期说："这正是我日日夜夜切齿烂心地渴求实现的事情啊！"随即拔剑自刎。

太子丹闻讯急奔而来，伏在樊於期尸体上痛哭，但已经无可奈何了，就用匣子把樊於期的头颅装起来了。此前，太子丹已预先求取到天下最锋利的匕首，令工匠把匕首烧红浸入毒药之中，又用这染毒的匕首试刺人，只需渗出一丝血，人就立即倒毙。太子丹还派了一个叫秦武阳的人做荆轲的助手，秦武阳十二岁的时候就杀过人，人们不敢同他正眼相看。

秦始皇帝二十年（公元前227年），荆轲抵达秦国都城咸阳，买通了秦王嬴政的宠臣蒙嘉，通过他的关系求见秦王，秦王大喜过望，穿上君臣朝会时的礼服，安排朝会大典迎见荆轲。

荆轲捧着装了樊於期头颅的盒子，秦武阳捧着地图匣子，按次序进宫。到达殿前的台阶下，秦武阳脸色都变了，十分害怕，秦国的群臣对此感到奇怪。荆轲回过头来对秦武阳笑了笑，上前替他向秦王谢罪说："北方蛮夷地区的粗鄙人，没有拜见过大王，所以害怕，希望大王原谅他，让他在大王的面前完成他的使命。"秦王对荆轲说："起来，取来武阳所拿的地图！"

荆轲手捧地图进献给秦王，图卷全部展开，匕首出现，荆轲乘势抓住秦王的袍袖，举起匕首刺向他的胸膛。但是未等荆轲近身，秦王已惊恐地一跃而起，挣断了袍袖。荆轲随即追逐秦王，秦王绕着柱子奔跑。这时，殿上的群臣都吓呆了，事发仓猝，大出意料，群臣全都失去了常态。秦国法律规定，在殿上侍从的群臣不得携带任何武器入宫。因此大家只好徒手上前扑打荆轲,并喊道:"大王,您背上有剑,用剑刺他!"秦王嬴政将剑推到背上,便剑套倾斜,剑柄向前,拔出剑来回击荆轲,砍断了他的左大腿。荆轲肢体残废无法再追,便把匕首向秦王投掷过去,但却击中了铜柱。荆轲知道行刺之事已无法完成,就大骂道:"此事没成功,只因想活捉你以后强迫你订立契约,归还兼并的土地,以此回报燕太子啊!"结果,荆轲被分尸示众。

秦王为此勃然大怒,增派军队到赵国,随王翦的大军攻打燕国。秦军在易水以西与燕国的军队会战,大破燕军。

诗词拓展:

咏史诗

〔魏〕阮　瑀

燕丹善勇士,荆轲为上宾。
图尽擢匕首,长驱西入秦。
素车驾白马,相送易水津。
渐离击筑歌,悲声感路人。
举座同咨嗟,叹气若青云。

陈胜吴广起义

秦王嬴政兼并六国，统一天下，自认为兼备了三皇的德行，功业超过了五帝，于是便改称号为"皇帝"，皇帝出命称"制书"，下令称"诏书"，皇帝自称为"朕"。可是事实上他并没有具备三皇的德行，生活奢靡，横征暴敛，人民怨声载道。

秦始皇为了抵抗匈奴，派人修造长城，发兵三十万，征集了民夫几十万；为了开发南方，动员了军民三十万。他又用七十万囚犯，动工建造一座巨大豪华的阿房宫，劳民伤财，群众已经愤怒到了极点。

秦始皇三十七年（公元前 210 年）秋季，七月二十日，始皇在沙丘宫平台驾崩。丞相李斯因皇帝在都城外病逝，唯恐各位皇子及天下发生什么变故，于是就秘不发丧，将棺材停放在能调节冷暖的凉车中，由始皇生前最宠信的宦官在车的右边陪乘。所到一地，上呈餐饭、百官奏报事务与过去一样，宦官即从车中接受并批复奏事。只有胡亥、赵高及受宠幸的宦官五六个人知道内情。

皇室车队于是从井陉抵达九原。当时正值酷暑，装载始皇遗体的凉车散发出恶臭，胡亥等便指示随从官员在车上装载一石鲍鱼，借鱼的臭味混淆腐尸的气味。从直道抵达咸阳后，发布治丧的公告，胡亥继承了皇位。

秦二世皇帝元年（壬辰，公元前209年），秦二世下令重新营修阿房宫，从各地征调了几十万囚犯和民夫，大规模修造秦始皇的陵墓。大墓没完工，秦二世和赵高又继续建造阿房宫。那时候，全中国人口不过两千万，前前后后被征发去筑长城、守岭南、修阿房宫、造大墓和别的劳役合起来差不多有二三百万人，且不包括幼儿和妇女。耗费了大量人力财力，使百姓怨声载道。

同年秋，七月，阳城（今河南登封东南）的地方官派了两个军官，押着九百名民夫送到渔阳（今北京市密云西南）去驻守边境。军官从这批壮丁当中挑了两个个儿大、办事能干的人当屯长，叫他们管理其他的人。这两个人一个叫陈胜，阳城人，字涉，是个长工；一个叫吴广，阳夏（今河南太康县）人，是个贫苦农民。

行进的路上正赶上连天大雨，水淹了道，没法通行。他们只好扎了营，停留下来，准备天一放晴再上路。秦朝的法令很严酷，被征发的民夫如果延误戍期，一律处斩。大伙儿看着雨下个不停，急得真像热锅上的蚂蚁，不知道怎么办才好。

陈胜偷偷跟吴广商量："这儿离渔阳还有几千里，怎么也赶不上最后期限，难道我们就白白地去送死吗？"

吴广说："那怎么行，咱们逃吧。"于是陈胜、吴广便趁着百姓生计愁苦、对秦的怨恨，杀掉押送他们的将尉，召集戍卒号令说："你们都已经延误了戍期，当被杀头。即使不被斩首，因长久在外戍边而死去的本来也要占到十之六七。何况壮士不死则已，要死就图大事！王侯将相难道是天生的吗！"众人全都响应。陈胜、吴广便以已死的秦太子扶苏和故楚国的大将项燕为名，培土筑坛，登到坛上宣布誓约，号称"大楚"。陈胜自立为将军，吴广为都尉。

陈胜叫弟兄们搭了个台，做了一面大旗。旗上写了一个斗大的"楚"字。以两个将尉的头对天起誓，袒露右臂为标志，同心协力，推翻秦朝。他们公推陈胜、吴广为首领。九百条好汉一下子就把大泽乡占领了。临近的农民听到这个消息，都拿出粮食来慰劳他们，青年们纷纷拿着锄头、铁耙到营里来投军。人多了，没有刀枪和旗子，他们就砍了许多木棒做刀枪，削了竹子做旗杆。就这样，陈胜、吴广建立了历史上第一支农民起义军。

起义军攻陷大泽乡后，接着招收义兵扩军，进攻蕲。蕲夺取后，即令符离人葛婴率军攻掠蕲以东地区，相继攻打柘、谯等地，全都攻下了。义军沿路招收人马，等到抵达陈地时，已有战车六七百辆，骑兵千余，步兵数万人。当攻打陈时，郡守和郡尉都不在，只有留守的郡丞在谯楼下的城门中抵抗义军，没打多久郡丞就被打死了。陈胜于是领兵入城，占据了陈地。

陈胜率义军已进入陈地，张耳、陈馀便前往陈胜的驻地通名求见。张耳、陈馀是魏国的名士，当初，秦国灭魏时，悬重赏征求他们当官。可是张耳、陈馀不愿接受，改名换姓，一起逃到了陈地，充任里门看守来糊口。陈胜早就听说他俩很贤能，故而非常高兴地接纳了他们。

恰逢陈地中有声望的地方人士和乡官请求立陈胜为楚王，陈胜就拿这件事来询问张耳、陈馀的意见。二人回答说："秦王朝暴乱无道，兼灭别人的国家，残害百姓。而今您冒万死的危险起兵反抗的目的，就是要为天下百姓除害啊。现在您才到达陈地就要称王，是向天下人显露您的私心。因此希望您不要称王，而是火速率军向西，派人去扶立六国国君的后裔，替自己培植党羽，以此为秦王朝增树敌人。秦的敌人多了，兵力就势必分散，大楚联合的国家多了，兵力就必然强大。这样一来，在野外军队不必交锋，遇到县城没有兵为秦守城。铲除残暴的秦政权，占据咸阳，以号令各诸侯国。灭亡的诸侯国得到复兴，您施德政使它们服从，您的帝王大业就完成了！如今只得到一个陈县就称王，恐怕会使天下人斗志松懈。"陈胜不听从这一意见，即自立为楚王，号称"张楚"。

在那时，各郡县的百姓都苦于秦法的残酷苛刻，因此争相诛杀长官，响应陈胜。秦王朝的宾赞官谒者从东方归来，把反叛的情况奏报给秦二世。二世勃然大怒，将谒者交给司法官吏审问治罪。于是，以后回来的使者，二世向他们询问情况，他们便回答说："一群盗贼不过是鼠窃狗偷之辈，郡守、郡尉正在追捕他们，现在已经全部抓获，不值得为此忧虑了。"二世即颇为喜悦。

陈胜任命吴广为代理楚王，督率众将领向西攻击荥阳。张耳、陈馀又劝说陈胜，请出奇兵向北攻取原来赵国的土地。于是，陈胜便任命他过去的好友、陈地人武臣为将军，邵骚为护军，张耳、陈馀为左、右校尉，拨给士卒三千人，攻取故赵国的土地。

陈胜听说周文是陈地德才兼备的人，通晓军事，便授予他将军的印信，命他领兵向西进攻秦王朝。

陈胜因秦王朝的政治混乱，而生有轻视秦的意思，不再设置防备。博士孔鲋规劝说："我听兵法上说'不依靠敌人不来攻我，而是仰仗我之不可以被攻打。'如今您凭借敌人不来进攻，而不依靠自己设防不怕为敌所攻，一旦遭遇挫折不能奋起，则悔恨也来不及了。"陈胜说："我的军队，就不必烦劳先生您操心了。"

周文沿路收取兵众到达函谷关时，已是战车千辆，士卒几十万，至戏亭，部队驻扎了下来。二世这时才大惊失色，连忙与群臣商议说："怎么办啊？"少府章邯道："盗贼已兵临城下，人多势强，现在征调附近各县的军队抵抗，已经来不及了。不过发配在骊山服役的人很多，请赦免他们，并授给他们兵器去迎击敌军。"二世于是下令大赦天下，命章邯解除骊山的刑徒、奴婢所生之子不能充当战士的限制，将他们全部征发去攻打楚军。结果秦军果然大败周文的军队，周文逃跑了。

张耳、陈馀抵达邯郸，听到周文撤退的消息，又听说为陈胜攻城略地后归还的众将领多因谗言陷害而获罪，遭到诛杀，便劝说武臣，让他自己称王。

八月，武臣自立为赵王，任命陈馀为大将军，张耳为右丞相，邵骚为左丞相，并派人报知陈胜。陈胜大怒，想要尽灭武臣等人的家族，发兵攻打赵王。上柱国（宰相）蔡赐规劝道："秦王朝尚未灭亡就杀武臣等人的家族，这是又一个秦王朝复生啊。不如趁此庆贺他为王，令他火速率军向西进攻秦。"陈胜认为说得有理，便听从他的计策，把武臣等人的家属迁移到宫中软禁起来，封张耳的儿子张敖为成都君，派使者前去祝贺赵王即位，催促他赶快发兵向西入函谷关。

张耳、陈馀劝赵王武臣说："您在赵地称王，并非楚王陈胜的本意，所以祝贺您称王，不过是个权宜之计。一旦楚灭掉了秦，必定要发兵攻打赵国。因此希望您不要向西出兵，而是领兵往北攻占旧燕地、代地，向南收取河内，以此扩大自己的地盘。这样一来，赵国南面可以扼守黄河，北面有燕、代旧地可为声援，楚即便战胜了秦，也不能制约赵国。楚如果不能胜秦，赵国的分量就必然加重。如此，赵国乘秦、楚两家疲惫衰败之机崛起，即可以得行己志，达到统治天下的目的了。"赵王认为说得不错，于是便不向西进军，而是派韩广领兵夺取燕国故土，李良攻取常山，张黡夺取上党。

陈胜变得越来越骄傲，听信谗言，诛杀故人，与起义群众日益疏远，派往各地的将领也不再听从他的命令。围攻荥阳的假王吴广也与义军将领田臧意见不合，田臧竟假借陈胜的命令杀死吴广，结果导致这支队伍全军覆灭。起义后的第六个月，陈胜兵败逃亡的路上被他的车夫庄贾设计杀害了。最后庄贾带着陈胜的首级去向秦军邀功请赏去了。

诗词拓展：

读陈胜传

［清］屈大均

闾左称雄日，渔阳谪戍人。
王侯宁有种？竿木足亡秦。
大义呼豪杰，先声仗鬼神。
驱除功第一，汉将可谁伦？

破釜沉舟　巨鹿之战

秦二世二年（公元前208年）九月，秦将章邯在消灭项梁之后，便认为楚地的兵事不值得忧虑，就渡过黄河，向北攻打赵国，大败赵军。而后率军抵达邯郸，将城中百姓全部迁徙到河内，铲平了邯郸的城郭。张耳与赵王歇逃入巨鹿城，秦将王离领兵将巨鹿团团围住。陈馀向北收集常山的兵士，获得几万人，驻扎在巨鹿北面，章邯驻军在巨鹿南面的棘原。危难之际赵国几次向楚请求救援。

这时齐国的使者高陵君显正在楚，就进见楚怀王说："我向您推荐一个人，他叫宋义。宋义推论武信君的军队必败，过了不几天，项军果然失败。军队尚未开战就预见到了败亡的征兆，这可以说是颇懂得兵法了！"楚怀王立即召宋义前来商议事情,十分喜欢他,因此便任命他为上将军,项羽为次将,范增为末将,领兵去援救赵国。各路部队的将领也都归宋义统领,号称他为"卿子冠军"。

当初,楚怀王与各路将领约定:"谁先攻入关中,谁就在关中称王。"这时候,秦军还很强大,经常乘胜追击逃敌,故楚将中没有一个人认为先入关是有利的,唯独项羽怨恨秦军杀了项梁,激愤不已,愿西进入关。楚怀王手下的老将们都说:"项羽这个人,迅捷勇猛、狡诈凶残,曾经在攻破襄城时,将城中军民一个不留地统统活埋了。凡是他经过之处,无不遭到残杀毁灭。并且秦国父老兄弟为他们君主的暴政所苦累已经很久了,如若现在真能有位宽厚的长者前往,不施侵夺暴虐对秦国的百姓讲明道理,关中应当是可以攻下的了。项羽不可派遣,只有刘邦宽宏大量,有长者气度,可以派遣。"于是楚怀王没有答应项羽的请求,而派刘邦西进夺取土地,收容陈胜、项梁的散兵游勇,以攻击秦军而项羽就跟着宋义去救赵。

宋义带领军队到达安阳,停留了四十六天不进兵。项羽急欲攻打秦军,为阵亡的叔父项梁报仇雪恨,便催促宋义发兵,对宋义说:"秦军围困赵军形势紧急,应火速领兵渡黄河,如此由楚军在外攻击,赵军在内接应,打败秦军就是一定的了！"宋义不听，反讥项羽有勇无谋，说道："不对。要拍打叮咬牛身的大虻虫，而不可以消灭牛毛中的小虮虱。现在秦军攻赵，打胜了，军队就会疲惫，我们即可乘秦军疲惫之机发起进攻；打不胜，我们就率军擂鼓西进，这样便必定能够攻入关中了。所以不如先让秦、赵两军相斗。身披铠甲、手持锐利的武器冲锋陷阵，我不如您；但运筹帷幄、制定策略，您却不如我。"因此在军中下达命令说："凡是猛如虎，贪如狼，倔强不服从指挥的人，一律处斩！"

宋义把儿子宋襄派到齐国当宰相，送行到无盐（古县名，在现在山东东平县东）这个地方，饮酒作乐。当时天降大雨，天气寒冷，士卒饥寒不堪，项羽利用这一点激起了士兵对宋义的不满。

宋义按兵不动的第四十七天早上，项羽去进见上将军宋义时，就在营帐中斩了宋义的头。出帐后即向军中发布号令说："宋义与齐合谋反楚，楚王密令我杀了他！"这时，众将领都因畏惧而屈服，无人敢于抗拒，一致说："首先拥立楚王的是将军您家中的人，如今又是您诛除了乱臣贼子。"于是就共同推立项羽为代理上将军。项羽即派人去追赶宋义的儿子宋襄，追到齐国将他杀了。并派桓楚向怀王报告情况，怀王便让项羽担任了上将军。

项羽杀了"卿子冠军"宋义后,威震楚国,就派当阳君英布和蒲将军领兵两万渡黄河援救巨鹿。不久项羽发现了秦军的一个弱点——秦军布局是王离军围巨鹿,章邯军驻扎其南边,一边筑甬道运输粮草,一边随时对救助巨鹿的援军打击,这支军队像两只虎钳,牢牢地钉死猎物。而弱点就在两钳之间的心脏。项羽要直接实施黑虎掏心战略,只有切断两只虎钳的联系,集中力量攻其一只才可以有希望获胜。为了得到更多的情报,让秦军露出破绽。项羽先派英布、蒲将军带上自己的两万人马渡河进攻秦军甬道。英布,蒲将军不负所望,击败了看守甬道的秦军。从这场小胜利,项羽看到秦军的问题所在——甬道虚弱,而章邯军疲惫不堪,决定抓住时机全军进攻秦军,这个时候陈馀又派人向项羽请战,项羽同意了。正好让陈馀做出救赵的姿态吸引王离军的注意。

项羽带着剩余的主力部队,全部渡河。在渡河之后,项羽鼓舞士气,并下令将炊具打破,将船只凿沉,每人只带三天的干粮,多余的都烧掉,以表明拼死一战的决心和大无畏精神。这种"陷之死地而后生,置之亡地而后存"的决心把一支向心力不足的军队栓成一股绳,只有一起向前冲打败秦军才有活路。在项羽的调令下,楚兵的求战欲望高涨!

项羽主力开始进攻，项羽把主力汇合在一起，直接进攻甬道，断王离军的粮草。章邯听到消息后，立刻带兵援救甬道，正中项羽之计，项羽以逸待劳，大攻章邯。章邯没有料到项羽孤注一掷，把所有筹码都压了上去，由于英布军前期骚扰战的迷惑，章邯还以为项羽又在玩断粮游戏，搞搞破坏然后跑人，连阵形都没有布置好就带兵救援。哪知道项羽玩真的，楚军把秦国王离的军队包围起来，个个士气振奋，以一当十，越战越勇。经过多次激烈战斗，楚军活捉了王离，杀死了秦将苏角，章邯也带兵退走了，秦将涉间举火自焚，其他的秦军将士有被杀的，也有逃走的，围困巨鹿的秦军就这样瓦解了。

其实当时，齐军、燕军都来救赵，张敖也到北面收集代地的士兵，得到一万多人，项羽进攻秦军之前，虽已有燕、齐、魏、代、辽等十几路诸侯军抵达巨鹿前来救援，但都慑于秦军威力，只是屯兵于外围，不敢出战。当楚军进攻秦军的时候，各路诸侯军仍闭门不出，只是从营垒上观望，等到看到楚军大破秦军，各路诸侯军无不胆寒。这样打败了秦军后，项羽便召见诸侯军将领。这些将领们进入辕门时，没有一个不是跪着前行的，谁也不敢仰视项羽。项羽从此始成为诸侯军的上将军，各路诸侯都归他统帅了。

诗词拓展：

巨鹿之战

［清］郑板桥

项羽提戈来救赵，暴雷惊电连天扫。
臣报君仇子报父，杀尽秦兵如杀草。
战气盛声喧呼，诸侯壁上惊魂遁。
项王何必为天子，只此快战千古无。
奸万黠藏凶戾，曹操朱温尽称帝。
何似英雄骏马与美人，乌江过者皆流涕！

鸿门宴

秦末,沛公刘邦奉楚怀王之命西进攻打咸阳。汉高祖元年(公元前206年)冬季,沛公率军抵达霸上。秦王子婴乘素车,驾白马,颈上系着绳子以示自己该服罪自杀,手捧封好的皇帝玉玺和符节,伏在轵道亭旁向刘邦投降。

众将领中有人主张杀掉秦王。刘邦说:"当初怀王派我前来,原本就是因为认定我能宽容人。何况人家已经降服了,还要杀人家,如此做是不吉利的。"于是便将秦王子婴交给了主管官员处置。

刘邦领兵向西进入咸阳,众将领都争先恐后地奔往秦朝贮藏金帛财物的府库瓜分财宝,刘邦看到秦王朝的宫室、帷帐、名种狗马、贵重宝器和数以千计的宫女,便想留下来在皇宫中居住。樊哙劝谏说:"您是想拥有天下,还是只想做一个富翁啊？这些奢侈华丽之物，都是招致秦朝覆灭的东西，您要它们有什么用呀！望您尽快返回霸上，不要滞留在宫里！"刘邦不听。张良说："秦朝因为不施行仁政，所以您才能够来到这里。而为天下人铲除残民之贼，应如同丧服在身，把抚慰人民作为根本。现在刚刚进入秦的都城，就要安享其乐，这即是人们所说的'助纣为虐'了。况且忠言逆耳利于行，良药苦口利于病，望您能听取樊哙的劝告！"刘邦听从了樊哙的建议率军返回霸上。

十一月，刘邦将各县的父老和有声望的人全都召集起来，对他们说："父老们遭受秦朝严刑苛法的苦累已经很久了！如今与父老们约法三章：杀人者处死，伤人者和抢劫者抵罪。除此之外，秦朝的法律统统废除，众官吏和百姓都照旧安定不动。我之所以到这里来，是为了替父老们除害，而不是来欺凌你们的，请你们不必害怕！况且我所以领兵回驻霸上，不过是为了等各路诸侯到来后订立一个约束大家行为的规章罢了。"随即派人和秦朝的官吏一起巡行各县、乡、城镇，向人们讲明道理。秦地的百姓都欢喜异常，争相拿着牛羊、酒食来慰问款待刘邦的官兵。刘邦又辞让不肯接受，说道："仓库中的粮食还很多，并不缺乏，不想让百姓们破费。"百姓们于是更加高兴，唯恐刘邦不在秦地称王。

有人劝说刘邦道："关中地区比天下其他地方要富足十

倍，而且地势险要。听说项羽封章邯为雍王，让他在关中称王。现在如果他来了，您恐怕就不能占据这个地方了。可以火速派兵把守函谷关，不让诸侯军进来，并逐步征召关中兵，以此增加自己的实力，抵御他们。"刘邦认为此计可行，就照着办了。

与此同时项羽已经平定了黄河以北的地区，就率领各路诸侯军向西进入关中。不久，项羽到达函谷关，但是关门紧闭。项羽听说刘邦已经平定了关中，勃然大怒，派黥布等人攻破了函谷关。这时，项羽拥兵四十万，号称百万大军，驻扎在新丰县的鸿门；刘邦拥兵十万，号称二十万，驻军霸上。

刘邦手下有个左司马叫曹无伤，他想要投靠项羽，就派人秘密地告诉项羽说："沛公想要在关中称王，任秦王子婴为相，奇珍异宝全都占有了。"企图借此求得项羽的封赏。项羽闻言怒不可遏，就让士兵们饱餐一顿，打算次日攻打刘邦的军队。

亚父范增对项羽说："刘邦住在崤山之东时，贪财而又好色。现今入关，却不搜取财物，不宠幸女色，这表明他的志向不小哇。我曾命人观望他那边的云气，都显示出龙虎的形状，出现五彩，这是天子之气啊！应该赶快进攻他，不要错过了时机！"

可是项羽有个叔父叫项伯，他向来与张良要好，害怕这次打仗会殃及张良，便连夜赶到刘邦军中，私下里会见张良，将这些事情一五一十地对他说了，想要张良同他一起离开，说道："可别跟刘邦一块儿死啊！"张良说："我为韩王伴送沛公，而今沛公遇有急难，我却逃走了，这是不义的行为，我不能不告诉他。"于是张良将项伯的话全都讲述给了刘邦。

刘邦一听大吃一惊，对张良说："这可怎么办呢？我们的兵力的确是不如他呀。"张良说："那我去告诉项伯，说您是绝不敢背叛项羽的。"刘邦问道："您是怎么与项伯认识的啊？"张良说："在秦的时候，项伯与我有交往，他曾经杀过人，我救了他。现在事情紧急，还幸亏他前来告知我。"刘邦说："你与他谁大谁小？"张良道："他比我大。"刘邦说："您替我唤他进来，我将把他当作兄长来对待。"张良于是出去，坚持邀项伯入内，项伯便进去与刘邦相见。

刘邦手捧酒杯向项伯敬酒祝福，并与他约定结为亲家，说："我进入关中，连毫毛般的东西都不敢沾，只是登记官民，封存府库，等待着项羽将军的到来。之所以派将领把守函谷关，是为了防备有其他盗贼出入和有非常情况发生。我日日夜夜盼望着将军驾临，哪里敢谋反啊！望您能把我不敢忘恩负义的情况详尽地反映给项将军。"项伯答应了，对刘邦说："你明日早些来亲自向项王道歉啊。"刘邦说："好吧。"项伯于是连夜又赶了回去，到达军营后，将刘邦的话一五一十地报告给项羽，并趁机道："要不是刘邦先攻下关中，您又怎么能进来呀?！如今人家建立了大功却还要去攻打人家，是不义的。不如就因此好好地对待他。"项羽想了想便同意了。

　　第二天，刘邦带领一百多骑随从人员到鸿门来见项羽，道歉说："我与将军您合力攻秦，您在黄河以北作战，我在黄河以南战斗，没料到自己能先进入关中，得以在这里与您重逢。如今有小人之言搬弄是非，使您和我之间产生了隔阂。"项羽道："这是您的左司马曹无伤散布的流言，不然的话，我何至于如此啊！"

　　于是，项羽就留刘邦与他一起喝酒。范增频频向项羽递眼色，并三次举起他所佩带的玉暗示项羽杀刘邦，项羽却只是默然不语，毫无反应。范增便起身出去招呼项庄，对他说："项王为人心慈手软，还是你进去上前给刘邦敬酒，敬完酒，你就请求表演舞剑，然后乘势在坐席上袭击刘邦，杀了他。不然的话，你们这些人都将成为他的阶下囚了！"项庄即入内为刘邦祝酒，敬完酒后，项庄道："军营中没有什么可用来取乐的，就请让我来为你们舞剑助兴吧。"项羽说："好哇。"项庄于是拔剑起舞。项伯见状也起身拔剑起舞，并时时用身子遮护刘邦，使得项庄无法行刺。

这时张良来到军门见樊哙。樊哙说:"今天的事情怎么样了?"张良说:"现在项庄拔剑起舞,他的用意却常在沛公身上啊。"樊哙道:"事情紧迫,我请求进去,与他拼命!"樊哙随即带剑持盾闯入军门。军门的卫士想要阻止他进去,樊哙就侧过盾牌一撞,卫士扑倒在地。

樊哙于是入内,掀开帷帐站立在那里,怒目瞪着项羽,头发直竖,两边的眼角都睁裂开了。项羽手按剑,跪起身,说道:"来客是干什么的?"张良说:"是沛公的陪乘卫士樊哙。"项羽道:"真是壮士啊!赐给他一杯酒喝!"左右的侍从即给了他一大杯酒。樊哙拜谢后,起身站着一饮而尽。项羽说:"再赐给他猪腿吃!"侍从们便又拿给他一条生猪腿。樊哙将他的盾牌倒扣在地上,把猪腿放在上面,拔出剑来切切就大口地吃了。项羽说:"壮士,你还能再喝酒吗?"樊哙道:"我连死都不逃避,一杯酒难道还值得我推辞吗!秦王的心肠狠如虎狼,杀人唯恐杀不完,用刑惩罚人唯恐用不够,致使天下的人都起而反叛他。怀王曾与各路将领约定说:'先打败秦军进入关中的人,在关中为王。'现在沛公最先击溃秦军,进入咸阳,毫毛般的东西都不敢染指,就率军返回霸上等待您的到来。这样劳苦功高,您非但不给予封地、爵位的奖赏,还听信小人的谗言,要杀有功之人。这是在重蹈秦朝灭亡的覆辙呀,我私下认为您的这种做法是不可取的!"项羽无话可答,就说:"坐吧。"樊哙于是在张良的

身边坐下了。

坐了不一会儿,刘邦起身去上厕所,趁机招呼樊哙出来。刘邦说:"我现在出来,没有告辞,怎么办啊?"樊哙道:"现在人家正好比是屠刀和砧板,我们则是鱼肉,还告什么辞哇!"于是就这么走了。鸿门与霸上相距四十里,刘邦撇下车马,抽身独自骑马而行,樊哙、夏侯婴、靳强、纪信等四人手拿剑和盾牌,快步相随,经骊山下,取道芷阳,抄小路奔向霸上。留下张良,让他向项羽辞谢,将一对白璧敬献给项羽,大玉杯给亚父范增。刘邦临行前对张良说:"从这条路到我们的军营,只不过二十里地。您估计着我已经抵达军中时,再进去。"

张良估计刘邦已到军营才进去告罪说:"沛公禁不起酒力,无法来告辞,谨派臣张良捧上白璧一对,以连拜两次的隆重礼节敬献给将军您;大玉杯一双,敬呈给亚父您。"项羽说:"沛公现在哪里呀?"张良道:"他听说您有要责备他的意思,便抽身独自离去,现在已经回到军中了。"项羽就接受了白璧,放到坐席上。亚父范增接受玉杯后搁在地上,拔剑击碎了它们,说:"唉,这小子不值得与他共谋大业!夺取项将军天下的人,必定是刘邦。我们这些人眼看着就要被他俘获了!"

刘邦一到达军中,就立即杀掉了曹无伤。不久之后,刘邦统一天下,建立西汉,是为汉高祖。

诗词拓展：

鸿门宴
〔唐〕王 毂

寰海沸兮争战苦，风云愁兮会龙虎。
四百年汉欲开基，项庄一剑何虚舞。
殊不知，人心去暴秦，天意归明主。
项王足底踏汉土，席上相看浑未悟。

背水一战

当初，淮阴人韩信，家境贫寒，没有好的德行，所以不能被推选去做官，然而他又不会经商谋生，只能跟着别人吃闲饭，人们都厌恶他。

一天，韩信在城下钓鱼，有位在水边漂洗丝绵的老太太看到他饿了，就拿饭来给他吃。韩信非常高兴，对那位老太太说："我将来一定会重重地报答您老人家。"老太太生气地说："男子汉大丈夫不能养活自己！我不过是可怜你这位公子才给你饭吃，难道是希图有什么报答吗?!"

淮阴县屠户中的青年里有人侮辱韩信："你虽然身材高大，好佩带刀剑，内心却胆小如鼠。"并趁机当众羞辱他说："韩信你要真的不怕死，就来刺我。若是怕死，就从我的胯下爬过去！"韩信仔细地打量了那青年一会儿，便俯下身子，从他的双腿间钻了过去，匍匐在地。满街市的人都嘲笑韩信，认为他胆小。

待到项梁渡过淮河北上，韩信持剑去投奔他，留在项梁部下，一直默默无闻。项梁失败后，韩信又归属项羽，项羽让他作了郎中。韩信曾多次向项羽献策以求重用，但项羽却不予采纳。这时，汉王刘邦进入蜀中，韩信觉得在这里不能施展自己的抱负，就逃离楚军归顺了汉王。可是仍然不为人所知，做了个接待宾客的小官。

韩信好几次与萧何谈话，萧何感觉他不同于常人。待汉王到达南郑时，众将领和士兵都唱歌思念故乡，许多人中途就逃跑了。韩信估计萧何等人已经多次向汉王荐举过他，但汉王没有重用他，便又逃亡而去。萧何听说韩信逃走了，没来得及向汉王报告，就亲自去追赶韩信。有人告诉汉王说："丞相萧何逃跑了。"汉王大发雷霆，仿佛失掉了左右手一般。

过了一两天，萧何来拜谒汉王。汉王又怒又喜，骂萧何道："你为什么逃跑呀？"萧何说："我不敢逃跑哇，我是去追赶逃跑的人啊。"汉王说："你追赶的人是谁呀？"萧何道："是韩信。"汉王又骂道："将领们逃跑的已是数以十计，你都不去追找，说追韩信，纯粹是撒谎！"

萧何说："那些将领很容易得到。至于像韩信这样的人，却是天下无双的杰出人才啊。大王您如果只想长久地在汉中称王，自然没有用得着韩信的地方；倘若您要争夺天下，除了韩信，就没有可与您图谋大业的人了。只看您作哪种抉择了！"汉王说："我也是想要东进的，怎么能够忧郁沉闷地老待在这里呀！"萧何道："如果您决计向东发展，那么能任用韩信，韩信就会留下来，如若不能使用他，他终究还是要逃跑的。"汉王说："那我就看在你的面子上任他做将军吧。"萧何说："即便是做将军，韩信也不会留下来的。"汉王道："那就任他为大将军吧。"

汉高祖三年（公元前204年）冬季，十月，韩信和张耳率领几万名士兵向东攻打赵。赵王赵歇和成安君陈馀闻讯，即在井陉口集结部队，号称拥有二十万大军。

广武君李左车劝说成安君："韩信、张耳乘胜离开本国远征，锋芒锐不可当。我听说'从千里之外供给军粮，士兵当会面有饥色；临时拾柴割草来做饭，军队当会常常食不果腹。'而今井陉这条路，车辆不能并行，骑兵不能成列，行军队伍前后拉开几百里，依此形势，随军的粮草必定落在大部队的后面。望您暂时拨给我三万人作为突击队，抄小路去截断对方的辎重粮草，而您则深挖壕沟、高筑营垒，坚守不出战。这样一来，他们向前无仗可打，退后无路可回，野外又没什么东西可抢，如此不到十天，韩信、张耳这两个将领的头颅就可以献到您的帐前了；否则便肯定要被他们二人所俘获。"但陈馀曾经自称是义兵，不屑于使用诈谋奇计，所以说："韩信兵力单薄且又疲惫不堪，对这样的军队还避而不击，各诸侯便会认为我胆怯而随便来攻打我了。"

韩信派人暗中打探消息，得知陈馀不采纳广武君的计策，高兴异常，因此便敢率军径直前进，在距离井陉口三十里的地方停下来宿营。到半夜时分，韩信传令部队出发，挑选两千名轻骑兵，每人手拿一面红旗，从小道上山隐蔽起来，观察赵军的动向；并告诫他们说："交战时赵军看到我军退逃，必会倾巢出动来追赶我们，你们即趁机迅速冲入赵军营垒，拔掉赵军的旗帜，遍插汉军的红旗。"又命他的副将传送一些食品给将士，说道："待今天打败赵军后再会餐！"众将领们都不相信，只是假意应承道："好吧。"韩信说："赵军已经抢先占据了有利地形安营扎寨，而且他们没有看见我军大将的旗鼓，是不肯出兵攻打我们的先头部队的，这是因为他们怕我军到了险要的地方，遇阻后就会撤回去。"韩信随即派遣一万人打先锋，开出营寨，背靠河水摆开阵势。赵军望见后都哗然大笑。

天刚蒙蒙亮的时候，韩信打出了大将的旗鼓，鼓乐喧天地开出了井陉口。赵军洞开营门迎击，双方激战了很久。这时，韩信和张耳便假装丢旗弃鼓，逃回河边的阵营。河边部队大开营门放他们进去，然后又和赵军鏖战。赵军果然倾巢出动，争抢汉军抛下的旗鼓，追逐韩信和张耳。韩信、张耳进入河边的阵地后,全军立即拼死奋战,赵军无法打败他们。韩信派出的两千名骑兵突击队等到赵军将士全体出动去追逐争夺战利品时,立刻奔驰进入赵军营地,拔掉所有赵军旗帜,插上两千面汉军红旗。赵军已经无法抓获韩信等人,便想退回营地,但却见自己的营垒中遍是汉军的红旗,都惊慌失措,以为汉军已将赵军的将领全部擒获了,于是士兵们大乱,纷纷逃跑,赵将尽管不停地斩杀逃兵,也无法禁止溃败之势。汉军随即又前后夹击,大败赵军,在水边杀了陈馀,活捉了赵王赵歇。

　　将领们献上敌人的首级和俘虏,向韩信祝贺,并趁势问韩信说:"兵法上提出'布军列阵要右边和背面靠山,前面和左边临水。'而这次您却反而让我们背水布阵,还说什么'待打败赵军后再会餐',我们当时都颇不信服,但是竟然取胜了,这是什么战术呀?"韩信说:"这战术也是兵法上有的,只不过你们没有留意罢了!兵法上不是说'陷之死地而后生,置之亡地而后存'吗?况且我所率领的并不是平时训练有素的将士,这即是所谓的'驱赶着街市上的平民百姓去作战',势必非把他们置于死地,使他们人人为各自的生存而战不可;倘若给他们留下活路,他们就会逃走了,那样一来,还能够用他们去冲锋陷阵吗!"

　　将领们于是都心悦诚服地说:"对啊!您的谋略的确非我们所能比呀!"

诗词拓展：

过韩侯岭题壁
〔清〕袁保恒

高帝眼中只两雄，淮阴国士与重瞳。
项王已死将军在，能否无嫌到考终。

四面楚歌　霸王乌江自刎

汉高祖五年（公元前202年），冬季，十月。汉王刘邦追击项羽到达固陵，与齐王韩信、魏国的相国彭越约定日期合击楚军。但是韩信、彭越的军队没有来，楚军攻打汉军，汉军大败。

汉王于是重新加固营垒加强防守，并对张良说："诸侯不遵守信约，怎么办啊？"张良答道："楚军即将被打败，而韩信、彭越二人没有分得确定的领地，因此他们不应约前来会合，原是应当的。君王您如果能与他们共分天下，就可以立即把他们招来。齐王韩信的封立，并不是您的本意，韩信自己也不放心。彭越本来平定了梁地，当初您因魏豹的缘故，封彭越为魏国相国。而今魏豹已死，彭越也想自己称王，但您却不早作决定。现在，您可以把从睢阳以北到南的地区都封给彭越，把从陈县以东到沿海地区的区域划给韩信。韩信的家乡在楚地，他的意思也是想要得到自己故乡的土地。您如果能拿出以上地区许给他们两人，让他们各自为自己的利益而战，那么楚国就很容易攻破了。"汉王听从了这一建议。于是韩信、彭越都率军前来。

十二月，项羽到了垓下，兵少粮尽，与汉军交战未能取胜，便退入营垒固守。项羽想带领一支人马冲杀出去。但是汉军和诸侯的人马把楚军包围得重重叠叠。项羽打退一批，又来一批；杀出一层，还有一层；这儿还没杀出去，那儿的汉兵又围了上来。项羽没法突围，只好回到垓下大营，吩咐将士小心防守，准备瞅个机会再出战。

这天夜里，项羽进了营帐，愁眉不展。他身边有个宠爱的美人名叫虞姬，见他闷闷不乐，就陪伴他喝酒解闷。突然一阵阵西风吹得呼呼直响，风声里还夹着唱歌的声音。项羽仔细一听，歌声是由汉营里传出来的，唱的是楚人的歌，唱的人还真不少。项羽听到四面到处是楚歌声，不觉愣住了。他失神似地说："完了！汉军已经全部得到楚国的土地了吗？怎么汉营里有这么多的楚人呢？"项羽再也忍不住了，随口唱起一曲悲凉的歌来："力拔山兮气盖世，时不利兮骓不逝。骓不逝兮可奈何，虞兮虞兮奈若何？"他慷慨悲歌，泪下数行，侍从人员见状也都纷纷哭泣，全不忍心抬头观看的状士。

项羽于是骑上他那名叫骓的黑色骏马，部下也骑马相随，有八百多人，当夜即突围往南奔驰。天大亮时，汉军才发觉，便命令骑将灌婴率五千骑士追赶。项羽渡过淮河，相随的骑兵能跟得上他的才一百多人。到达阴陵后，项羽一行人迷了路，就向一个农夫问路，农夫骗他说"往左"。项羽等人往左走，却陷进了大沼泽中。汉军因此追上了他们。

　　突破重围之后，项羽又领兵向东奔走，到达东城，这时相随的只有二十八个骑兵了。而汉军骑兵追逐前来的有好几千人。项羽料想自己是不能脱身了，便对他的骑兵们说："我从起兵到现在，已经八年了，身经七十多次战斗，不曾失败过，这才称霸了天下。但是今天终于被困在这里，这是上天要亡我啊，并不是我用兵有什么过错！今天定要一决生死，我愿为你们痛快地打一仗，一定突破重围、斩杀敌将、砍倒汉旗。"

　　他随即把人马分为四队，向四个方向冲杀，但汉军已将他们重重包围。项羽便对他的骑兵们说："看我为你们斩杀他一员将领！"就命令骑士们从四面奔驰而下，约定在山的东边分三处会合。接着项羽便大声呼喝着策马飞奔而下，汉军随即都溃败散乱，项羽就斩杀了一员汉将。这时，汉军郎中骑杨喜追击项羽，项羽瞪着双眼厉声呵斥他，杨喜人马都受到惊吓，退避了好几里地。项羽便与他的骑兵们分三处相会合，汉军不知道项羽究竟在哪里，于是分兵三路，又把他们包围了起来。项羽随即奔驰冲杀,又斩杀了汉军的一名都尉,杀掉了汉军百十来人,项羽重新聚拢了他的骑兵,至此不过仅损失了两名骑士罢了。项羽就对他的骑兵们说:"怎么样啊?"骑兵们都敬服地说:"正像大王您所说的一样!"

这时项羽来到乌江边,想东渡乌江,乌江亭长把船停泊在岸边等着他,并对项羽说:"江东虽然狭小,土地方圆千里,民众几十万人,却也足够您称王的了。望大王您火速渡江!现在只有我有船,汉军到来,无船渡江。"项羽笑着说:"上天要灭亡我,我还要渡江做什么呀!况且我与江东子弟八千人渡江西征,而今却一个人归还,纵使江东父老怜爱我,仍然以我为王,但我又有什么脸面去见他们啊!即便他们不说什么,难道我就不感到心中有愧吗!"于是项羽就把自己所骑的骏马骓送给了亭长,命令他的骑兵都下马步行,手持短兵器与汉军交战。

项羽一人就杀死了汉军几百人,然而毕竟寡不敌众,身受十多处伤。这时项羽回头看见了汉军骑司马吕马童,就说:"你不是我的老朋友吗?"吕马童背过脸,对中郎骑王翳说:"这就是项王!"项羽便说道:"我听说汉王悬赏千金买我的头颅,分给万户的封地,我就留给你一些恩德吧!"随即自刎而死。王翳取下项羽的头颅。其余的骑兵便相互践踏着争抢项羽的躯体,互相残杀的有几十个人。到了最后,杨喜、吕马童、郎中吕胜和杨武各夺得项羽的一部分肢体。因此便平分了原来悬赏的万户封地,并都被封为列侯。

诗词拓展:

题乌江亭

[唐]杜 牧

胜败兵家事不期,包羞忍耻是男儿;
江东子弟多才俊,卷土重来未可知。

绝 句

[宋]李清照

生当作人杰,死亦为鬼雄。
至今思项羽,不肯过江东。

冯唐易老　李广难封

　　太祖高皇帝十二年（公元前 194 年），四月二十五日，高祖刘邦驾崩于长乐宫。

　　同年，高帝的儿子刘盈即位，是为孝惠皇帝。然而汉惠帝，只是一个傀儡皇帝，实权都掌握在太后吕雉的手中。汉惠帝刘盈面对这样的境地，却无能为力，只是每天饮酒淫乐，不理政事。汉惠帝浑浑噩噩当了七年的傀儡皇帝，终于在汉惠帝七年（公元前 187 年）秋，在未央宫含恨而终。吕太后又找了一年幼的孩子封为太子，自己依旧大权在握。

　　汉高后八年（公元前 180 年）七月，吕后因病去世。吕禄、吕产等人打算作乱掌权，但在朱虚、陈平、灌婴等人的努力下，终究没有得逞。公元前 179 年，代王刘恒即位，是为太宗孝文皇帝。

汉文帝十四年（公元前166年）冬季，匈奴大举入侵边关，用十四万骑兵攻入朝那县和萧关，杀了北地郡都尉孙卬，掳掠了许多百姓和牲畜财产；匈奴骑兵直抵彭阳县境，并派一支奇兵深入腹地烧了回中宫，侦察骑兵一直到了雍地的甘泉宫。

文帝为匈奴的事非常苦恼，一天他乘辇车经过中郎的官府，问郎署长冯唐说："您老人家原籍是何处？"冯唐回答说："我的祖父是赵国人，父亲迁居代国。"文帝说："我在代国时，我的尚食监高祛多次对我称赞当年赵国将军李齐的贤能，讲述他与秦兵大战于巨鹿城下的事情。现在，我每次吃饭，心思没有不在巨鹿的时候。老人家您知道吗？"冯唐回答说："李齐还不如廉颇、李牧为将带兵的本领大。"文帝拍着大腿说："唉！我偏偏得不到廉颇、李牧那样的人做将军！有了这样的将军，我难道还担忧匈奴的入侵吗！"冯唐说："陛下即使得到了廉颇、李牧也不能任用他们。"

文帝大怒，起身返回宫中，过了许久，越想越不开心，召见冯唐，责备说："您为什么要当众侮辱我，为什么不在其他适合的时候说呢？"

冯唐谢罪说："我是个乡鄙之人，不懂得忌讳。"

文帝这时候非常担忧匈奴的入侵，于是又问冯唐说："您怎么知道我不能任用廉颇和李牧呢？"

冯唐回答说："我听说上古明君派遣将军出征时，跪着推将军的车辆前行，而且说'国门之内的事，由我来决定；国门以外的事情，请将军裁决。'一切军功、封爵、奖赏的事都由将军在外面决定，回国后再奏报君主。这并不是虚假的传言。我的祖父说李牧为赵国将军，驻守边境时，把从军中交易市场上收得的税收，都自行用于犒劳将士；赏赐都由将军在外决定，不必向朝廷请示批准。对他委以重任而责令成功，所以李牧才能充分发挥他的聪明才干。他率领着精选出来的一千三百辆战车、一万三千名善于骑射的骑兵，十万训练有素的将士，在北方驱逐匈奴，击败东胡，消灭澹林，在西方抑制了强大的秦国，在南方抵御了韩国和魏国。在那个时候，赵国几乎成为一个霸主之国。后来，恰逢赵王赵迁继位，他听信郭开的谗言，诛杀李牧，命令颜聚代替李牧统兵；正因为如此，赵国军队溃败，将士逃散，被秦军消灭。现在我听说魏尚担任云中郡郡守时，把军中交易市场所得的税收全都用来犒劳士卒，还用自己的官俸钱，每五天宰杀一头牛，宴请宾客、军吏和幕僚属官，因此，匈奴远避，不敢接近云中边塞。匈奴曾经入侵云中郡一次，魏尚率领车骑部队出击，杀了很多匈奴人。但那些士兵都是平民百姓的子弟，从田间出来参军从征，怎能知道'尺籍''伍符'之类的军令军规！他们整日拼死战斗，斩敌首级，捕获俘虏，在向幕府呈报战果军功时，只要一个字有出入，那些舞文弄墨的官员，就引用军法来惩治他们，他们应得到的赏赐就被取

消了。我认为陛下的赏赐太轻，而惩罚却太重。比如云中郡守魏尚因为上报斩杀敌军首级的数量差了六个，陛下就把他交给官吏治罪，削去他的爵位，判罚他做一年的刑徒。由此说来，陛下即使得到廉颇、李牧，也不能任用啊！"

文帝高兴地接受了冯唐的批评。当天，就令冯唐持皇帝符节去赦免魏尚，重新任命魏尚做云中郡守，并任命冯唐为车骑都尉。在各方努力下，匈奴的攻势暂时被压制下来了。

汉文帝后元七年（公元前157年）六月初一，文帝在未央宫驾崩。太子刘启即位称帝，为孝景帝。

汉景帝中元六年（公元前144年）六月，匈奴攻入雁门郡，直到武泉县，并攻入上郡，抢去了官府牧马场的马匹；汉军将士两千人战死。陇西人李广担任上郡太守，曾率领一百名骑兵出行，遇到几千匈奴骑兵。匈奴人看见李广的小队伍，以为是汉军大部队派出的诱兵，都吃了一惊，占据高山摆开阵势。

李广所率领的一百名骑兵都很害怕，想驰马逃跑回去，李广制止说："我们离开大军数十里远，现在，如果就靠这一百骑兵的队伍逃跑，匈奴人追杀射击，我们马上就完了。现在我们留在这里，匈奴人必定把我们看成大军的诱敌队伍，一定不敢进攻我们。"

李广命令骑兵们说："前进！"来到距离匈奴阵地约有二里的地方后，停止下来，李广命令说："都下马解鞍！"他的骑兵说:"敌人很多,而且离我们很近,如果出现紧急情况,怎么办?"李广说:"敌人估计我们会逃跑,我命令都解下马鞍,向他们表示我们不会逃跑,用这个办法来坚定他们认为我们是诱敌部队的想法。"

于是匈奴骑兵便真的不敢进攻。有一位骑白马的匈奴将领出阵来,监视汉军。李广上马,和十多个骑兵奔向前去,射死了匈奴的白马将军,又返回来,到达自己的百骑阵营中,解下马鞍,命令战士们放开战马,卧地休息。这时,正好是黄昏,匈奴骑兵一直对李广部队的行为觉得奇怪,不敢进攻。到了半夜时分,匈奴军队仍然认为附近有埋伏的汉朝大军,想夜间袭击他们,便都领兵撤走了。到黎明时,李广才回到大军营垒。这一战让他名声大震。

到汉武帝时期,李广已经是名勇将。汉武帝元光元年(公元前134年)武帝让他担任骁骑将军,驻守云中郡,中尉程不识担任车骑将军,驻守雁门郡。李广和程不识都以边境郡守的身份指挥军队,当时都很有名气,但匈奴人更害怕遇到李广。

汉武帝元光六年(公元前129年)匈奴入侵上谷郡,杀害抢掠官吏百姓。武帝派遣车骑将军卫青从上谷郡出兵,骑将军公孙敖从代国出兵,轻车将军公孙贺从云中郡出兵,骁骑将军李广从雁门郡出兵,各自率领一万骑兵,出击屯兵在边关贸易市场附近的匈奴军队。卫青进攻到龙城,斩首和俘获匈奴七百多人；公孙贺一无所得；公孙敖被匈奴打败，损失了七千骑兵；李广也因寡不敌众被匈奴打败。匈奴单于久仰李广威名，命令手下一定要活捉李广，匈奴的骑兵把受伤的李广安置在两匹并行的马中间，让他躺在用绳子结成的网袋中。走出了十多里路，李广斜眼瞧见他旁边有个匈奴少年骑着一匹好马，他突然一跃，跳上匈奴少年的战马，把少年推下马，摘下他的弓箭，策马扬鞭向南奔驰，匈奴骑兵数百人紧紧追赶。李广边逃跑边射杀追兵，最终得以逃脱归来。汉朝廷把公孙敖、李广交付司法官吏审讯，法官判李广部队死伤人马众多，自己又被匈奴活捉，应当斩首，后用钱赎罪，成为平民。

第二年秋季，匈奴用两万骑兵入侵汉境，杀死辽西郡的太守，掳去两千多人，围困韩安国指挥的汉军营垒；又侵入渔阳郡和雁门郡，在两地各杀害或掳掠了一千多人。韩安国迁往更远的东方，率军驻守北平；数月之后，病死。武帝就再次起用李广，任命他为右北平太守。匈奴称李广为"汉朝的飞将军"，畏避李广，连续几年不敢入侵右北平郡。

李广多次请求随军出征，武帝认为他年老没有启用。后来武帝终于任命其为前将军，随卫青出征。卫青出塞后，自俘虏口中得知单于驻地，便亲自率精兵挺进，命前将军李广与右将军赵食其合兵一处，由东路进军。李广因东路绕远，水草也少，主动请求说："我的部队是前将军的部队，而今大将军却改命我部为东路军。我自少年时就开始与匈奴作战，今天才有机会正面对付单于，所以愿意做前锋，先去与单于死战。"卫青曾受汉武帝暗中告诫，汉武帝认为，李广年纪已老，运气又不好，不要让他与单于正面作战，恐怕他不能完成擒获单于的任务。而公孙敖不久前失去侯爵，卫青也想让他与自己一同正面与单于作战立功，所以将前将军李广调到东路。李广知道内情，坚决地向卫青推辞，遭到卫青拒绝。李广未向卫青告辞就动身出发，心中十分恼怒。

　　前将军李广与右将军赵食其率领的东路军因没有向导，在沙漠中迷失了道路，所以落到卫青的后面，没能赶上与单于的那一战。直到卫青率部班师，经过沙漠南部时才遇到李、赵二位将军。卫青派长史责问二人迷路的情况，并命李广马上到大将军处听候传讯。李广说道："校尉们没有罪，是我自己迷了路，我现在自己到大将军府去受审。"接着，又对部下说："我从少年时开始作战，而大将军却将我部调到东路，路途本就绕远，又迷失了道路，难道这不是天意吗！况且我六十多岁了，毕竟不能再去面对那些刀笔小吏！"于是拔刀自刎。

诗词拓展：

出 塞

[唐] 王昌龄

秦时明月汉时关，万里长征人未还。
但使龙城飞将在，不教胡马度阴山。

苏武牧羊

汉武帝太初四年（公元前 101 年），匈奴响犁湖单于去世，其弟左大都尉且鞮侯被立为单于。汉武帝打算乘征伐大宛的兵威打击匈奴，便颁发诏书说："高皇帝给朕留下平城的忧恨，高后时，匈奴单于给我朝的书信又悖逆绝伦。"且鞮侯单于刚刚即位，害怕汉军袭击他，便向汉朝表示："我是小孩子，岂敢和大汉天子相比，汉朝天子是我的长辈。"于是将不愿投降而被扣留在匈奴的汉使路充国等全部放回，又派使臣前来进贡。

汉武帝嘉许匈奴单于的义举，派中郎将苏武将留在汉朝的匈奴使臣送回匈奴，顺便携带厚礼，答谢匈奴单于的好意。苏武与副使中郎将张胜及暂时充任使团官吏的常惠等一同前往。到达匈奴后，使用将礼品送给单于。单于却表现得

非常骄横，并不是汉朝原来想象的样子。

正在此时，曾经归降过汉朝的匈奴缑王和长水人虞常，以及卫律所率领的投降匈奴的原汉朝人暗中商议，企图劫持匈奴单于母亲阏氏回到汉朝。虞常将这件事偷偷地告诉了张胜，张胜很赞成，并经常提供他们财物。一个多月以后，单于出外打猎，只有他母亲和部分子弟留在王庭。虞常等七十余人正准备发动政变，不料其中一人夜间逃走，告发了虞常等人的政变计划。于是单于子弟调兵与虞常等人交战，缑王等全部被杀，虞常被活捉。

匈奴单于派卫律处理此事。张胜听到消息后，害怕先前与虞常往来之事被查出，便向苏武报告。苏武说："发生了这样的事，肯定会涉及我，如受到侵犯再死，那就更加辜负国家了。"于是苏武准备自杀，但被张胜、常惠一起阻止。后来虞常果然供出张胜，单于大怒，召集贵族们商议，打算杀死汉使。匈奴左伊秩訾说："谋杀卫律就要处死，如果谋害单于，又应如何加重惩处呢！应让他们全部归降。"单于派卫律传话给苏武。苏武对常惠等人说："如果卑躬屈节，有辱我们的使命，即使活着，又有何脸面再回到我们大汉呢！"说完拔出佩刀刺入自己的身体。卫律大吃一惊，一把将苏武抱住，急忙召医生前来，在地上挖了一个土洞，点起炭火，将苏武放在洞上，用脚踩苏武的后背，使淤血流出。苏武气绝，半日才慢慢苏醒。常惠等人痛哭，将苏武抬回驻地。单于很钦佩苏武的气节，早晚都派人问候，而将张胜逮捕。

苏武逐渐痊愈，单于派人来劝谕苏武，要苏武归降匈奴。正在此时，虞常被定为死罪，单于便打算借此机会逼苏武投降。用剑斩下虞常的人头之后，卫律说："汉使张胜想谋杀单于的亲信大臣，其罪当死，单于招募归降，降者赦免。"说完举剑要刺张胜，张胜请求投降。卫律又对苏武说："副使有罪，你作为正使，应连坐受罚。"苏武回答说："我本未参与其事，与张胜又没有亲属关系，为什么要连坐受罚！"卫律又举剑威胁苏武，苏武纹丝不动。卫律说："苏先生！我以前背叛汉朝，归顺匈奴，有幸蒙单于大恩，赐号称王，并拥有数万人众，马匹牲畜满山，如此富贵！苏先生如果今日归降，明日就会和我一样，否则白白横尸荒野，又有谁知道呢！"苏武闭口不答。卫律又说："你要是听我的话，归降匈奴，我与你就如兄弟一般；如今日不听我的建议，可能就没命再见到我了。"苏武骂道："你身为汉朝臣子，却不顾恩义，背叛君主亲人，投降蛮夷异族，我见你干什么！况且单于信任你，让你决定别人的生死，你不但不公平处理，反而想挑动两国君主相互争斗，在一旁坐观成败。南越国杀死汉使，被汉灭掉后变为九郡；大宛王杀死汉使，其人头被悬于长安宫廷北门；朝鲜杀死汉使，立即招来灭国之祸；只有匈奴还没有干过这种事。你明知我不会投降，却想借此挑起两国之间的战争，只怕匈奴的灾难，将会从我开始了。"卫律明白苏武终究不会受他的胁迫，只得禀报单于。

　　单于见苏武如此忠心，越发想争取他归顺，便将苏武囚禁于一个大地窖中，断绝苏武的饮食，企图逼其就范。当时正下大雪，苏武躺在地上，雪水和衣服上的毡毛一同咽下支持，几天后竟然未死。匈奴人以为有神灵庇护，便将苏武放逐到北海荒无人烟之处，让他放牧一群公羊，并对苏武说："等到公羊能产出羊奶，你就可以回国了。"常惠等使团中不肯投降的官员，也被分别扣留在其他地方。

　　当初，苏武被匈奴放逐到北海以后，得不到粮食供应，便挖掘野鼠，吃鼠洞中的草籽。他手持汉朝的符节牧羊，无论睡卧还是起身都带着它，以致节杖上的毛缨全部脱落了。

　　苏武在汉朝时，与李陵同为侍中，李陵投降匈奴后，不敢求见苏武。过了很长时间，单于派李陵来到北海，为苏武摆下酒筵，并以乐队助兴。李陵对苏武说："单于听说我与你一向情谊深厚，所以派我来劝你，单于愿意对你虚心相待。你终究不能再回汉朝，自己白白在这荒无人烟的地方受苦，你的信义节操，又有谁看到呢！你的两个兄弟，先前已都因罪自杀；我来此时，你母亲也已不幸去世；你的夫人年轻，听说已经改嫁别人了；只剩下两个妹妹、两个女儿、一个儿子，如今又过了十几年，是否还在人世，不得而知。人的一生，就像早晨的露水一般短暂，你又何必如此长久地受苦！我刚投降匈奴时，精神恍惚，像要发疯，恨自己辜负汉朝，还连累老母亲被拘禁牢狱。你不愿归降匈奴的心情，怎么会超过我！况且皇上年事已高，变化无常，大臣无罪而被抄杀满门的达数十家，安危不可知，你还要为谁这样做呢！"苏武说："我父子本无才德功绩，全靠皇上栽培，才得以身居高位，与列侯、将军并列，且使我们兄弟得以亲近皇上，所以我常常希望能够肝脑涂地，报答皇上的大恩。如今得以杀身报效皇上，即使是斧钺加身，汤锅烹煮，我也心甘情愿！为臣的侍奉君王，就如同儿子侍奉父亲一般，儿子为父亲而死，没有遗憾。希望你不要再说了。"李陵与苏武一连饮酒数日，又劝道："子卿你再听我一句话。"苏武说："我料想自己必死已经很久了，你一定要我苏武投降，就请结束今日的欢聚，让我死在你的面前！"李陵见苏武一片赤诚，长叹道："唉！你真是义士！我与卫律的罪过上通于天！"说罢，李陵不觉泪湿衣襟，赐给苏武牛羊数十头，与苏武告别而去。

后来，李陵又来到北海，告诉苏武汉武帝已然去世。苏武一连数月，每天早晚面对南方号啕痛哭，甚至吐血。壶衍鞮单于即位后，其母阏氏行为不正，国内分崩离析，常常害怕汉军前来袭击。于是卫律为单于定计，要求与汉朝和亲。

汉使来到匈奴，要求放苏武等人回国，匈奴假称苏武已死。后来汉使又来到匈奴，常惠暗中面见汉使，教使者对单于说:"汉天子在上林苑射猎,射下一只大雁,雁脚上系着一块写字的绸缎,上面说苏武等人在某湖泽之地。"使者大喜,按常惠之言责问单于。单于环视左右侍从,大吃一惊,向汉使道歉说:"苏武确实还活着。"这才将苏武及马宏等人放还。马宏先前是汉朝派往西域各国的使者,光禄大夫王忠的副使,因受到匈奴军队的拦截,王忠战死,马宏被俘,也不肯投降匈奴。所以匈奴这次将苏武、马宏二人放回,是想向汉朝表示他们的善意。于是,李陵摆设酒筵祝贺苏武说:"如今你返回祖国,名声传遍匈奴,功劳显扬于汉朝,即使是史籍记载、丹青描画的人物,又怎能超过你!我虽然愚笨怯懦,假如当年汉朝能宽恕我的罪过,保全我的老母,使我能够忍辱负重,春秋时曹刿劫持齐桓公于柯盟的壮举正是我当时念念不忘的志向。谁知汉朝竟将我满门抄斩,这是当世最残酷的杀戮,我还能再顾念什么呢!如今一切都已过去,现在不过是想让你知道我的心罢了!"李陵泪流满面,便与苏武告别。

　　单于召集当年随苏武前来的汉朝官员及随从,除先前已归降匈奴和去世的以外,共有九人与苏武一同回到汉朝。苏武一行来到长安后,汉昭帝诏令苏武用牛、羊、猪各一头,以最隆重的仪式祭拜汉武帝的陵庙,封苏武为典属国,品秩为中二千石,并赏赐苏武钱二百万、公田二顷、住宅一所。苏武被扣留匈奴共十九年,去时正当壮年,归来时头发、胡须全都白了。

诗词拓展：

苏 武

［唐］李 白

苏武在匈奴，十年持汉节。白雁上林飞，空传一书札。
牧羊边地苦，落日归心绝。渴饮月窟冰，饥餐天上雪。
东还沙塞远，北怆河梁别。泣把李陵衣，相看泪成血。

王莽夺权

汉成帝年间,太后有兄弟八人,唯独弟弟王曼早死,没有封侯。太后怜惜他,把王曼的遗孀渠供养在东宫。

王曼的儿子王莽,从小成孤儿,不能与其他人相比。那些兄弟的父亲都是将军、王侯,可以凭父亲当时的地位恣意奢华,在车马声色放荡游乐方面互相竞赛。而王莽是屈己下人,态度谦恭,勤学苦修,学识渊博,穿着像儒生;侍奉母亲跟寡嫂,抚养亡兄的孤儿,十分尽心周到;同时,在外结交的都是些俊杰之士,在内对待诸位伯父叔父,能委曲迁就,礼敬有加。

大将军王凤病重时,王莽侍候他,亲口尝药,一连几个月都不能解衣入睡,因而蓬头垢面。王凤将死时,把王莽托付给太后及成帝,王莽因此被封为黄门郎,以后又升任射声校尉。

　　过了一段时间，叔父成都侯王商上书，表示愿分出自己的封地和百姓，请求皇上封给王莽。长乐少府戴崇、侍中金涉、中郎陈汤等，都是当代名士，也都为王莽美言。成帝因而认为王莽贤能，太后又屡次以此嘱咐成帝。于是，永始元年（公元前16年）五月初六，汉成帝封王莽为新都侯，升为骑都尉、光禄大夫、侍中。

　　王莽在宫廷服务谨慎尽心，爵位越尊贵，他的礼节操守越谦恭。他把自己的车马、衣物、皮裘周济给门下宾客，而自己却家无余财。他收罗赡养名士，结交很多将、相、卿、大夫。因而在位的官员轮番向皇帝推荐他，善游说的人也为他到处宣传，虚假不实的声誉隆盛无比，压过了他的诸位伯父叔父。他敢于做违俗立异的事情，而又安然处之，毫无愧色。王莽曾私下买了一个婢女，兄弟中有人听说了，王莽于是辩解道："后将军朱子元没有儿子，我听说此女有宜男相。"当天就把婢女奉送给朱博。他就是这样隐匿真情博取名声！

　　绥和元年（公元前8年），曲阳侯王根为辅政大臣，久病在床，多次请求辞职。淳于长有外戚的身份，又位居九卿，按顺序应当代替王根而掌权柄。侍中、骑都尉、光禄大夫王莽对淳于长的得宠心怀妒忌，就暗中打听他的那些坏事。

王莽在伺候曲阳侯王根的病时，趁机说："淳于长见将军久病，感到高兴，自以为应当代替将军辅政，甚至已对士大夫及贵族子弟谈论到任官设署等事。"接着一一说出淳于长的罪过。王根大怒说："如果有这等事，为什么不告诉我！"王莽说："不知将军心里的想法，因此没敢说。"王根说："快去禀告太后！"王莽求见太后，详细讲述了淳于长骄奢淫逸，想代替曲阳侯，以及与废后许氏的姐姐私通，收取许氏贿赂等事。太后也发怒说："这孩子放肆到这种地步！快去奏告皇上！"王莽又报告了成帝，成帝因为淳于长是太后亲属的缘故，虽免去了他的官职，但不治其罪，把他遣送回封国。

成帝因为王莽首先揭发重大奸恶，称赞他忠心正直。王根因而保荐王莽代替自己，任命王莽为大司马，时年三十八岁。王莽既然超出同列受到提拔，继四位伯父叔父，成为辅政大臣，就想让自己的名誉超越前人，于是他克制自己的欲望，修养不倦；聘请各位贤良做掾、史等属官，将皇帝的赏赐和封国的收入全部用来供养名士。他越发俭朴节约，母亲患病，公卿列侯都派夫人去探问，王莽的妻子出来迎客，衣裙的长度不拖地，穿着布围裙，看见她的人，还以为是奴婢，询问之下，才知是王莽夫人。

汉成帝绥和二年（公元前7年），一向身体强壮的成帝，一天清晨，照常穿裤袜要起床，突然衣服滑落，不能言语，不久就驾崩了。民间喧哗，都归罪于赵昭仪。皇太后诏令大司马王莽与御史、丞相、廷尉一起追究审理，查问成帝起居和发病的情况。赵昭仪自杀，哀帝即位。

哀帝在未央宫摆设酒席，内者令把傅太后的座位设在太皇太后座位旁边。大司马王莽巡视后，斥责内者令说："定陶太后不过是藩王妃而已，怎配跟至尊的太皇太后并排而坐！"下令撤去原先的座位，重新摆放。傅太后听说后，大怒，不肯赴宴会，极端愤恨王莽。王莽于是上书请求退休。

七月，哀帝赐给王莽黄金五百斤、四匹马驾的安车一辆，让他辞官回到府邸。公卿大夫大多称赞王莽，哀帝于是给予他更多的恩宠，特意派中黄门到王莽家，以供差使；并且每隔十天，赐餐一次。哀帝又下诏，增加曲阳侯王根、安阳侯王舜、新都侯王莽、丞相孔光、大司空何武采邑人户各不等。并赐王莽为特进、给事中，每月一日和十五日可以朝见皇帝，朝见时的礼节一如三公。又召回红阳侯王立，使居京师。

汉哀帝建平二年（公元前5年），朱博、赵玄又奏称："新都侯王莽，先前为大司马，不能阐扬尊崇尊号的大义，反压抑贬低尊号，损伤了陛下的孝道，罪当公开诛杀。幸蒙赦令得免死罪，但不应该再有封爵采邑，请求陛下将他贬为平民。"哀帝说："因为王莽是太皇太后的亲属，不应免去封爵采邑，而将他遣送回封国。"此外，还有平阿侯王仁，因

142

藏匿赵昭仪的亲属,也都被遣送回封国。

王莽返回封国后,闭门不见宾客,以求自保。他的次子王获杀死家奴,王莽严厉责备王获,命他自杀。在封国三年,官吏百姓上书为王莽呼冤的,数以百计。汉哀帝元寿元年(公元前2年),贤良周护、宋崇等在朝廷对策时,又大大颂扬王莽的功德,为他辩冤。哀帝于是征召王莽以及平阿侯王仁回到京师,让他们侍奉太皇太后。

汉哀帝元寿二年(公元前1年)六月二十六日,哀帝在未央宫驾崩。

太皇太后得到哀帝驾崩的消息,当天就驾临未央宫,收走了皇帝的玉玺、绶带。太后召大司马董贤,在东厢接见,询问他关于哀帝丧事的布置安排。董贤内心忧惧,不能回答,只有脱下官帽谢罪。太后说:"新都侯王莽,先前曾以大司马身份,办理过先帝的丧事,熟悉旧例,我命他来辅佐你。"董贤叩头说:"那就太好了!"

太后派使者骑马速召王莽,并下诏给尚书:"所有征调军队的符节、百官奏事、中黄门和期门武士等,都归王莽掌管。"王莽遵照太后旨令,命尚书弹劾董贤,说他在哀帝病重时不亲自侍奉医药,因此禁止董贤进入宫殿禁卫军中。董贤不知如何才好,到皇宫大门,脱下官帽,赤着脚叩头谢罪。

六月二十七日,王莽派谒者拿着太后诏书,在宫门口罢免了董贤，说："董贤年轻，未经历过事理，当大司马不合民心。着即收回大司马印信、绶带，免去官职，遣回宅第。"当天，董贤与妻子都自杀了。其家人惶恐万分，趁夜将他们悄悄埋葬。王莽疑心他诈死，于是主管官员奏请发掘董贤棺柩，把棺柩抬到监狱验视，并将他埋葬在狱中。

太皇太后诏令："公卿举荐可担任大司马的人选。"众人都认为他贤能，又是太皇太后的近亲，所以满朝文武百官自大司徒孔光以下，全都推举他担任大司马。不久太皇太后决定任用王莽为大司马，主管尚书事务。

太皇太后与王莽商议选立皇位继承人。安阳侯王舜，是王莽的堂弟，为人正直谨慎，受到太皇太后的信任宠爱，王莽就奏请太皇太后，任命王舜为车骑将军。七月，太皇太后派王舜和大鸿胪左咸持符节迎接中山王刘箕子，立为皇位继承人，是为平帝。

平帝时年九岁，太皇太后临朝听政，大司马王莽把持国政。百官各自负责本职，最后都听王莽裁决，王莽的权势日益上升，几乎与皇帝相等了。于是，攀附、顺从王莽的人，得到提拔；忤逆王莽、被他忌恨的人，被诛杀灭绝。

王莽外表严厉，言谈方直，想要做什么，只略微做出一点暗示，底下的党羽就会按照他的意图公然上奏。王莽却叩头涕泣，坚持推让。用这种办法，他对上迷惑太后，对下向众人显示他的谦恭可信。

太皇太后逐渐地老了，王莽恐怕平帝的外戚卫氏夺去他的权力，禀告太后说："从前哀帝即位，背叛恩义，自行使外戚丁、傅两家显贵，扰乱了国家，几乎危害社稷。而今平帝年岁幼小，又奉大宗，成为成帝后嗣，应该明确一统的大义，以防备再出现从前的事情，作为后代效法的榜样。"太皇太后听从了他的话派甄丰奉玺印、绶带，就在中山国拜平帝的母亲卫姬为中山孝王后；赐平帝舅父卫宝、卫宝的弟弟卫玄为关内侯。赐平帝三个妹妹尊号为君；命令这些亲属全部留居中山国，不准许到京师。

　　前辉光谢嚣奏报，武功县长孟通疏浚水井挖得了一块白石头，上头是圆形，下部是四方形，有朱红文字写在石头上，文字是"宣告安汉公王莽为皇帝"。符命的兴起，从此开始了。王莽使各大臣把这件事上报太皇太后，太皇太后说："这是欺骗天下，不可以施行！可是，事已如此，无可奈何。想要制止，也达不到了。而且王莽没有别的想法，只是想要公开宣告代行皇帝的职权来加强他的权力，好去镇服全国罢了。"太皇太后心里知道不可以这样做，但自己的力量不能制止，只好答应。王莽等人就一起让太皇太后下诏书道："孝平皇帝短命驾崩，已经命令主管官吏征召孝宣皇帝曾孙二十三人，选择合适的，让他做孝平皇帝的后嗣，玄孙还很幼小，如果不求得有最高德行的君子，谁能够维护他？安汉公王莽，辅佐朝政已经三代，跟周公时代虽异而功业相同。现在前辉光谢嚣和武功县长孟通上报丹书白石的符命，我深深地思索它的意思，说'为皇帝'的含义，就是代行皇帝的职权。现命令安汉公登上皇位，代行职权，仿照周公的旧例。开列典礼仪式上报。"于是群臣上书说："太后圣德英明，深深地看到了天意，下诏书让安汉公居位摄政。我们请求安汉公登上皇位，代行职权，穿着天子的礼服，戴着天子的礼帽，背靠着设置在门窗之间的斧形图案屏风，向着南面接受臣子们的朝见，处理政事。他的车驾进出要戒严，平民和臣下向他自称为男奴女奴，全部按照天子的礼仪制度办事。在郊外祭祀天地，在明堂和宗庙祭祀祖宗，祭礼各种神祇，赞辞称'假皇帝'，平民和臣下称他为'摄皇帝'，自称为'予'。讨论决定朝廷大事，通常用皇帝的诏书形式，称为'制'，从而秉承和遵循上天的心意，辅佐汉朝，抚育孝平皇帝的幼小继承人，完成委托的义务，振兴治平的教化。在朝见太皇太后和孝平皇后时，都恢复臣下的礼节。在他的官署、家宅、封国、采邑，可以独立地实行政治教化，按照诸侯礼仪的成例办。"太皇太后下诏批准。

居摄元年（公元6年）三月初一，王莽册立宣帝玄孙刘婴作皇太子，称号叫作孺子。刘婴是广戚侯刘显的儿子，年仅两岁。王莽声称，卜卦的结果，认为刘婴最吉利，所以才册立他。尊王皇后为皇太后。

但是渐渐地，王莽不满足于摄政王的地位了，初始元年

（公元8年），王莽捧来各种符命祥瑞向太皇太后报告，表明自己想当真皇帝。太皇太后大吃一惊，又怕王莽用暴力胁迫，于是拿出汉朝的传国玉玺扔到地上，对王莽说："待我老死后，你们兄弟将被灭族！"王莽拿到玉玺后正式登基，建号始建国。

始建国元年（公元9年）正月初一，王莽率领公侯卿士捧着新制的皇太后玉玺，呈上太皇太后，声称遵从上天的符命，去掉汉朝的名号。

诗词拓展：

王 莽

[宋]苏 轼

汉家殊未识经纶，入手功名事事新。
百尺穿成连夜井，千金购得解飞人。

班超出使西域

公元 23 年，刘玄和刘秀一起率军推翻了王莽的统治，刘玄即位，改元更始。

刘玄打算建都洛阳，任命刘秀代理司隶校尉，派他先到洛阳修建宫殿。刘秀于是设置下属官吏，用正式公文通知地方官府，处理政事完全按照西汉旧制。当时，三辅的官员们派代表到洛阳迎接更始皇帝刘玄，看见将领们经过，都用布包头，穿着女人的衣裳，没有不耻笑的。等到看见司隶校尉的下属官员，都高兴得不能自制，有些年纪大的官员流泪说："想不到今天重新看到了汉朝官员威武的仪表！"从此，有见识的人都归心刘秀。

公元 25 年，刘秀在鄗邑之南即皇帝位，改年号为建武，大赦天下，东汉从此开始。汉光武帝在位 34 年，每日早晨主持朝会，午后才散，屡屡召见卿大夫、郎将讲说经书义理，到半夜才睡。光武帝虽以武力建立帝业，但天下安定之后，却并不重用有功的武将，反而提拔文官。他清醒谨慎地制定国策，大权总揽、审时度势、量力而为、措施得当，所以能恢复前代的功业，在有生之年实现了天下太平。

光武帝建武中元二年（公元57年）二月，光武帝在南宫前殿驾崩，享年六十二岁。皇太子刘庄即帝位，为显宗孝明皇帝。

明帝性情狭隘而苛察，好用耳目窥探群臣的隐私，认为这就是英明。当时朝中群臣无不胆战心惊，争着表现出严厉苛刻的态度，以逃避诛杀或斥责，国家开始走下坡路了。明帝永平十五年（公元72年），北匈奴屡次进犯东汉领地，谒者仆射耿秉屡次上书请求攻打匈奴。

第二年，奉车都尉窦固出兵攻打匈奴，班超随从北征，在军中任假司马之职。假司马官很小，但它是班超由文墨生涯转向军旅生活的第一步。班超一到军旅中，就显示了与众不同的才能。他率兵进攻伊吾，在蒲类海打了一仗，小试牛刀，斩俘众多。窦固很赏识他的军事才干，派他和从事郭恂一起出使西域。

班超到达鄯善国时，鄯善王广用十分尊敬周到的礼节接待他，但后来忽然变得疏远懈怠了。班超对他的部下说："你们可曾觉出鄯善王的态度冷淡了吗？"部下说："胡人做事本来就变化无常，这没什么大不了。"班超说："不，这一定是因为北匈奴也派了使者前来，而鄯善王心里犹豫，不知道该向着哪一方的缘故。"

于是他招来胡人侍者，假装已知实情，说："匈奴使者来了几天，如今在什么地方？"胡人侍者慌忙答道："已经来了三天，离此地三十里。"

于是班超就把胡人侍者关起来，召集全体属员，共三十六人，和他们一同饮酒。饮到酣畅之时，班超对众人说："你们和我同在绝远荒域，如今北匈奴使者才来了几天，而鄯善王就已不讲礼节了，若是使者命令鄯善王把我们抓起来送给匈奴，那么我们肯定是死定了。现在我们应该怎么办呢？"部下一致回答："如今处在危亡之地，我们跟随司马同生共死！"

班超说："不入虎穴，焉得虎子。如今可行的办法，只有乘夜用火进攻匈奴人，使对方不知我们的底细，必定大为震恐，这样趁他们慌乱之时，我们便可将他们一网打尽。除掉了北匈奴使者，那么鄯善人就会胆战心惊，我们便成功了。"

有人说："这么大的事应当和从事商议吧。"

班超生气地说："命运的吉凶就在今天决定，而从事不过是平庸的文吏，听到我们的打算定要害怕，计谋便会泄露，到那时候，我们肯定会被杀死，还不如拼死一搏！"

众人说："好！"

　　一入夜，班超便带领部下奔向北匈奴使者的营地。当时正刮着大风，班超命令十人拿鼓，躲到匈奴人的帐房后面，相约道："看见起火了，就要一齐擂鼓呐喊。"其余的人全都手持刀剑弓弩，埋伏在帐门两侧。于是班超顺风放火，大火一起，帐房前后鼓声齐鸣，杀声震耳。匈奴人惊慌失措，一时大乱。班超亲手格杀三人，下属官兵斩杀北匈奴使者及其随从共三十余人，其余一百人全部被火烧死。

　　班超等人次日返回，将事情的经过告诉了郭恂。郭恂大为震惊，接着神色一变。班超明白了他的意思，举手声称："从事虽然没有前去参与行动，可班超怎有心一人居功！"郭恂这才大喜。

　　于是班超叫来鄯善王，给他看北匈奴使者的首级，鄯善全国震恐。班超将汉朝的国威和恩德告诉鄯善王，并说："从今以后，不要再同北匈奴来往。"鄯善王叩头声称："我愿臣属汉朝，没有二心。"于是将王子送到汉朝充当人质。班超归来后，向窦固讲述了出使经过，窦固十分高兴，将班超的功劳一一上报，并请求重新选派使者出使西域。明帝说："有班超这样的官员，为什么不派遣，而要另选他人呢？现任命班超为军司马，让他完成先前的功业。"

　　窦固又让班超出使于阗国，想为他增加随行兵马，但班超只愿带领原来跟从的三十六人。他说："于阗是个大国，道路遥远，如今率领几百人前往，无益于显示强大。而如有不测之事发生，人多反而成为累赘。"当时，于阗王广德称雄于西域南道，但该国仍受北匈奴使者的监护。班超到达于阗后，广德待他礼仪态度十分疏淡。于阗又有信巫之俗，而巫师声称："神已发怒，问我们为何要倾向汉朝？汉朝的使者有一匹黑唇黄马，快去找来给我做祭品！"于是广德派宰相私来比向班超索求赠马。班超暗中获知底细，便答应此事，但要巫师亲自前来取马。不久，巫师来了，班超便立刻将他斩首，并逮捕了私来比，痛打数百皮鞭。班超将巫师的首级送给广德，借机对他进行谴责。广德早已听说过班超在鄯善斩杀北匈奴始使者的事迹，大为惊恐，随即便杀死北匈奴使者投降。班超重赏于阗王及其大臣，就此镇服安抚于阗。于是西域各国全都派出王子到汉朝做人质。西域与汉朝的关系曾中断了六十五年，至此才重新恢复交往。

汉和帝永元六年（公元94年）秋，班超调发龟兹、鄯善等八国的部队七万人，进攻焉耆、危须、尉犁。大军行到尉犁地方，班超派使者通告三国国王："我来这里的目的是为了帮助你们镇抚三国，希望你们能够改过向善。"

焉耆王便派左将北鞬支送来牛酒，迎接班超。班超指责他说："你虽然是北匈奴的人，现在掌握焉耆国的大权。我来这里，焉耆王没有及时前来迎接，都是你的过错。"班超手下的人劝他杀了北鞬支，班超不同意，他说："不行，这个人位高权重，现在我们还没有进入他们国家就杀了他，肯定会令他们生疑。"于是班超送给北鞬支不少礼物，放他回国。

焉耆王见北鞬支无事，就亲率高官在尉犁迎接班超，奉献礼物。不过，他并非真想让班超进入他的国境。他一从班超那里返回，立即下令拆掉了国境山口的围桥。

班超却从别的道路进入焉耆，在距王城二十里的地方驻扎部队。焉耆王见班超突然到来，大惊，想逃入山中顽抗。焉耆国左侯元孟，曾在京师做过人质，悄悄派使者向班超报信。班超为了稳定焉耆国贵族，斩杀了元孟的使者。

班超定下时间宴请三国国王及大臣，声言届时将厚加赏赐。焉耆王广、尉犁王泛及北鞬支等三十多人信以为真，一起到会。焉耆国相腹久等十七人害怕被杀，逃跑了，危须王也没有来。

宴会开始，大家坐定，班超突然变了脸色，责问焉耆王："危须王为何不到？腹久等为何逃亡？"并喝令武士把广、泛等一举捉获，并在当年陈睦所驻的故城，把他们全部斩杀，传首京师。又纵兵抢掠，斩首五千余级，获一万五千人，马畜牛羊三十余万头。接着班超另立元孟为焉耆国王，为稳定局势，班超在那里停留了半年。

在班超的努力下，西域五十多个国家都归附了汉王朝，班超终于实现了立功异域的理想。

诗词拓展：

班　超

［宋］徐　钧

人生适意在家山，万里封侯老未还。
燕颔虎头成底事，但求生入玉门关。

官渡之战

东汉末年，轰轰烈烈的黄巾起义虽然被镇压下去了，但它却沉重地打击了汉朝地主阶级的统治，使早已腐朽不堪的东汉政权分崩离析，名存实亡。

在镇压黄巾起义的过程中，各地州郡大吏独揽军政大权，地主豪强也纷纷组织"部曲"，占据地盘，形成大大小小的割据势力，主要有河北的袁绍、河内的张杨、兖州的曹操、徐州的吕布、扬州的袁术、江东的孙策、荆州的刘表、幽州的公孙瓒、南阳的张绣等。形成群雄并起的局面，在这些割据势力的连年征战中，袁绍、曹操两大集团逐步壮大起来。

建安四年（公元 199 年）六月，袁绍挑选精兵十万，战马万匹，企图南下进攻许昌，官渡之战的序幕由此拉开。

袁绍举兵南下的消息传到许昌，曹操部将对曹操说："袁绍兵强马壮，我们一定打不过啊！"曹操听后说："不，你们说错了，他们的军队是兵强马壮，可是袁绍却志大才疏、胆略不足、刻薄寡恩、刚愎自用。兵多却指挥不明，将骄而号令不一，我们如果能集中数万兵力抗击袁绍的进攻，肯定会取得胜利。"

所以曹操亲自率兵进据冀州黎阳，又派臧霸等率领精兵到青州去保卫东方边境，驻扎在黄河之边。

然而，当曹操正部署对袁绍作战时，刘备起兵反曹，占领下邳，屯据沛县（今江苏沛县）。曹操打算亲自讨伐刘备，将领们都说："与您争夺天下的是袁绍，如今袁绍大军压境，而您却向东讨伐刘备，如果袁绍在背后进行攻击，怎么办？"曹操说："刘备是人中豪杰，如今不进攻他，必定成为后患。"郭嘉说："袁绍性情迟钝，而且多疑，即使来进攻，也必定不会很快。刘备刚刚创立基业，人心还没有完全归附，赶快进攻，一定能将刘备击败。"曹操于是挥师东征刘备。

冀州别驾田丰劝袁绍说："曹操与刘备交战，不会立即分出胜负，将军率军袭击他的后方，可以一举成功。"袁绍因儿子患病而推辞，未能出兵。田丰举杖击地说："唉！遇到这种难得的机会，却因为小孩患病而放弃，可惜啊，大事完了！"

袁绍的迟疑让曹操能够从容进攻刘备，将刘备打败，并俘虏了他的妻子家小。曹操接着攻克下邳，捉住了关羽。刘备逃奔青州，通过袁谭投奔袁绍。袁绍听说刘备来到，出邺城二百里，亲自去迎接刘备。刘备在邺城住了一个多月，被打散的士兵逐渐回到刘备身边。

曹操率军回到官渡，袁绍才开始计议进攻许昌。田丰说："曹操既然击败刘备，则许昌已不再空虚。而且曹操善于用兵，变化无穷，兵马虽少，却不可轻视。现在，不如按兵不动，与他相持。将军据守山川险固，拥有四州的民众，对外结交英雄，对内抓紧农耕，加强战备。然后挑选精锐之士，分出来组成奇兵，频繁攻击薄弱之处，扰乱黄河以南。敌军救右，我军则击其左；救左，则击其右。敌军疲于奔命，百姓无法安心生产，我们没有劳苦，而敌军已经陷入困境，不到三年，就可坐等胜利。现在放弃必胜的谋略，而要以一战来决定成败，万一不能如愿，后悔就来不及了。"袁绍又没有采纳田丰的意见。田丰竭力劝谏，冒犯了袁绍，袁绍认为田丰扰乱军心，给他戴上刑具，关押起来。

关中地区的将领们看到袁绍与曹操正在争斗，都保持中立,坐观成败。凉州牧韦端派遣从事天水人杨阜前往许昌,杨阜返回后,关中将领们问他:"袁绍与曹操相争,将会谁胜谁败?"杨阜说:"袁公宽容而不果断,好谋而迟疑不决;不果断就没有威信,迟疑不决就会错过时机,如今虽强,但终究不能成就大业。曹公有雄才大略,当机立断,毫不迟疑,法令统一,兵强马壮,能不拘一格地任用人才,部下各尽其力,一定能成就大业。"

袁绍派大将颜良到白马进攻东郡太守刘延,沮授劝袁绍说:"颜良性情急躁狭隘,虽然骁勇,但不可让他独当一面。"袁绍不听。

曹操率军向北援救刘延。荀攸说:"如今我们兵少,不是袁军的对手,只有分散他的兵力才行。您到延津后,做出准备渡河袭击袁绍后方的样子,袁绍必然向西应战。然后,您率军轻装急进,袭击白马,攻其不备,就可击败颜良。"曹操听从了荀攸的计策。

袁绍听说曹军要渡河,就分兵向西阻截。曹操于是率军急速向白马挺进,还差十余里,颜良才得到消息,大吃一惊,前来迎战。曹操派张辽、关羽作为先锋,关羽望见颜良的旌旗伞盖,策马长驱直入,在万众之中刺死颜良,斩下他的头颅而归,袁绍军中无人能够抵挡。于是,解开白马之围,曹操把全城百姓沿黄河向西迁徙。

袁绍要渡过黄河进行追击，沮授劝阻他说："胜负之间，变化无常，不能不慎重考虑。如今应当把大军留驻在延津，分出部分军队去官渡，如果他们告捷，回来迎接大军也不晚，如果大军渡河南下，万一失利，大家就没有退路了。"袁绍又没有听他的劝告。

　　沮授在渡河时叹息着说："主上狂妄自大，下边将领只会贪功，悠悠黄河，我们能成功吗？"于是，沮授称病辞职。袁绍不批准，而且心中对沮授充满怀恨，所以解除了沮授的兵权，把他所率领的军队全部拨归郭图指挥。

　　袁绍大军到达延津以南，曹操部署军队在南阪下安营，派人登上营垒瞭望。瞭望的人报告说："敌军大约有五六百骑兵。"一会儿，又报告说："骑兵逐渐增多，步兵不可胜数。"曹操说："不必再报告了。"命令骑兵解下马鞍，放马休息。这时，从白马运送的辎重已经上路，将领们认为敌军骑兵多，不如回去守卫营垒。荀攸说："这正是引敌上钩，怎么能离开？"曹操看着荀攸微微一笑。

　　袁绍的骑兵将领文丑与刘备率领五六千骑兵先后赶到，曹军将领们都说："可以上马了。"曹操说："还没到时候。"又过了一会儿，袁军的骑兵更多了，有的已分别攻击曹军的辎重车队，曹操说："时候到了。"于是曹军全体骑兵上马。当时曹军骑兵不到六百人，曹操挥军猛击，大破袁军，斩杀文丑。文丑与颜良都是袁绍军中有名的大将,两次交战,先后被曹军杀死,袁绍军中士气大衰。

袁绍虽然初战失利,但兵力仍占优势。沮授劝袁绍说:"我军数量虽多,但战斗力比不上曹军;曹军粮草短缺,军用物资储备比不上我军。因此,曹操利于速战速决,我军利于打持久战。应当作长期打算,拖延时间。"袁绍还是没有采纳。袁绍大军向前稍作推进,依沙丘扎营,东西达数十里。曹操也把部队分开驻扎,与袁绍营垒相对。曹操出兵与袁绍交战,没有取胜,又退回营垒,坚守不出。

袁绍军中制造高楼,堆起土山,居高临下地向曹营射箭,曹军在营中行走,都要用盾牌遮挡飞箭。曹操制成霹雳车,发射石块,将袁绍的高楼全都击毁。袁绍又挖地道进攻,曹军在营内挖一道长长的深沟,以抵御袁军从地下来攻。曹操兵少粮尽,士兵疲惫不堪,百姓无法交纳沉重的赋税,纷纷背叛而降附袁绍。

曹操大为忧虑,给荀彧写信,说准备用退回许昌的办法,引诱袁军深入。荀彧回信说:"袁绍集中全部军队到官渡,打算与您一决胜负。您以最弱者抵抗最强者,如果不能制敌,就将为敌所制,这正是夺取天下的关键。而且,袁绍只是布衣中的英雄罢了,能把人才招集在自己身边,却不能任用。以您的神武明智，加上尊奉天子、名正言顺，有谁能阻拦得住！如今，粮食虽少，但还没有到楚、汉在荥阳对峙时的困境。那时刘邦、项羽谁也不肯先向后撤，是因为先退就会处于劣势。您的军队只有袁绍军队的十分之一，但您坚守不动，扼住袁军的咽喉，使袁军无法前进，已长达半年。情势显现，已到终结，必将发生变化，这正是出奇制胜的时机，一定不能放弃。"曹操听从荀彧的劝告，于是坚守营垒，与袁绍相持。

曹操见到运输粮草的人，安抚他们说："再过十五天，等你们击败袁绍，就不再辛苦运粮了。"不久袁绍的千辆运粮车数来到官渡，荀攸对曹操说："袁绍的运送粮草的车队马上就要来了，押运的大将韩猛勇敢而轻敌，进攻他就可以把他击败！"曹操说："派谁去合适？"荀攸说："徐晃最合适。"于是，曹操派遣偏将军河东人徐晃与史涣在半路截击韩猛，击退韩猛，烧毁辎重。

同年冬季，十月，袁绍又派大批车辆运粮草，让大将淳于琼等率领一万余人护送，停留在袁绍大营以北四十里处。沮授劝袁绍说："可派蒋奇率一支军队，在运粮队的外围巡逻，以防曹操派军袭击。"袁绍又不听。

恰在这时，袁绍谋士许攸投奔曹操，曹操听说许攸前来，来不及穿鞋，光着脚就出来迎接他，拍手笑着说："许子卿，你远道而来，我的大事可成功了！"入座以后，许攸对曹操说："袁军势大，你有什么办法对付他？现在还有多少粮草？"曹操说："还可以支持一年。"许攸说："没有那么多，再说一次。"曹操又说："可以支持半年。"许攸说："您不想击破袁绍吗？为什么不说实话呢！"曹操说："刚才只是开玩笑罢了，其实只可应付一个月，怎么办呢？"许攸说："您孤军独守，外无救援，而粮草已尽，这是危急的关头。袁绍有一万多辆辎重车，在故市、乌巢，守军戒备不严密，如果派轻装部队袭击，出其不意，焚毁他们的粮草与军用物资，不出三天，袁绍大军就会自行溃散。"曹操非常高兴，立即付诸实行，留曹洪、荀攸守营垒，亲自率领步骑五千，冒用袁军旗号，人衔枚、马缚口，各带柴草一束，利用黑夜走小路偷袭乌巢。到达后立即放火围攻。

　　袁绍获知曹操袭击乌巢后，一方面派轻骑救援，另一方面命令张郃、高览率重兵猛攻曹军大营。可曹营坚固，攻打不下。当曹军急攻乌巢淳于琼营时，袁绍增援的部队已经迫近。曹操鼓励士兵死战，大破袁军，杀淳于琼等，并将其粮草全数烧毁。张郃、高览听说乌巢被破，于是投降曹操。这一举动导致了军心动摇，内部分裂，大军崩溃。袁绍仓皇带八百骑兵退回河北，曹军先后歼灭和坑杀袁军七万余人，也有说是八万人。

官渡之战增强了曹操的实力，为曹操击溃袁绍，统一北方奠定了坚实的基础。北方仅有曹操和袁绍势力较大，此战击溃了袁绍，北方就无人能和曹操抗衡。

诗词拓展：

短歌行

［东汉］曹　操

对酒当歌，人生几何？譬如朝露，去日苦多。
慨当以慷，忧思难忘。何以解忧？唯有杜康。
青青子衿，悠悠我心。但为君故，沉吟至今。
呦呦鹿鸣，食野之苹。我有嘉宾，鼓瑟吹笙。
明明如月，何时可掇？忧从中来，不可断绝。
越陌度阡，枉用相存。契阔谈䜩，心念旧恩。
月明星稀，乌鹊南飞。绕树三匝，何枝可依？
山不厌高，海不厌深。周公吐哺，天下归心。

三顾茅庐

汉献帝建安六年（公元201年），曹操亲自率军到汝南进攻刘备，刘备败走，到荆州投靠刘表，龚都等人都四散而逃。刘表听到刘备来的消息，亲自到郊外来迎接，用上宾的礼节接待刘备，又给了刘备一些部队，让刘备驻扎在新野。刘备在荆州住几年。有一次，他在会见刘表时起身上厕所，感慨地流下泪来。刘表感到奇怪，问他是什么原因，刘备说："我平常身不离马鞍，大腿内侧没有什么肉。如今不再骑马，大腿内侧长出了肉。日月如同流水，人已经快老了，但功业没有建立，所以悲伤。"

刘备屯兵荆州，势单力孤，一心想兴复汉室，此时的他求贤若渴，便向襄阳人司马徽询访人才。司马徽说："一般的儒生与俗士，怎么能认清时务，能认清时务的，只有俊杰之士。然在襄阳这里，有两位俊杰之士，号称伏龙与凤雏。"刘备问是谁，司马徽说："就是诸葛亮与庞统。"

司马徽为人高雅，善于鉴别人才。与他同县的庞德公一向名望很高，司马徽把他当作兄长那样对待。诸葛亮每次到庞德公家里，都在床下向庞德公独拜。庞德公起初也不阻止。庞德公的侄子庞统，从小朴实，沉默寡言，大家都没有看到他的才能，只有庞德公与司马徽重视他。庞德公曾经说诸葛亮是"卧龙"，庞统是"凤雏"，司马徽是"水镜"。所以，当司马徽与刘备谈话时，司马徽向刘备称赞诸葛亮与庞统。

司马徽有一个好朋友叫徐庶，此人幼年爱击剑，行侠仗义，常以仁侠自居。后来因杀人惹祸从此放弃刀剑，遍寻名师，经过刻苦学习，学业大进，终于成为一代名士，后来徐庶受司马徽劝，投奔刘备。在新野县见到刘备，刘备对徐庶很器重，任命他为军师，共谋天下大业。刘备称赞徐庶说："你是辅佐君王的良才啊！"徐庶笑了笑，对刘备说："我算什么呀，诸葛孔明才是天下的奇才呢！将军愿见他吗？"刘备连续两次听别人说诸葛孔明是人才，不由她好奇起来，对徐庶说："请你与他一起来。"徐庶说："这个人，你可以去见他，不可以召唤他来，将军应当屈驾去拜访他。"

刘备于是拜访诸葛亮，连续去了两次都没见着人。到第三次的时候，急性子张飞气极了，对关羽说："这个先生怎么这样傲慢！等我到草屋后面放一把火，看他出不出来！"关羽一再相劝，张飞才没放火。这一次，刘备他们终于没白跑一趟，诸葛亮露面了。刘备赶紧下拜说："久闻先生大名，曾经两次谒见，都没有遇到。"诸葛亮忙答礼说："将军光临草舍，没有及时迎接，实在惭愧！"两人礼让一番后，就坐在草堂上，边喝茶边谈论国家大事。

一会儿后，刘备让左右的人都出去，向诸葛亮问道："汉朝王室已经衰败，奸臣窃据朝政大权，我不度德量力，打算伸张正义于天下，但智谋短浅，以至于遭受挫折，到了今天这个地步。但我的雄心壮志并没有消失，你认为应当如何去做？"

诸葛亮说："如今，曹操已经拥有百万大军，挟持天子以号令天下，此人确实不可与他争锋。孙权占据江东，已经历三代，地势险要，民心归附，贤能人才都为他尽力，此人可以与他联盟，却不可算计他。荆州地区，北方以汉水、沔水为屏障，南方直通南海，东边连接吴郡、会稽，西边可通巴郡、蜀郡，正是用武之地，但主人刘表却不能守，这恐怕是上天赐给将军的资本。益州四边地势险阻，中有沃野千里，是天府之国，而益州牧刘璋昏庸懦弱，北边还有张鲁相邻，虽然百姓富庶，官府财力充足，却不知道珍惜，智士贤才都希望有一个圣明的君主。将军既是汉朝王室的后裔，信义闻名天下，如果能占有荆州与益州，据守险要，安抚戎、越等族，与孙权结盟，对内修明政治，对外观察时局变化，这样，就能建成霸业，复兴汉朝王室了。"

刘备听了诸葛亮一番议论后，更敬佩诸葛亮了，他恳请诸葛亮出山帮助自己创立大业。诸葛亮看到刘备三顾茅庐，又肯虚心求教，就答应了。从此刘备与诸葛亮的情谊日益亲密。关羽、张飞对此感到不满，刘备对他们解释说："我得到诸葛亮，是如鱼得水，希望你们不要再说了。"关羽、张飞才停止抱怨。

诗词拓展：

蜀　相

〔唐〕杜　甫

丞相祠堂何处寻？锦官城外柏森森。
映阶碧草自春色，隔叶黄鹂空好音。
三顾频烦天下计，两朝开济老臣心。
出师未捷身先死，长使英雄泪满襟！

士别三日　刮目相看

　　吕蒙小的时候，南渡长江，去依附姐夫邓当。当时邓当是孙策的部将，多次征伐山越，也算是一名勇将。

　　吕蒙十六岁的时候，有一次姐夫邓当又要出征打仗，吕蒙就偷偷地跟在队伍之中，等发现的时候，邓当大吃一惊，大声地呵斥，让他回去。可是吕蒙就是不听，而且队伍已经出发好久了，邓当只好让吕蒙跟在后面。作战归来，邓当将这件事告诉了吕蒙的母亲。吕母非常生气，想责罚吕蒙，但吕蒙说："家里贫穷，十分艰难，打仗立功能得富贵，不探虎穴，安得虎子？"吕蒙的母亲听后也就没再怪他。

　　当时邓当手下有一个官员，见吕蒙年幼，很轻视他，说："你这小子能干什么？在这里简直就像羊入虎口，干不了事情还白白浪费性命。"吕蒙没有理他。后来，这个人又当面耻笑羞辱吕蒙。吕蒙忍无可忍，拿起刀就把他杀了。吕蒙杀人之后知道自己惹祸了，赶紧逃到同乡郑长家中。后来吕蒙不想整天躲着过日子，便通过校尉袁雄出来自首，袁雄为吕蒙从中说情，并将他推荐给孙策。孙策见吕蒙确有过人之处，便把他安排在身边做事。几年后，邓当去世。张昭推荐吕蒙接替邓当职务，任别部司马。

建安五年（公元200年），孙策遇刺身亡，时年26岁。孙权接掌了大权，想把那些统兵较少又发挥不了多少作用的年轻将领检选出来，把他们的部下加以调整合并。吕蒙听说后，知道部队合并后，自己想有所作为，就更困难了。于是，他想办法赊来物品，为部下赶制了绛色的服装和绑腿，并加紧操练。孙权检阅时，吕蒙兵马"军容鲜整，士卒练习"，孙权见后大悦，认为他治军有方，不但没有削减其部，反而增加了他的兵员。

建安九年（公元203年），孙权西征黄祖，大破黄祖水军，只是未能攻克黄祖据守的城池。正在这时，东吴山区的土著居民山越再度起兵，孙权只好撤军。孙权经过豫章郡，派征虏中郎将吕范平定鄱阳、会稽，荡寇中郎将程普进讨乐安，由建昌都尉太史慈兼管海昏县事务，委任别部司马黄盖、韩当、周泰、吕蒙等分别兼任山越聚居县的县令和县长，让他们分别率军讨伐山越，果然完全平定了山越的反抗。

　　黄祖部下有一员猛将甘宁，但一直受不到重用。甘宁打算离开，投奔孙权。周瑜、吕蒙共同向孙权推荐甘宁，孙权对甘宁礼遇特别优厚，与跟随自己多年的旧臣一样。

　　建安十三年（公元208年），孙权采纳将军甘宁建议，发兵进攻夏口，吕蒙随军出征。黄祖用两艘以生牛皮包裹的狭长的蒙冲战船封锁沔口，再用粗大的棕绳捆住巨石，作为碇石，固定船身。船上有一千人，用弓弩向外轮流发射，箭如雨下，孙权军队无法上前。

　　孙权命偏将军董袭、司马凌统各率百人敢死队，身穿重铠，乘大船冲抵蒙冲舰旁，董袭挥刀砍断棕绳，战舰顺水漂流，孙权大军才得以前进。黄祖见孙权兵来，急派水军都督陈就率兵反击，吕蒙统率前锋部队，身先战阵，亲自斩杀陈就。孙军乘胜水陆并进，包围夏口城。孙权督军猛攻，攻破了城门，黄祖赶紧逃命，却被骑士冯则杀死。这一战，孙权大获全胜，一举歼灭宿敌黄祖，占领江夏地区。战后论功，孙权认为：“事情之所以这么成功，是因为我们一开始就斩杀了陈就。"所以任命吕蒙为横野中郎将，并赐钱千万。

　　吕蒙当了大官后渐渐地懈怠起来，更加不重视学习了。一天，孙权开导他和另一个勇将蒋钦说："你们如今都身居要职，掌管国事，应当多读书，使自己不断进步。"吕蒙推托说："在军营中常常苦于事务繁多，恐怕没那么多时间再读书了。"孙权耐心指出："我难道要你们去钻研经书做传授经学的学官吗？我只不过是叫你们多浏览些书，了解历史往事，增加见识罢了。你们说事务繁忙，谁的事务能有我多呢？我年轻时就读过《诗经》、《尚书》、《礼记》、《左传》、《国语》，只是不读《周易》。自我执政以来，又仔细研究了《史记》、《汉书》、《东观汉记》以及各家的兵法，觉得读书大有收益。荀子曾经说过：'整天不吃、整夜不睡地空想，没有好处，还不如去学习。'像你们二人，思想气质颖悟，学习一定会有收益，怎么可以说不读书呢？应该先读《孙子》、《六韬》、《左传》、《国语》以及'三史'。东汉光武帝担任着指挥战争的重担，仍是手不释卷。曹操也说自己老而好学。你们为什么偏偏不能勉励自己学习呢？"

　　吕蒙听后很惭愧，从此开始认真学习，专心勤奋。他所看过的书籍，连那些老儒生也赶不上。

　　建安十五年（公元210年），周瑜病死，鲁肃继周瑜掌管吴军后，上任途中路过吕蒙驻地，吕蒙摆酒款待他。鲁肃还以老眼光看人，觉得吕蒙有勇无谋。但在酒宴上两人纵论天下事时，酒到酣处，吕蒙问鲁肃："您现在身担重任，与关羽为邻，您准备了什么计策来备不测之患？"鲁肃仓猝回答说："我还没想过呢。"吕蒙说："老兄今日既继任统帅，才识不如周公瑾（周瑜），又与关羽为邻，确实很难。关羽其人虽已年老却好学不倦，读《左传》朗朗上口，性格耿直有英雄之气，但却颇为自负，老兄既与之相邻，应当想好计策对付他。"接着，吕蒙详尽地分析当时的利害，为鲁肃筹划了三个方案，鲁肃非常感激地接受了。吕蒙的真知灼见，使鲁肃很受震惊。酒宴过后，鲁肃感叹道："我一向认为老弟只有武略，时至今日，老弟学识出众，确非吴下阿蒙了。"吕蒙道："士别三日，当刮目相看啊。你怎么能不知道这个道理呢！"从此，二人结为好友，他们两人合作为孙权立下许多大功。

后来，孙权任命吕蒙为南郡太守，封孱陵侯，赐钱一亿，黄金五百斤。吕蒙推辞再三，不肯接受金钱，孙权不许。封爵还未颁布，吕蒙便疾病发作。

孙权当时人在公安，听说吕蒙病了，就把吕蒙接来安置在内殿，千方百计诊治护理，并且下令，在国内招募医者，有能治好吕蒙的人，赏赐千金。

孙权尽心为吕蒙治疗，每当医者给吕蒙针灸，孙权就为之难过。孙权想多看看吕蒙，又怕他太过劳碌，于是命人凿通墙壁暗中观看。如发现吕蒙吃下点东西，孙权就高兴，对手下人有说有笑；如发现吕蒙不进饮食，孙权就长吁短叹，夜不能寐。吕蒙病情略有好转，孙权就下达赦令，让群臣都来庆贺。

后来，吕蒙病情加重，孙权亲自到床前探视，命道士为他祈祷，想保全他的性命。但吕蒙终于在内殿中去世，死时四十二岁。孙权悲痛万分，缩食减眠以示哀悼。

诗词拓展：

吴·吕蒙

［唐］孙元晏

幼小家贫实可哀，愿征行去志难回。
不探虎穴求身达，争得人间富贵来。

赤壁之战

建安十三年（公元208年），鲁肃听到刘表去世的消息，就对孙权建议说："荆州与我们相邻，江山险固、沃野万里、百姓富足。如果能占领荆州，就奠定了帝王的基业。现在刘表刚死，他的两个儿子不和睦，军中将领也分为两派。刘备是天下的英雄人物，与曹操矛盾很深，寄居在刘表那里，刘表嫉妒他的才干而不能加以重用。如果刘备与刘表的儿子齐心协力、上下团结，我们就应当与他们和平相处，共结盟好。如果刘备与他们离心离德，我们就该另打主意，以成就大业。我请求您派我去向刘表的两个儿子吊丧，并慰劳他们军中的主要将领；同时劝说刘备，让他安抚刘表的部众，同心一意，共抗曹操，刘备一定会高兴地接受的。如果能达到目的，就能平定天下。现在不赶快前去，恐怕会让曹操占先。"孙权于是立即派鲁肃去荆州。

鲁肃到达夏口,听说曹操大军已向荆州进发,便日夜兼程前往,等他到达南郡时,刘琮已经投降曹操,刘备已经向南撤退。鲁肃便直接去见刘备,在当阳的长坂与他相会。鲁肃传达了孙权的意图,与刘备讨论天下大事,对刘备表示诚恳的关心。鲁肃询问刘备说:"刘豫州,如今您打算到什么地方去?"刘备说:"苍梧郡太守吴巨是我的老朋友,打算去投奔他。"鲁肃说:"孙权将军聪明仁惠,敬重与优待贤能之士,江南的英雄豪杰都归附于他。现在已占有六郡的土地,兵精粮多,足以成就一番事业。如今为您打算,最好是派遣心腹之人到江东去与孙权将军联系,可以共建大业。而您却想投奔吴巨,吴巨不过是个凡夫俗子,又在偏远的边郡,即将被别人吞并,怎么可以托身于他呢?"刘备听后恍然大悟。鲁肃又对诸葛亮说:"我是诸葛子瑜的朋友。"于是诸葛亮与鲁肃也成为朋友。原来诸葛子瑜就是诸葛亮的哥哥诸葛瑾,他避乱到江东,担任孙权的长史。刘备采纳鲁肃的计策,进驻鄂县的樊口。

曹操从江陵出发,将要顺长江东下。诸葛亮对刘备说:"形势危急,我请求奉命去向孙将军求救。"于是他就和鲁肃一起去见孙权。诸葛亮在柴桑见到孙权,对孙权说:"天下大乱,将军在长江以东起兵,刘备在汉水以南召集部众,与曹操共同争夺天下。现在,曹操已经基本消灭北方的主要强敌，接着南下攻破荆州，威震四海。在曹操大军面前，英雄无用武之地，所以刘备逃到这里，希望将军量力来加以安排。如果将军能以江东的人马，与占据中原的曹操相抗衡，不如及早与曹操断绝关系；如果不能，为什么不早点解除武装，向他称臣？现在，将军表面上服从朝廷，而心中犹豫不决，事情已到危急关头而不果断处理，大祸马上就要临头了。"

孙权说："假如像你说的那样，刘备为什么不服从曹操？"诸葛亮说："田横，不过是齐国的壮士，还坚守节义，不肯屈辱投降；何况刘备是皇室后裔，英雄才略，举世无双，士大夫们对他的仰慕，如同流水归向大海。如果大事不成，这是天意，怎么能再居于曹操之下呢？"孙权说："我不能把全部吴国故地和十万精兵拱手奉送给曹操，去受曹操的控制。我的主意已定！除刘备以外，没有能抵挡曹操的人，但刘备新近战败之后，怎么能担当这项重任呢？"诸葛亮说："刘备的军队虽然在长坂大败，但现在陆续回来的战士和关羽的水军加起来有一万精兵，刘琦集结江夏郡的战士，也不下一万人。曹操的军队远道而来，已经疲惫。听说在追赶刘备时，轻骑兵一天一夜奔驰三百余里，正所谓'强弩之末，势不能穿缟鲁'。所以《兵法》以此为禁忌，说'必定会使上将军受挫'。而且，北方地区的人，不善于进行水战。另外，荆州地区的民众虽然归附曹操，但只是在他军队的威逼之下，并不是心悦诚服。如今，将军如能命令猛将统领数万大军，与刘备齐心协力，一定能打败曹军。曹操失败后，必然退回北方，这样荆州与东吴的势力就强大起来，可以形成鼎足三分的局势。成败的关键，就在今天！"孙权听后非常高兴，就去与他的部属们商议。

这时，曹操写信给孙权说："最近，我奉天子之命，讨伐有罪的叛逆，军旗指向南方，刘琮降服。如今，我统领八十万大军，将要与将军在吴地一道打猎。"孙权把这封书信给部属们看，他们无不惊惶失色。长史张昭等人说："曹操是豺狼虎豹，挟持天子以征讨四方，动不动就用朝廷的名义来发布命令。今天我们如果进行抗拒，就更显得名不正而言不顺。况且将军可以抵抗曹操的，是依靠长江天险。现在，曹操占有荆州的土地，刘表所训练的水军，包括数以千计的蒙冲战船，已由曹操接管，曹操全部船只沿长江而下，再加上步兵，水陆并进。这样，长江天险已由曹操与我们共有，而双方势力的众寡又不能相提并论。因此，依我们的愚见，最好是迎接曹操，投降朝廷。"只有鲁肃一言不发。

孙权起身上厕所，鲁肃追到房檐下，孙权知道鲁肃的意思，握着鲁肃的手说："你想说什么？"鲁肃说："刚才，我观察众人的议论，只是想贻误将军，不足以与他们商议大事。现在，像我鲁肃这样的人可以迎降曹操，但将军却不可以。为什么这样说呢？现在我去迎接曹操，曹操一定会把我交给乡里父老去评议，以确定名位，也还会做一个下曹从事，能乘坐牛车，有吏卒跟随，与士大夫们结交，步步升官，也能当上州、郡的长官。可是将军迎接曹操，打算到哪里去安身呢？希望将军能早定大计，不要听那些人的意见。"孙权叹息说："这些人的说法，太让我失望了。如今，你阐明的策略，正与我想的一样。"

当时，周瑜奉命到达番阳，鲁肃劝孙权把他召回来。周瑜到后，对孙权说："曹操虽然名义上是汉朝的丞相，但实际上是汉朝的贼臣。将军以神武英雄的才略，又凭借父兄的基业，割据江东，统治的地区有几千里，精兵足够使用，英雄乐于效力，应当横行天下，为汉朝清除邪恶的贼臣。何况曹操自己前来送死，怎么可以去迎降？请允许我为将军分析：如今北方尚未完全平定，马超、韩遂还驻兵函谷关以西，是曹操的后患。而曹操舍弃鞍马，改用船舰，与生长在水乡的江东人来决一胜负。现在正是严寒，战马缺乏草料。而且，驱使中原地区的士兵远道跋涉来到江湖地区，不服水土，必然会发生疾疫。这几方面都是用兵的大患，而曹操却贸然行事。将军抓住这样的时机，正在今天。我请求率领精兵数万人，进驻夏口，保证能为将军击破曹操。"孙权说："曹操老贼早就想要废掉汉朝皇帝，自己篡位了，只是顾忌袁绍、袁术、吕布、刘表与我孙权。现在，那几个英雄都已被消灭，只剩下我了。我与老贼势不两立。你主张迎战曹军，正合我意，是上天把你赐给了我！"孙权就势拔出佩刀，砍向面前的奏案，说："将领官吏们，有胆敢再说应当投降曹操的，就与这个奏案一样！"

当天夜里，周瑜又去见孙权，说："众人只看到曹操信中说有水、陆军八十万而各自惊恐，不再去分析其中的虚实，就提出向曹操投降的意见，太不像话。现在咱们据实计算一下，曹操所率领的中原部队不过十五六万人，而且长期征战，早已疲惫；新接收的刘表的部队，至多有七八万人，仍然心怀猜疑。以疲惫的士卒，驾驭心怀猜疑的部众，人数虽多，却并没有什么可怕的。我只要有五万精兵，就足以制服敌军，望将军不要顾虑！"孙权拍着周瑜的背说："周公瑾，你说到这个地步，非常合我的心意。张昭、秦松等人，各顾自己的妻子儿女，怀有私心，非常使我失望。只有你与鲁肃和我的看法相同，这是上天派你们两个人来辅佐我。五万精兵一时难以集结，已挑选了三万人，战船、粮草及武器装备都已备齐，你和鲁肃、程普率兵先行，我将继续调集人马，多运辎重、粮草，作为你的后援。你能战胜曹军，就当机立断；如果失利，就退到我这里来，我当与曹操决一胜负。"于是，孙权任命周瑜、程普为左、右督都，率兵与刘备合力迎战曹操；又任命鲁肃为赞军校尉，协助筹划战略。

刘备驻军樊口，每天派巡逻的士兵在江边眺望孙权的军队。士兵一看到周瑜的船队，就立即乘马回营报告刘备。刘备派人前去慰劳。周瑜对来的人说："我有军事任务在身，不能委派别人代理，如果刘备能屈尊前来会面，实在符合我的愿望。"刘备就乘一只船去见周瑜，说："现在抵抗曹操，实在是很明智的决定。不知有多少战士？"周瑜说："三万人。"刘备说："可惜太少了。"周瑜说："这已足够用，将军且看我击败曹军。"刘备想要召呼鲁肃等同来谈话，周瑜说："接受军令，不得随意委托别人代理，如果您要见鲁肃，可以另去拜访他。"刘备觉得很惭愧，又很高兴。

周瑜大军继续前进，在赤壁与曹操相遇。

当时曹操的部队中已发生疾疫。两军初次交战，曹军失利，退到长江北岸。周瑜等驻军在长江南岸，周瑜的部将黄盖说："如今敌众我寡，难以长期相持。曹军正把战船连在一起，首尾相接，可以用火攻，击败曹军。"于是，他们选取战船十艘，装上干荻和枯柴，在里边浇上油，外面裹上帷幕，上边插上旌旗，预先备好快艇，系在船尾。

黄盖先派人送信给曹操，谎称打算投降。当时东南风正急，黄盖将四艘战船排在最前面，到江心时升起船帆，其余的船在后依次前进。曹操军中的官兵都走出营来观看，指着船，说黄盖来投降了。离曹军还有二里多远，那十艘船同时点火，火烈风猛，船像箭一样向前飞驶，把曹军战船全部烧毁，火势还蔓延到曹军设在陆地上的营寨。顷刻间，浓烟烈火,遮天蔽日,曹军人马烧死和淹死的不计其数。

周瑜等率领轻装的精锐战士紧随在后,鼓声震天,奋勇向前,曹军大败。曹操率军从华容道步行撤退,道路泥泞不通,天又刮起大风。曹操让所有的老弱残兵背草铺在路上,骑兵才勉强通过。老弱残兵被人马践踏,陷在泥中,死了很多。刘备、周瑜水陆并进,追赶曹操直到南郡。这时,曹军又饿又病,死了一大半。曹操就留下征南将军曹仁、横野将军徐晃镇守江陵,折冲将军乐进镇守襄阳,自己率军返回北方。

经过赤壁一战,孙权得以巩固在江南的统治,刘备则乘机占领荆州大部分地区,因而形成曹、孙、刘三足鼎立的局面。

诗词拓展:

赤　壁

［唐］杜　牧

折戟沉沙铁未消,自将磨洗认前朝。
东风不与周郎便,铜雀春深锁二乔。

七擒孟获

　　魏文帝黄初四年（公元 223 年），汉王刘备病重，命令丞相诸葛亮辅佐太子刘禅，以尚书令李严作诸葛亮的副手。汉王对诸葛亮说："你的才干胜过曹丕十倍，必定能安定国家，完成大业。如果刘禅可以辅佐，你就辅佐他；如果他没有才德，你可取而代之。"诸葛亮流着泪说："臣下怎敢不竭尽全力辅佐太子，忠贞不贰地为国效命，至死不渝！"汉王又下诏给太子："人活五十而死不能称为夭折，我已经活了六十多岁，还有什么遗憾，只是牵挂你们兄弟。要努力，再努力啊！不要因坏事很小就去做，也不要因为好事很小就不去做！只有贤明和德行，才会使人折服。父亲德行浅薄，不值得你们效法。你与丞相共同处理政务，对待他要像父亲一样。"夏季，四月，汉王刘备病逝于永安，谥号为昭烈皇帝。

益州郡的地方土豪雍闿趁蜀汉皇帝刘备在永安病逝之际，杀死太守正昂，绑架新任太守张裔到东吴，举兵号召南中四郡反叛蜀汉。同时，越巂酋长高定杀死太守龚禄，自封为王，与牂柯太守朱褒响应雍闿的叛变。只有永昌郡在功曹吕凯、府丞王伉顽强坚守下没有被雍闿叛军攻陷。雍闿不能进城，派同郡人孟获去煽动各地的夷族纷纷跟着叛乱。

蜀汉丞相诸葛亮认为国家刚逝去君主，对叛众只是抚慰，没有派兵征讨；一心发展农业，种植粮食，坚守关隘，使百姓休养生息。想等人民生活安定，粮食充足以后，才使用民力，所以他派邓芝、陈震和东吴修好，又派遣越巂太守龚禄到南中边界安上县做准备，让从事蜀郡常颀行则直接南行，去查清事件。

另一方面，诸葛亮又派李严写了六封书信给雍闿解释利害，但雍闿却只回一封书信说："曾听过天无二日，士无二王，现今天下成鼎立局面，自称正朔的都有三个，所以我感到疑惧，不知该归属哪个。"信中显得十分傲慢。

魏文帝六年（公元225年）三月，诸葛亮决定亲自率军平定南中叛乱，参军马谡送行数十里。诸葛亮说："虽然我们一起谋划此事多年，今天请你再一次提出好谋划。"马谡说："南中依恃地形险要和路途遥远，叛乱不服已经很久了。即使我们今天将其击溃，明天他们还要反叛。目前您正准备集中全国的力量北伐，来对付强贼，叛匪知道国家内部空虚，就会加速反叛。如果将他们全部杀光以除后患，既不是仁厚者所为，也不可能在短期内办到。用兵作战的原则，以攻心为上，攻城为下；以心理战为上，以短兵相接为下，望您能使其真心归服。"诸葛亮接纳了这个建议。

同年七月，诸葛亮到达南中，征讨叛乱，所到必胜。诸葛亮从越进兵，斩杀雍闿和高定，又派李恢率军深入昆明，用计大破益州郡叛军。而马忠则顺利在且兰打败朱褒，与李恢军队会合。另一方面，诸葛亮大军到达南中后也与其他两路大军汇合。三路大军声势相连，准备迎战孟获。

孟获收拾雍闿的残部抗拒诸葛亮。诸葛亮听到孟获为当地人信服，便想通过生擒迫使他归顺，从而达到收服南中民心的目的。诸葛亮率大军渡过泸水，与孟获军战，他大败南蛮的三洞元帅后，又布下伏兵，让王平、关索诱敌。二人假装战败，引孟获入峡谷，再由张嶷、张翼两路追赶，王平、关索回马夹攻。孟获抵挡不住，被魏延生擒活捉。诸葛亮让他参观了蜀军的军营战阵，问他说："这样的军队如何？"孟获很不服气，说："我自己不小心，中了你的计，怎么能叫人心服？以前不知道你们的虚实，所以遭到失败。如今蒙您允许我参观你们的军营战阵，如果贵军只是这样的军队，我一定能轻易取胜。"诸葛亮笑了

笑，将孟获释放，要他再战。

孟获被释放以后，召集人马又准备与诸葛亮对抗，但是他本是一个有勇无谋的人，不是诸葛亮的对手，第二次又被活捉了。孟获还是不服气，诸葛亮又一次将他放了。诸葛亮就这样前后把孟获放回七次，又生擒七次，最后诸葛亮仍将孟获释放，孟获却不再走了，对诸葛亮说："您代表着天上的神威，南方人不会再反叛了！"

益州、永昌、柯、越四郡都被平定了，诸葛亮仍然任用当地原来的首领为四郡的地方官吏。有人劝诸葛亮不要这样做，诸葛亮说："如果留外地人为官，则要留驻军队，留驻军队，则粮秣供应困难，这是第一个难题；这些夷族刚受过战争之苦，父兄多有死伤，怨气未消，任用外地人而不留驻军队，定有祸患，这是第二个难题；这些夷族叛乱分子屡次三番杀死和废掉官吏，自知有罪，与我们隔阂很深，若留下外地人为官，终究难以被他们信任，这是第三个难题。我现在是要不留军队，不转运粮食，使法令、政纪大体得以贯彻，让夷族和汉人大可安定下来。"于是诸葛亮网罗孟获等当地的著名人物，任命为地方官吏，让他们贡献金、银、丹、漆、耕牛、战马，供给军队和朝廷使用。

从此之后，在诸葛亮的有生之年，这一地区的夷族再也没有反叛。

诗词拓展:

泸 水
〔唐〕胡 曾

五月驱兵入不毛,月明泸水瘴烟高。
誓将雄略酬三顾,岂惮征蛮七纵劳。

挥泪斩马谡

起初,越嶲太守马谡,才气和抱负超过常人,喜好谈论军事谋略,诸葛亮对他深为器重。当初,诸葛亮率兵讨伐雍,参军马谡送行数十里,为诸葛亮提出"以攻心为上,攻城为下;以心理战为上,以短兵相接为下,望您能使其真心归服"的建议,诸葛亮采纳了马谡的建议,并取得了胜利。自此之后,诸葛亮更重视他了。

昭烈帝刘备临终之时对诸葛亮说:"马谡言语浮夸,超过实际才能,不可委任大事,您要对他多加考察。"诸葛亮却不这样认为,他让马谡做参军,还经常召见马谡,与他通宵达旦地谈论。

魏明帝太和二年(公元228年),诸葛亮将要攻打魏国,与下人商量这次军事行动。丞相司马魏延说:"听说夏侯懋是魏帝的女婿，此人胆怯又没有智谋。现请给我五千人的精锐部队，带着五千人的口粮，直接从褒中出发，沿着秦岭向东，到子午道后折向北方，用不了十天功夫，可以抵达长安。夏侯楙听到我突然来到，一定弃城逃走。长安城中就只有御史、京兆太守了。横门粮仓的存粮以及百姓逃散后剩下的粮食，足以供给军粮。等到魏国在东方集结起军队，还要二十多天时间，而您从斜谷出来接应，也完全可以到达。这样，就可以一举而平定咸阳以西的地区了。"诸葛亮认为这是危而不妥的计策，不如安全地从平坦的路上出去，可以稳稳当当地取得陇右地区，有百分之百的把握取胜，所以没有用魏延之计。

　　诸葛亮扬言从斜谷取郿城，命令镇东将军赵云、扬武将军邓芝充当疑兵，据守箕谷；明帝派遣曹真都督关右地区各军，驻扎在郿城。诸葛亮亲自统率大军进攻祁山，军阵整齐，号令严明。起初，魏认为蜀汉昭烈帝刘备已经去世，几年来没有什么动静，因此放松了防备；而突然听到诸葛亮出兵，朝廷和民众都很惧怕。于是，天水、南安、安定等郡都背叛魏而响应诸葛亮，关中如雷轰顶，受到震动，朝廷大臣不知有什么对策，明帝说："诸葛亮本来依据山险固守，现在亲自前来，正合乎兵书所说招敌前来的策略，我们一定能够打败诸葛亮。"于是，他统领步兵和骑兵五万大军，命右将军张郃监管军务，向西抵御诸葛亮。

等到出兵祁山，诸葛亮不用旧将魏延、吴懿等为先锋，而是让马谡镇守战略要地街亭。临行前，诸葛亮再三嘱咐马谡："街亭虽小，关系重大。它是通往汉中的咽喉。如果失掉街亭，我军必败。"并具体指示让他："靠山近水安营扎寨，谨慎小心，不得有误"。

马谡到达街亭后，骄傲轻敌不按诸葛亮的指令依山傍水部署兵力，自作主张地想将大军部署在远离水源的街亭山上。手下王平多次劝阻，可是马谡固执己见，坚持将大军布置在山上。

魏明帝曹睿得知蜀将马谡占领了街亭，立即派骁勇善战、曾多次与蜀军交锋的大将张郃领兵抗击，张郃进军街亭，侦察到马谡舍水上山，心中大喜，立即挥兵切断水源，掐断粮道，将马谡部队围困于山上，然后纵火烧山。蜀军饥渴难忍，军心涣散，不战自乱。结果，张郃命令乘势进攻，蜀军大败。马谡失守街亭，诸葛亮前进没有据点，战局骤变，迫使诸葛亮退回汉中。

诸葛亮总结此战失利的教训，痛心地说："用马谡去镇守街亭是个错误啊。"为了严肃军纪，诸葛亮下令将马谡革职入狱，斩首示众。

马谡被斩首后，诸葛亮亲自吊丧，为他痛哭流涕，安抚他的子女，如同平素一样恩待他们。蒋琬对诸葛亮说："古时候晋国同楚国交战楚国杀了领兵的得臣，晋文公喜形于色。现在天下没有平定，而杀了智谋之士，难道不惋惜吗？"诸葛亮流着眼泪说："孙武能够制敌而取胜于天下的原因，是用法严明；所以晋悼公的弟弟扬干犯法，魏绛就杀了为他驾车的人。现在天下分裂，交战刚刚开始，如果又废弃军法，怎么能够讨伐敌人呢？"

马谡还没有失败时，王平一再规劝马谡，马谡不采纳；等到失败，部众四散，只有王平率领的一千人擂响战鼓，把守营地，张郃怀疑有伏兵不敢往前逼近，于是王平慢慢地收拢各部散余的士兵，率领人马返回。自此后，王平的名声地位就特别地显示出来，诸葛亮又提拔他为参军，统领部兵马和营屯之事，官位晋升为讨寇将军，封为亭侯。

诸葛亮上书请求自己贬降三级，汉后主任命诸葛亮为右将军，兼理丞相的职务。

诗词拓展：

随师东

〔唐〕李商隐

东征日调万黄金，几竭中原买斗心。
军令未闻诛马谡，捷书惟是报孙歆。
但须鸑鷟巢阿阁，岂假鸱鸮在泮林。
可惜前朝玄菟郡，积骸成莽阵云深。

羊祜以德服人

羊祜出身于汉魏名门士族之家。从他起上溯九世,羊氏各代皆有人出任二千石以上的官职,并且都以清廉有德著称。羊祜祖父羊续汉末曾任南阳太守,父亲羊衜为曹魏时期的上党太守,母亲蔡氏是汉代名儒、左中郎将蔡邕的女儿,姐姐嫁与司马懿之子司马师为妻。

羊祜十二岁丧父,孝行哀思超过常礼。他曾在汶水边上游玩,遇见一位老人,说他,"孺子有好相,年未六十,必建大功于天下"。羊祜再转头找他,却发现他已经不见了。

羊祜长大后,博学多识、善于写文,长于论辩而有盛名。而且他仪度潇洒,身长七尺三寸,须眉秀美。郡将夏侯威认为他不同常人,把兄长夏侯霸的女儿嫁给他。

羊祜被荐举为上计吏,州官四次征辟他为从事、秀才,五府（古代五种官署的合称，所指不一）也纷纷任命他。由于此时曹魏统治阶级内部正进行着争夺最高权力的斗争，这一斗争主要是在曹氏集团与司马氏集团之间展开的，羊祜与斗争的双方都有姻亲关系。处于夹缝中的羊祜不愿意卷入到旋涡之中，所以采取了回避态度。

公元 239 年（景初三年），魏明帝曹叡去世，继位为帝的齐王曹芳只有八岁。大将军曹爽与太尉司马懿受遗命辅政，两大集团的斗争日趋激烈化。正始初年，曹爽集团在斗争中明显地占据优势。曹爽把司马懿排挤到太傅的闲职之上，将统领禁军、掌管枢要的权力皆掌握到自己的弟兄及心腹的手中，从而控制了政府的实权。司马懿实行韬晦之计，假装生病，暗中却加紧布置，伺机反攻。羊祜虽然年轻，但很有政治头脑。他判断曹爽终将不是司马懿的对手。

不久，羊祜与王沈一起被曹爽征辟入朝为官，羊祜又一次拒绝。王沈劝羊祜应命就职，羊祜就说："把自己交给别人，帮别人办事，不是那么容易的事呀。"王沈见多说无益，便独自应召。由于门第关系，尽管羊祜基本游离于两大集团争斗之外，但从思想感情上说来，他对司马氏的一派显得更为亲近一些。

正始十年（公元 249 年），司马懿发动高平陵之变，并诛杀曹爽，夺得军政大权。政变之后，司马懿大举剪除曹爽集团，与曹爽有关的很多人遭到株连。羊祜的岳父夏侯霸为逃避杀戮，投降了蜀国。王沈也因为是曹爽的故吏而被罢免，这时，王沈想起以前羊祜对他说的话，就对羊祜说："我今天终于明白你的意思了。"羊祜却安慰他说："现在这个情况是谁也想不到的呀。"

夏侯霸投降蜀国，其亲属怕受牵连，大都与其家断绝了关系，只有羊祜，安慰其家属，体恤其亲人，亲近恩礼，愈于常日。不久，羊祜的母亲和长兄羊发相继去世。羊祜服丧守礼十多年，在这期间他深居简出，一直茹素，笃重朴实。

咸熙二年（公元265年）十二月，司马炎受禅称帝，建立西晋王朝，史称晋武帝。因为羊祜有扶立之功，被进号为中军将军，加散骑常侍，晋爵为郡公，食邑三千户。羊祜怕引起贾充等权臣的妒忌，坚持推辞受封为郡公，只受侯爵。羊祜在朝廷，身处士大夫之间，持身正直，从不亲亲疏疏，因此，有识之士，对他特别尊崇。

晋武帝有灭吴的打算。泰始五年（公元269年），司马炎除任命大将军卫瓘、司马伷分镇临淄、下邳，加强对孙吴的军事布置以外，又特地调任羊祜为荆州诸军都督，假节，并保留他散骑常侍、卫将军的职位不变。

羊祜到任后，发现荆州的形势并不稳固。不但百姓的生活不够安定，就连戍兵的军粮也不充足。于是，羊祜首先把精力放在开发荆州方面。羊祜大量开办学校，兴办教育，安抚百姓，怀柔远人。并与吴国人坦诚相待，凡投降之人，去留可由自己决定。还禁止拆毁旧官署。当时有这样的风俗，官长如果死在官署之中，后继者便说居地不吉，往往拆毁旧府，另行修建。羊祜认为，死生有命，与居室无关，命令下属，一律禁止这种行为。

吴国石城驻军离襄阳七百多里，常常侵扰边境。羊祜深以为患，于是巧用计谋，使吴国撤销了守备。然后他把军队分作两半，一半执行巡逻戍守的军事任务，一半垦田。当年，全军共垦田八百余顷。羊祜刚来时，军队连一百天的粮食都没有，到后来，粮食积蓄可用十年。

羊祜的这些措施迅速地安定了荆州的社会秩序，增强了军队的战斗力。晋武帝为表彰他的功绩，下令取消江北所有的都督建置，授予羊祜南中郎将的职务，负责指挥汉东江夏地区的全部军队。

羊祜在军中，常穿着轻暖的皮裘，系着宽缓的衣带，不穿铠甲。他居住的地方，应命侍卫的士卒也不过十几个人。

羊祜喜欢打猎钓鱼，常常因此荒废公务。有一天夜晚，他想出营，军司马徐胤手持柴戟挡住营门说："将军都督万里，怎么可以轻易离开！将军的安危，也是国家的安危啊。您今天想出此门，除非我死。"羊祜听后正色改容，连连道歉，从此很少外出。

此时吴国在荆州的都督换上著名的军事家陆抗。陆抗到荆州后，注意到西晋的动向，立即上疏给吴主孙皓。陆抗对荆州的形势表示忧虑，提醒孙皓不要盲目迷信长江天堑，应该认真备战。他把自己的想法归纳为十七条建议，请求实行。

陆抗的到来，引起羊祜的警惕和不安。因此，他一面加紧在荆州进行军事布置；一面向晋武帝密呈奏表。密表建议，伐吴战争必须利用长江上游的便利条件，在益州大办水军。

泰始八年（公元272年）八月，吴主孙皓解除西陵（今湖北宜昌）都督步阐的职务。步阐因害怕被杀，拒绝返回建邺，当年九月，献城降晋。

羊祜从江陵回来以后，致力于整治道德信义以使吴人归顺。每次与吴国交战，都要约定日期才开战，不做乘其不备、突然袭击的打算。将帅当中有要献诡诈计谋的人，羊祜总是给他喝醇厚的美酒，使他酒醉不能说话。

羊祜的军队外出在吴境内行走，割谷子做口粮，全都记下所取的数量，然后送去绢偿还。羊祜经常与部众在长江、沔水一带打猎，经常只限于晋的领地，如果猎物先被吴人所杀伤而后被晋兵所得，都要送还吴人。于是吴国边境的百姓对羊祜心悦诚服。羊祜与陆抗在边境相对，双方的使者常奉命相互来往，陆抗送给羊祜的酒，羊祜喝起来从不生疑。

陆抗对守边的士兵说:"别人专门行恩惠,我们专门作恶,这就等于不战而自己就屈服了。现在双方各自保住疆界就可以了,我们不要再想占小便宜。"吴主听说双方边境交往和谐,就以此事责难陆抗,陆抗说:"一邑一乡都不可以不讲信义,更何况大国呢!我如果不这样做,正是显扬了羊祜的恩惠,对羊祜毫无损伤。"

有一次,陆抗病了,向羊祜求药,羊祜马上派人把药送过来,并说:"这是我自己最近配制的药,还未服用,听说您病了,就先送给您吃。"吴将怕其中有诈,劝陆抗勿服,陆抗却不怀疑,说:"怎么会有用毒酒杀人的羊祜?"说完马上就服下了。

羊祜不攀附结交朝廷中的权贵,荀勖、冯统之徒都憎恨他。羊祜堂外甥王衍曾经去羊祜那里陈述事情,言辞非常清晰明辨,但羊祜对他并不赞赏,王衍拂衣而去。羊祜回过头对宾客们说:"王衍应当能以极大的名声达到高位,然而败坏风俗、损伤教化的也必定是他。"等到攻打江陵时,羊祜曾依军法要斩王戎。王衍是王戎的堂弟,所以两人都怨恨羊祜,言谈之间经常诽谤羊祜。当时的人为此有句话说:"二王执掌朝政,羊公一无是处。"

羊祜因病请求入朝见晋武帝。到了朝廷,晋武帝让他乘着车子上殿,不行拜礼坐下。羊祜向晋武帝当面陈述伐吴的计划,晋武帝非常赞赏。因为羊祜有病,不便一次一次地面见晋武帝，晋武帝便派张华去羊祜那里询问伐吴的谋划。羊祜说："孙皓凶暴残酷已经到了极点，如果现在行动，可以不战而取胜。假如孙皓不幸死去，吴人再立一个贤明的君主，那么我们虽然有百万之众，长江也不是我们可以窥伺的了，这样就将成为后患！"

晋武帝想让羊祜卧病在车上总领各位将领，羊祜说："夺取吴国我不一定要去，但是等平吴之后，就要有劳您圣明思虑了。我不敢居于功绩与名声之间，但是如果事情成功，应当委派官员去东南地区镇抚时，希望您慎重地选择合适的人选。"羊祜病重，荐举杜预代替他。晋武帝便任命杜预为镇南大将军、都督荆州诸军事。

羊祜去世时，晋武帝哭得特别哀伤。那天天气很冷，晋武帝流下的眼泪沾在胡须和鬓发上，立刻成了冰。羊祜留下遗言，不让把南城侯印放入棺木。晋武帝说："羊祜坚持谦让已经有很多年了，现在人死了而谦让的美德还在。如今就按他的意思办，恢复他原来的封号，以彰明他高尚的美德。"

荆州的百姓们听到羊祜去世的消息，为他罢市，在里巷里聚在一起哭泣，哭声接连不绝。就连吴国守卫边境的将士们也为羊祜的死而流泪。羊祜喜欢游岘山，襄阳的百姓们就在岘山上建庙立碑，一年四季祭祀。看到这座碑的人没有不落泪的，所以人们称这座碑为堕泪碑。

诗词拓展：

与诸子登岘山
［唐］孟浩然

人事有代谢，往来成古今。
江山留胜迹，我辈复登临。
水落鱼梁浅，天寒梦泽深。
羊公碑尚在，读罢泪沾巾。

司马懿装病夺兵权

魏齐帝年间,大将军曹爽骄奢无度,饮食衣服与皇帝相同,尚方署中的珍宝,充满了他的家。他还私自留用明帝的宫中女官做歌舞乐妓。他掘开地面建造地下宫室,在四周雕饰了华丽的花纹,并经常与他的党羽何晏等人在里面饮酒作乐。

他的弟弟曹羲深深地为此忧虑,多次哭泣着劝阻他别再这样做,但曹爽不听。曹爽兄弟几个经常一起出去游玩,司农、沛国人桓范对他说:"您日理万机,掌管城内禁兵,弟兄们不宜同时出城,如果有人关闭城门,又有谁在城内接应呢?"曹爽说:"谁敢这样做!"

当初,清河、平原二郡争议地界,八年也不能决断。冀州刺史孙礼请求观看天府收藏的魏明帝册封平原王时的地图来决断；但曹爽轻信清河郡的上诉，说地图不可用，于是孙礼上疏自我申辩，言辞颇为强硬严厉。曹爽勃然大怒，弹劾孙礼对朝廷心怀不满，叛罪五年。

　　过了很久，朝廷又改任孙礼为并州刺史。孙礼去看望太傅司马懿时，面露愤然之色却不说话。司马懿说："你是嫌得到并州地盘小呢？还是怨恨处理分界事务不正确呢？"孙礼说："为什么您说话这样不讲道理？我虽然没有什么德能，难道还把区区官位和过去的事情放在心上吗？我本想说的是您应该追循伊尹、吕尚的足迹，匡正辅佐魏国朝政，上可以报答明帝的嘱托，下可以建立万世的功勋。而如今国家将要遭受危难，天下也动荡不宁，这就是我不高兴的原因！"说完他已经悲痛万分，泪流满面了。司马懿劝慰他说："你先不要悲痛，要学会忍受那些不能够忍受的事情。"这时，司马懿就开始想保全自己的方法了。

　　正始九年（公元248年）冬季，河南令尹李胜出任荆州刺史，到太傅司马懿家去辞行。司马懿让两个婢女侍奉着出来接见。让他更衣，他却把衣服掉在地上；指着嘴说口渴，婢女端来了粥，司马懿拿不动碗，就由婢女端着喝，粥从嘴边流出，沾满了前胸。李胜说："大家都说您的中风病旧病复发，没想到您的身体竟这样糟！"司马懿气喘吁吁地说："我年老体弱卧病不起，不久就要死了。你屈就并州刺史，并州靠近胡地，要很好地加强戒备。恐怕我们不能再见面了，我把我的儿子司马师和司马昭托付给你。"李胜说："我是回去愧居本家乡的州官，不是并州。司马懿装聋作哑，故意听错他的话说："你刚刚到过并州？"李胜又说："是愧居荆州。"司马懿说："我年老耳聋思绪迷乱，没听明白你的话。如今你回到本家乡的州，正好轰轰烈烈地大展德才建立功勋。"李胜告退后，禀告曹爽说："司马公只是比死人多一口气，形体与精神已经分离，离死不远，不足以忧虑了。"过了几天，他又流着泪向曹爽等人说："太傅的病体不能再复原了，实在令人悲伤。"因此曹爽等人不再对司马懿加以戒备。

在曹爽对司马懿放松警惕之时，司马懿则暗地里和他的儿子中护军司马师、散骑常侍司马昭密谋诛杀曹爽。

第二年春季，正月初六，魏齐帝祭扫高平陵，大将军曹爽和他的弟弟中领军曹羲、武卫将军曹训、散骑常侍曹彦等都随侍同行。太傅司马懿以皇太后名义下令，关闭了各个城门，率兵占据了武库，并派兵出城据守洛水浮桥；命令司徒高柔持节代理大将军职事，占据曹爽营地；太仆王观代理中领军职事，占据曹羲营地。然后向魏帝禀奏曹爽的罪恶说："我过去从辽东回来时，先帝诏令陛下、秦王和我到御床跟前，拉着我的手臂，深为后事忧虑。我说'太祖、高祖也曾把后事嘱托给我，这是陛下您亲眼见到的，没有什么可忧虑烦恼的。万一发生什么不如意的事，我当誓死执行您的诏令.'如今大将军曹爽,背弃先帝的遗命,败坏扰乱国家的制度。在朝内则超越本分自比君主,在外部则专横跋扈独揽大权;破坏各个军营的编制,完全把持了禁卫部队;各种重要官职,都安置他的亲信担任;皇宫的值宿卫士,也都换上了他自己的人;这些人相互勾结盘踞在一起,恣意妄为日甚一日。曹爽又派宦官黄门张当担任都监,侦察陛下的情况,挑拨离间陛下和太后二宫的关系,伤害骨肉之情,致使天下动荡不安,人人心怀畏惧。这种形势下,陛下也只是暂时寄居天子之位,岂能长治久安。这绝不是先帝诏令陛下和我到御床前谈话的本意。我虽老朽不堪,但怎敢忘记以前说的话?太尉蒋济等人也都认为曹爽有篡夺君位之心,他们兄弟不宜掌管部队担任皇家侍卫,我把这些意见上奏皇太后,皇太后命令我按照奏章所言施行。我已擅自作主告诫主管人及黄门令说'免去曹爽、曹羲、曹训的官职兵权,以侯爵的身份退职归家,不得逗留而延滞陛下的车驾,如敢于延滞车驾,就以军法处置。'我还擅自作主勉力支撑病体率兵驻扎在洛水浮桥,侦察情况,以防万一。"

曹爽得到司马懿的奏章,窘迫不知所措,于是就把魏帝车驾留宿于伊水之南,伐木构筑了防卫工事,并调遣了数千名屯田兵士为护卫。司马懿派遣侍中、高阳人许允和尚书陈泰去劝说曹爽,告诉他应该尽早归降认罪。又派曹爽信任的殿中校尉尹大目去告诉曹爽,只是免去他的官职而已,并指

着洛水发了誓。

　　当初，曹爽因桓范是他同乡年长的故旧，所以在九卿之中对桓范特别加以礼遇，但关系不太亲近。司马懿起兵时，以太后的名义下令，想要让桓范担任中领军之职。桓范打算接受任命，但他的儿子劝阻他说："皇帝的车驾在外，您不如出南门去投奔。"于是桓范就离城出去。

　　桓范走到平昌城门时，城门已经关闭。守门将领司蕃是桓范过去提拔的官吏，桓范把手中的版牒向他一亮，谎称说："有诏书召我前往，请你快点开门。"司蕃想要亲眼看看诏书，桓范大声呵斥说："你难道不是我过去手下的官吏吗？怎敢如此对我？"司蕃只好打开城门。桓范出城以后，回过头来对司蕃说："太傅图谋叛逆，你还是跟我走吧！"司蕃步行追赶不及，只好在道旁躲避。司马懿得知后对蒋济说："曹爽的智囊去了！"蒋济说："桓范是很有智谋的，但曹爽就像劣马贪恋马房的草料一样，因顾恋他的家室而不能作长远打算，所以必然不会采纳桓范的计谋。"

　　桓范到了之后，劝说曹爽兄弟把天子挟持到许昌，然后调集四方兵力辅助自己。曹爽仍犹豫不决，桓范就对曹羲说："这件事明摆着只能如此处理，真不知你读书是干什么用的！在今天的形势下，像你们这样门第的人想要求得贫贱平安的日子还可能吗？而且普通百姓被劫作人质，人们尚且希望他能存活，何况你们与天子在一起，挟天子以令天下，谁敢不从。"他们都默然不语。

桓范又对曹爽说："你的中领军别营近在城南，洛阳典农的治所也在城外，你可随意调遣他们。如今到许昌去，不过两天两夜的路程，许昌的武器库，也足以武装军队，我们所忧虑的当是粮食问题，但大司农的印章在我身上，可以签发征调。"然而曹羲兄弟却默然不动，从初夜一直坐到五更。曹爽然后把刀扔在地上说："即使投降，我仍然不失为富贵人家！"桓范悲痛地哭泣道："曹子丹这样有才能的人，却生下你们这群如猪如狗的兄弟！没想到今日受你们的连累要灭族了。"

于是曹爽向魏帝通报了司马懿上奏的事，希望魏帝下诏书免除自己的官职，并侍奉魏帝回宫。曹爽兄弟回家以后，司马懿派洛阳的兵士包围了曹府并日夜看守；府宅的四角搭起了高楼，派人在楼上监视曹爽兄弟的举动。曹爽若是挟着弹弓到后园去，楼上的人就高声叫喊："故大将军向东南去了。"弄得曹爽愁闷不已，不知如何是好。

正月初十，有关部门奏告"黄门张当私自把选择的才人送给曹爽，怀疑他们之间隐有奸谋。"于是司马懿下令逮捕了张当，交廷尉讯问查实。张当交代说："曹爽与尚书何晏、邓飏、丁谧，司隶校尉毕轨，荆州刺史李胜等人阴谋反叛，等到三月中旬起事。"于是把曹爽、曹羲、曹训、何晏、邓飏、丁谧、毕轨、李胜以及桓范等人都逮捕入狱，以大逆不道罪劾奏朝廷，并与张当一起都被诛灭三族。

嘉平二年（公元250年），魏齐王任命太傅司马懿为丞相，赐九锡，司马懿坚决推辞。但是，实际上司马懿已经大权在握了。

诗词拓展：

宴饮诗

［魏］司马懿

天地开辟，日月重光。
遭逢际会，奉辞遐方。
将扫逋秽，还过故乡。
肃清万里，总齐八荒。
告成归老，待罪武阳。

竹林七贤

三国后期,社会动荡不安,司马氏和曹氏争夺政权的斗争异常残酷,导致民不聊生。文士们不但无法施展才华,而且时时有性命之忧,因此崇尚老庄哲学,从虚无缥缈的神仙境界中去寻找精神寄托,用清谈、饮酒、佯狂等形式来排遣苦闷的心情。

在古山阳之地的嵇公竹林里聚集的七位名士,他们大都弃经典而尚老庄,蔑礼法而崇放达,生活上不拘礼法,追求清静无为,把道教隐宗妙真道奉祀为宗师。这七个人分别是陈留人阮籍、谯郡人嵇康、阮籍的侄子阮咸、河内人山涛、河南人向秀、琅琊人王戎、沛国人刘伶,号称竹林七贤。

阮籍任步兵校尉,他母亲去世时,他正在与别人下围棋,对方要求停止,但阮籍却要他留下一决胜负。下完棋阮籍喝了两斗酒,高声一喊,吐血数升,极度哀痛而消瘦得只剩皮包骨了。居丧期间,他又和平日一样饮酒无度。司隶校尉何曾很讨厌他,就在司马昭面前当面指责阮籍说:"你是个纵情无度、违背礼仪、败坏风俗的人,如今忠贤之人执掌朝政,要综合考察人事的名与实,像你这类人,不可助长你的恶习!"接着又对司马昭说:"您正在以孝道治理天下,却听任阮籍居丧期间在您的座前饮酒吃肉,以后还怎么教训别人?应该把他流放到四方荒远之地,不让他污染我们华夏的风气。"司马昭喜爱阮籍之才,常常扶助保护他。嵇康年幼丧父,由母亲和兄长抚养成人。幼年时就表现得十分聪颖,博览群书,学习各种技艺。成年后喜读道家著作,身长七尺八寸,容止出众,可是却不注重打扮。

　　阮咸,西晋陈留尉氏人,字仲容,是阮籍的侄子,与籍并称为"大小阮"。

　　阮咸非常崇拜叔父阮籍,时常跟着叔父一块儿游山玩水。他性情放达不受拘束,趣闻也不胜枚举,在放荡不羁这方面阮咸比之阮籍可谓是青出于蓝,为当世所讥。阮咸喜欢上了姑母家的一个鲜卑婢女。后来阮咸的母亲去世,阮咸服丧,姑母也要回夫家去。起初姑母答应将此婢女留下,但离开时又私自把她带走了。当时阮咸正在会客,听说姑母要将这女子带走,赶紧借客人的马去追。追上后阮咸还穿着丧服与婢女共骑一匹马回来,对客人说道:"人种不可失。"

刘伶身高仅一公尺四十，不仅人矮小，而且容貌极其丑陋。但是他的性情豪迈，胸襟开阔，不拘小节。他平常不随便与人交往，沉默寡言，对人情世事一点都不关心，只和阮籍、嵇康很投机，遇上了便有说有笑，因此也加入了七贤的行列。

　　刘伶嗜酒如命，常常乘一辆小车，带着一壶酒出游，又让人扛着锹跟着，说："死了就把我埋掉。"当时士大夫都认为他贤明，争相仿效他的做法，称作放达。他还曾写下《酒德颂》一首，大意是自己行无踪，居无室，幕天席地，纵意所如，不管是停下来还是行走，随时都提着酒杯饮酒，唯酒是务，焉知其余。其他人怎么说，自己一点都不在意。别人越要评说，自己反而更加要饮酒，喝醉了就睡，醒过来也是恍恍惚惚的，就是一个惊雷打下来，也听不见，面对泰山视而不见，不知天气冷热，也不知世间利欲感情。

　　嵇康崇尚老庄，曾说"老庄，吾之师也！"讲求养生服食之道，主张"越名教而任自然"的生活方式。他赞美古代隐者达士的事迹，向往出世的生活，不愿做官。大将军司马昭想要聘他为幕府的属官，他一听说就赶紧跑到河东郡去躲避征辟。

　　当时钟会正受到司马昭的宠爱，听到嵇康的名声就去拜访他，嵇康伸腿坐在那里毫不在乎地打铁，很不礼貌地对待钟会。钟会将要离去，嵇康问他说："你听到了什么而来，见到了什么而去？"钟会说："听我所听到的而来，见我所见到的而去！"从此他对嵇康怀恨在心。

　　山涛很小就失去父亲，家贫，却有器量，卓然不群。他生性喜爱《老子》、《庄子》，常常有意掩盖自己的锋芒，不让人知。他和嵇康、吕安等人很要好，后来又遇到阮籍，就结交成竹林贤士。

　　山涛在当时任吏部郎，他向司马氏推荐嵇康代替自己；嵇康给山涛写信，说自己不堪忍受流俗，又菲薄商汤、周武王。司马昭听到后十分生气。嵇康与东平的吕安是好朋友，吕安之兄吕巽诬陷吕安不孝，嵇康为他作证说并非不孝。钟会借此事诬告说："嵇康曾经想帮助毌丘俭，而且吕安、嵇康在世上享有盛名，但他们的言论放荡不羁，为害时俗，扰乱政教，应该趁此机会把他们除掉。"于是司马昭就杀了吕安和嵇康。嵇康曾去拜访隐士汲郡人孙登，孙登说："你才气多见识少，在当今之世难免被杀！"

　　相对于"竹林七贤"里的其他人，向秀似乎名气不够响亮，向秀少年时即为同郡山涛所知。在山涛的引荐之下，结识嵇康与阮籍，同为"竹林之贤"。

　　向秀与嵇康关系最密，同时又通过嵇康结识了东平人吕安。嵇康"性绝巧而好锻"，于是经常可以看到二人在嵇康家门前的柳树下打铁自娱，嵇康掌锤，向秀鼓风，二人配合默契、旁若无人、自得其乐，同时也为了"以自赡给"，补贴一点家用。向秀还经常去吕安家帮他侍弄菜园子，三人可谓情投意合。

七贤中的王戎自幼聪颖，身材短小而风姿秀彻，据说能直视太阳而不目眩。中书令裴楷称其双目"烂烂如岩下电"。

王戎担任三公，随着当时的趋向升降、沉浮，对于国家的政事没有匡正与救助。他把事情委托给下属，轻身外出游玩。他生性贪婪、吝啬，他的园林、田地遍天下，却时常独自手持筹码，昼夜计算，好像不满足的样子。他自己家里种的李子非常好，卖出去恐怕别人得到种子，就在李子核上钻了洞。他所赏识提拔的人也都只看虚名。阮咸的儿子阮瞻曾经与王戎会面。王戎问他说："圣人看重名分，老、庄明了自然，他们的宗旨是相同还是不同？"阮瞻说："莫非同？"王戎赞叹不已，于是征召阮瞻，当时的人们称之为"三语掾"。

他们七人虽然兴趣相投，但在政治态度上的分歧比较明显。嵇康、阮籍、刘伶等仕魏而对执掌大权、已成取代之势的司马氏集团持不合作态度。向秀在嵇康被害后被迫出仕。阮籍入晋曾为散骑侍郎，但不为司马炎所重。山涛起先"隐身自晦"，但40岁后出仕，投靠司马氏，历任尚书吏部郎、侍中、司徒等，成为司马氏政权的高官，嵇康被害后托付子女于山涛，山涛亦不负旧友。王戎自幼聪慧，功名心较盛，入晋后长期为侍中、吏部尚书、司徒等，历仕晋武帝、晋惠帝两朝，至八王之乱，仍优游暇豫，不失其位。

竹林七贤成员的不合作态度为司马朝廷不容，最后各散东西。

诗词拓展：

啸　台

［宋］李　廌

言登阮公台，兴来聊独游。
因为尔时啸，景物故清幽。
奄冉古今意，凄瑟天地秋。
阿戎迷簿领，况复五君俦。
北眺度遐想，遗音浩难收。
登临感陈迹，云散惜风流。
轫车此裴回，何以慰百忧。

司马昭之心路人皆知

曹爽独揽朝政时,司马懿称病不出,当时李丰任尚书仆射,就在曹爽、司马懿二人之中周旋反复,因此没有与曹爽一起被诛杀。李丰的儿子李韬,被选中娶明帝的长公主为妻。司马师主持朝政时,任命李丰为中书令。

李丰担任中书令的两年中,皇帝多次召见李丰一起交谈,但不知说些什么。司马师知道他们是在议论自己,所以请李丰来相见,向他询问,但李丰却不以实言相告;司马师勃然大怒,就用刀把上的铁环捶死了李丰,把尸体送交廷尉,接着又逮捕了李丰之子李韬和夏侯玄、张缉等人,都送交廷尉收监。钟毓负责审讯治狱,他说:"李丰与黄门监苏铄、永宁宫署令乐敦、冗从仆射刘贤等人阴谋策划说'拜贵人的那天,各营的兵力都把守在宫门口,陛下临近前廊时,借此机会共同侍奉陛下，再率领众官兵士，近前去诛杀大将军；陛下如果不听从，就要挟持着他离开。'"司马师听说后大怒，诛杀李韬、夏侯玄、张缉、苏铄、乐敦、李贤等人，并诛灭三族。

魏帝对李丰之死，心中愤愤不平。安东将军司马昭镇守许昌，魏帝诏令召其入京后去攻打姜维。魏高贵乡公正元元年（公元254年）九月，司马昭领兵来晋见魏帝，魏帝到平乐观检阅他的军队。左右亲信希望借司马昭进见辞行的机会杀掉他，然后再领兵击退大将军司马师；在此之前已经写好诏书，但魏帝害怕，不敢发出命令。

司马昭领兵入城，大将军司马师就阴谋废掉魏帝。九月十九日，司马师假传皇太后的命令召集群臣开会讨论，以魏帝荒淫无度、宠幸亲近歌舞艺人为理由，认为他不能再承担帝王的重任了。群臣都不敢反对。于是上奏章要没收魏帝的玉玺，贬为齐王。司马师又让郭芝入宫告诉太后。

太后正在与魏帝对坐闲谈，郭芝就对魏帝说："大将军想要废掉陛下，立彭城王曹据为帝！"魏帝站起来就走了。太后很不高兴。郭芝说："太后有儿子却不能教育，现在大将军主意已定，又领兵在外以防备事变，只能顺着他的旨意，还有什么可说的！"太后说："我要见大将军，对他有话说。"郭芝说："有什么可见的！现在只应该快点取来玉玺！"太后无奈，就让身边的侍从官取来玉玺放在座位旁。郭芝出来报告司马师,司马师很高兴。又派使者把齐王之印绶给魏帝,让他出来住在西宫。魏帝与太后垂泪而别,然后乘坐亲王规格的车子,从太极殿出来往南而行,群臣出来送别的有数十人,司马孚悲痛欲绝,其他人也都挥泪相送。

司马师又派使者向太后索要玉玺,太后说:"彭城王是我的小叔,他立为天子,我该到哪儿去?再说明皇帝难道就永绝后嗣了吗?高贵乡公是文皇帝的长孙,明皇帝之弟的儿子,按照礼制,可以选择小宗的后代来继承大宗的统绪,你们再详细讨论讨论。"

司马师再次召集群臣,把太后的意思告诉他们,然后决定到元城迎接高贵乡公曹髦。曹髦是东海定王曹霖之子,当时年仅十四岁,所以让太常王肃持符节去迎接他。司马师又派人向太后要玉玺,太后说:"我要见高贵乡公,他小的时候我就认识他了,我想亲手把玉玺授给他。"十月初五,高贵乡公进入洛阳,群臣在西掖门南边跪拜迎接,高贵乡公也下车答拜。当天,高贵乡公在太极前殿即皇帝位,出席的文武百官都十分喜悦。然后实行大赦,改年号为正元。

高贵乡公二年(公元255年),司马师在许昌去世,天子下达诏令给尚书傅嘏,说东南刚刚安定下来,应暂且让卫将军司马昭留守许昌作为内外的援军,命令傅嘏率领各军返回。同年二月,天子下诏任命司马昭为大将军、录尚书事。

高贵乡公三年(公元258年),司马昭攻克寿春,为魏国立下汗马功劳。魏帝下诏任命司马昭为相国，封为晋公，食邑八个郡，加赐九锡；司马昭先后推辞了九次，才收回成命。

这时候，魏帝见自己的权力威势日渐削弱，感到不胜愤恨。于是就召见侍中王沈、尚书王经、散骑常侍王业，对他们说："司马昭的野心，连路上的行人都知道。我不能坐等被废黜的耻辱，今日我将亲自与你们一起去讨伐他。"王经说："古时鲁昭公因不能忍受季氏的专权，讨伐失败而出走，丢掉了国家，被天下人耻笑。如今权柄掌握在司马昭之手已经很久了，朝廷内以及四方之臣都为他效命而不顾逆顺之理，也不是一天了。而且宫中宿卫空缺，兵力十分弱小，陛下凭借什么？而您一旦这样做，不是想要除去疾病却反而使病更厉害了吗？祸患恐怕难以预测，应该重新加以详细研究。"

魏帝这时就从怀中拿出黄绢诏书扔在地上说："已经决定这样做了！纵使死了又有什么可怕的，何况不一定会死呢！"说完就进内宫禀告太后。王沈、王业跑出去告诉司马昭，想叫王经与他们一起去，但王经不去。魏帝随即拔剑登辇，率领殿中宿卫和奴仆们呼喊着出了宫。司马昭的弟弟屯骑校尉司马伷在东止车门遇到魏帝，魏帝左右之人怒声呵斥他们，司马伷的兵士被吓得逃走了。中护军贾充从外而入，迎面与魏帝战于南面宫阙之下，魏帝亲自用剑拼杀。众人想要退却，骑督成倅之弟太子舍人成济问贾充说："事情紧急了，你说怎么办？"贾充说："司马公养你们这些人，正是为了今日。今日之事，没什么可问的！"于是成济立即抽出长戈上前刺杀魏帝，把他杀死于车下。

六月初一，太后下诏让时年十五岁的常道乡公改名为奂，即皇帝位，改年号为景元。六月初四，太后诏令晋升司马昭的爵位、九锡与以前一样，司马昭坚决推辞，于是又只好作罢。后来太后又连续两次下诏，司马昭推辞不成，这才接受了。

晋武帝泰始元年（公元265年）八月初九，晋文王司马昭去世，太子司马炎继承王位，做了相国、晋王。

十一月十二日，魏元帝把皇位禅让给晋王。自己搬到金墉城居住。太傅司马孚与魏元帝辞别，拉着魏元帝的手，流泪叹息不能自制，说："我到死的那一天，仍然是大魏真正的臣子。"

十一月十六日，晋王司马炎登上皇帝位，大赦天下，改年号为泰始。尊奉魏元帝为陈留王，宫室安排在邺城，给予优厚的礼制待遇，仿效魏国初期的制度。魏宗室诸王都降为侯。追尊晋宣王司马懿为宣皇帝，晋景王司马师为景皇帝，晋文王司马昭为文皇帝；尊王太后为皇太后。司马氏的天下正式开始。

诗词拓展：

潜龙诗

[魏] 曹　髦

伤哉龙受困，不能越深渊。
上不飞天汉，下不见于田。
蟠居于井底，鳅鳝舞其前。
藏牙伏爪甲，嗟我亦同然！

王与马共天下

魏晋时期,有两大家族不得不提,他们分别是琅琊王氏和陈郡谢氏。王氏从太保王祥以来,一直是名门望族,王祥族孙王衍累任至司空、司徒、太尉,是朝中数一数二的人物。王导是王衍的族弟,他的祖父王览,官至光禄大夫;父亲王裁,任镇军司马。

王导素与晋宣帝司马懿的曾孙司马睿交好。在司马繇被杀时,司马睿在邺城侍奉惠帝,恐怕遭到灾祸,打算逃回去。司马颖事先命令各关卡渡口,不得放贵族出去。司马睿到河阳,被渡口的官吏拦住。司马睿的随从宋典从后面赶来,用鞭子扫拂司马睿,笑着说:"舍长,朝廷禁止贵族出去,怎么你也被拘在这儿呀?"官吏就让他们过去了。司马睿安全到达洛阳,接上太妃夏侯氏一起返回封国。

晋怀帝永嘉元年（公元307年），朝廷任命琅琊王司马睿为安东将军、都督扬州江南诸军事，持符节，镇守建业。琅琊王司马睿刚到建业，就把安东司马王导作为主要谋士，对他推心置腹，非常信任，每件事都找王导咨询。司马睿名望声誉一直很轻，吴地人们都不附从，在建业居住了很久，没有士大夫来拜访他。王导意识到这个问题的严重性，想找个机会提高司马睿的知名度。

于是安排在三月初三司马睿出去观看禊祭那天，让司马睿肩舆出巡，王敦、王导以及北方名士骑马随从。隆重的仪仗、威严的行列，使南方士族体会到司马睿可能就是北方士族拥戴出来的江东之主。于是"江南之望"的顾荣、纪瞻等都很惊惧，一个跟着一个在路边行拜礼。王导趁此对司马睿说："古来想要成王霸之业的，莫不礼敬故老，虚心求教，以招揽贤俊，何况当前天下变乱，大业草创，更加急需人才！顾荣、贺循是南方士族的首领，如果这两人招来了，其余的人自然都会前来的。"司马睿派王导亲自去招顾、贺，二人应命来见，被分别任命为军司马和吴国内史。

司马睿有一次对顾荣说："寄人国土，时常怀惭。"顾荣跪对说："王者以天下为家，殷商从耿迁亳，东周由镐及洛，古来如此，愿勿以迁都为念。"从两人的对话中可以窥知，双方已有某些合作的默契。从此，南方士族归附，成为东晋政权的一个构成部分。

当时南方战乱较少，社会相对安定，荆扬二州，户口殷实；但形势异常复杂，政局不稳，流民问题严重，王导为政务力求清静无为，每每规劝司马睿"接纳士人要谦虚，日常开销需节俭，为政要力求清静，南北之人应安抚"。司马睿初到建业时，嗜酒废事，王导劝他不要喝了，司马睿请求再喝一次，喝完后，把酒杯翻过来往桌上一扣，从此戒了酒，以示励精图治。

当时全国一片混乱，只有江东稍微安定，中原的士人百姓大多南渡长江避乱。镇东司马王导劝说琅琊王司马睿，招收贤能英俊的人才，与他们一同成就事业。司马睿采纳了王导的意见，任用了一百多人作为掾属，当时的人称之为百六掾。

周𫖮投奔琅琊王司马睿，司马睿任用周为军咨祭酒。不久，前骑都尉谯国人桓彝也避乱渡过长江，他见司马睿势力微弱，很是担心，就对周𫖮说："我想到江南寻个安身立命之地，不料朝廷如此微弱，怎么办才好呢？"不久又见到王导，与王导一起议论天下大事，退出去后，又对周𫖮说："刚才如同见到了管仲，不再忧虑了。"又有一次诸名士在新亭上聚会，周𫖮叹气说："风景没有大差别，只是举目望去有长江黄河的区别。"大家听了相对流泪。王导脸色立刻变了，说："应当齐心协力报效朝廷，收复沦陷的土地，怎么能像只知悲痛而不思进取的楚囚那样相对流泪呢？"于是大家都擦泪向王导道歉。

晋愍帝建兴四年（公元316年），汉大司马刘曜进犯北地郡，晋朝诏令命鞠允担任大都督、骠骑将军，抵御刘曜。十月，刘曜攻陷长安的外城，晋军只能退到小城坚守。内外断绝了联系，城中非常饥饿，一斗米值二两金子，人吃人，城里人死了一大半，兵士逃亡不能控制，只有凉州义兵几千人，誓死坚守。鞠允把饼弄碎做成粥来供愍帝食用，不久也吃光了。冬季，十一月，愍帝走投无路，只能投降。

司马睿听说长安失守，带军队出去露宿野外，亲自穿上铠甲，向各地发布檄文，定下日期北伐。因为水道运粮耽误了日期，杀督运史淳于伯。行刑的人用刀擦柱子，血逆流而上，一直到二丈多的柱子末端才流下。观看的人都认为淳于伯冤枉。丞相司直刘隗上言道："淳于伯罪不至死，请免除从事中郎周莚等人的官职。"王导等人上奏疏承认错误，请求免除职务。司马睿说："政令刑罚失当，都是我糊涂昏昧造成的。"他没有将任何人问罪。

晋元帝建武元年（公元317年），宋哲到达建康，称奉晋愍帝诏书，令丞相、琅琊王司马睿总摄国家所有事宜。同年三月，司马睿换上素色服装，避居于别室，举哀三天。三月初九，司马睿即晋王位，大赦天下，改年号为建武，开始设置百官，建立宗庙和祭坛。司马睿更命王导和他同坐，被王导以皇帝尊贵为由而拒绝，由此可见王导地位之高。

　　主掌官员请求立太子，司马睿喜爱次子宣城公司马裒，想立他为太子，对王导说："立太子应当视其德行。"王导说："世子与宣城公，都有清朗隽秀的美德，但世子年长。"晋王听从了王导的意见。晋王立世子司马绍为王太子，封司马裒为琅琊王，继承恭王的祭祀；任命司马裒为都督青、徐、兖三州诸军事，镇守广陵。同时任命扬州刺史王导为骠骑将军、都督内外诸军事、领中书监和录尚书事。王导因为兄长王敦已统领六州，辞谢都督内外诸军事的职务。

　　元帝开始统治江东的时候，王敦和堂弟王导同心同德，共同拥戴和辅佐，元帝也推心置腹，重用他们。王敦总领征讨军事，王导把持机要政务，门生子弟各自占据显要的职位，当时人因此有这样的说法："王与马，共天下。"

　　后来王敦自恃有功，而且宗族势力强盛，越来越骄恣跋扈，元帝因畏惧而憎恶，于是提拔刘隗、刁协等人作为自己的心腹，逐渐抑制和削弱王氏的职权，王导也逐渐被疏远。中书郎孔愉向元帝陈述王导的忠贤，认为有辅佐王室的功勋，应当加以任用，也被元帝贬黜为司徒左长史。王导能够听任自然，安守本分，性情澹泊，了解其为人的都称赞他能妥善对待职位的升降。但王敦却更加心怀不满，于是与元帝之间产生了裂痕和矛盾。

　　元帝征召戴渊、刘隗来建康参与防卫。刘隗到达之时，百官们在道路上迎接，刘隗把头帻掀起露出前额，高谈阔论，意气昂扬。等到入见元帝，和刁协一起劝元帝将王氏宗族尽数诛杀，元帝不同意，刘隗才显露出畏惧的神色。

司空王导率领堂弟中领军王邃、左卫将军王廙、侍中王侃、王彬以及宗族子弟二十多人，每天清晨到朝廷等候定罪。周𫖮（字伯仁）将要入朝，王导呼唤他说："周𫖮，我把王氏宗族一百多人的性命托付给您！"周𫖮连头也不回，直入朝廷。等到见了元帝，周𫖮阐说王导忠诚不贰，极力为他辩白，元帝听从了他的意见。

周𫖮心中欢喜，以至喝醉了酒。周𫖮走出宫门，王导还在门外等候，又呼唤周𫖮，周𫖮不与他交谈，环顾左右说："今年杀掉一干乱臣贼子后，能得到斗大的金印，系挂在臂肘之后。"出来以后，又上表章，辨明王导无罪，言辞十分妥帖和有力。王导不知道这些事，对周𫖮深为怨恨。

王敦的参军吕猗，曾经做过尚书郎，为人奸猾诡诳，戴渊当时任尚书，憎恶他的为人。吕猗便劝说王敦道："周𫖮、戴渊都有很高的名望，足以蛊惑士众，近来的言谈又豪无惭愧的意思，您不除去他们，恐怕将来必定会有重新举兵讨伐的忧患。"王敦素来忌妒他们二人的才能，心中颇以为然，不动声色地询问王导说："周𫖮、戴渊，分别著称于北方和南方，应当升任三公之位是无疑的了。"王导不置可否。王敦又说："如果不用为三公，只让他们担任令或仆射的职位如何？"王导又不回答。王敦说："如果不这样，正该诛戮他们！"王导还是不回答。

周𫖮被捕，路经太庙，高声说："贼臣王敦，颠覆国家社稷，胡乱杀害忠臣，神祇如显灵，应当快快杀掉他！"捕卒用戟刺伤周𫖮的嘴，鲜血下流直至脚后跟，但他容颜举止泰然自若，观望的人都因此而落泪。周𫖮和戴渊都在石头城南门外被杀。

后来王导清理中书省的旧有档案，才见到周𫖮曾经救护自己的上表，拿着流下了眼泪，说："我虽没杀周伯仁，伯仁是因我而死，我有负于这样的好友！"

王导清简寡欲，善于顺因事势获取成功，治理国家虽然每日用度没什么宽裕，但每年的费用却有节余。他辅佐元帝、明帝、成帝三代君王，担任相职，但自己却仓库无储粮，穿衣不加帛。

咸康五年（公元339年），王导病逝，终年六十四岁。皇帝于朝举哀三日，遣大鸿胪持节监护丧事，仪式赠物之礼，比照汉代的霍光及西晋的司马孚，参用天子的礼节。下葬时，赐九游辒辌车、黄屋左纛、前后羽葆鼓吹、武贲班剑百人，中兴名臣没有可以同他相比的。

224

诗词拓展:

王 导
[宋]李 复

邹人羞比管夷吾,可复中原尽羯胡。
郊垒连云困衣食,纵高练布得充无。

江左风流第一——谢安

谢安出生在陈郡谢家。陈郡谢氏也算是名门世家：谢缵，曹魏时任过长安典农中郎将；谢衡，是西晋有名的儒学家，任过博士祭酒、太子少傅、散骑常侍一类的文官；谢鲲在东晋时是所有贵游公子仰慕的对象。谢安就是谢鲲的侄子。

谢安从小就名重一时，朝廷前后多次征召，他都不就任，闲居在会稽，以山水、文献典籍为乐。虽然身为布衣百姓，但时人都对他寄予三公和相辅的期望，士大夫们在一起议论说："谢安不出山，叫百姓该怎么办！"

谢安有个弟弟叫谢万，谢万的器度不如谢安，却也很有才气，而且擅长自我炫耀，年纪轻轻就颇有名气，仕途通达。谢万被任命为西中郎将，监司、豫、冀、并四州诸军事，兼任豫州刺史。然而他并不是统兵作战的材料，在升平三年十月受命北征时，仍然是一副名士派头，只顾吟啸歌咏自命清高，不知抚绥部众。谢安对弟弟的做法非常忧虑，劝戒说："你身为元帅，理应经常交接诸将，以取悦部众之心。像你这样傲诞，怎么能够成事呢？"

谢万于是召集诸将，想抚慰一番。不料这位平时滔滔不绝的清谈家竟连一句抚慰的话都讲不出，憋了半天，干脆用手中的铁如意指着在座的将领说："众将领都是精壮的兵卒。"如此凌辱轻慢，不仅不能抚慰将领，反而使他们更加怨恨。谢安无奈，只得代替谢万，对队帅以下的将领一个个地亲自拜访，尽力加以抚慰，拜托他们尽力协助谢万。但这并未能挽救谢万失败的命运。谢万率军增援洛阳，还未与敌军交战，手下士卒就惊扰奔溃。谢万自己狼狈逃还，军士们本来要杀了他，看在谢安的份上才没有动手。损兵折将的谢万不久就被罢免为庶人。

谢奕病死，谢万被废，使谢氏家族的权势受到了很大威胁。正在这时，征西大将军桓温邀请谢安担任自己帐下的司马，谢安接受了。这本来只是很寻常的事情，然而消息传出以后，竟然引起了朝野轰动。桓温得了谢安也十分兴奋，一次谢安告辞后，桓温自豪地对手下人说道："你们以前见过我有这样的客人吗？"

原来这个大司马桓温，倚仗他的才能与地位、声望，暗中怀有背叛皇帝的心志。他曾经抚枕慨叹道："男子汉不能流芳百世，也应当遗臭万年！"晋简文帝咸安元年（公元371年），桓温想先在河朔建立战功，以此为自己赢得更大的声望，回来后接受加九锡的礼遇。没想到在枋头一战遭到惨败。为了重立威名，他听从郗超的建议，在咸安元年废黜了司马奕，另立会稽王司马昱为帝。

　　此时的谢安已担任了侍中，不久又升任为吏部尚书。他洞悉桓温的野心，也知道简文帝比被废黜的司马奕也强不了多少，只是清谈的水平略高一些而已，但他仍然忠心匡扶朝廷，竭力不让桓温篡权的图谋得逞。

　　桓温威震朝廷内外，简文帝虽然身处至尊地位，实际上也仅仅是拱手沉默而已，常常害怕被废黜。终于即位不到一年的简文帝就在忧惧中死去，太子司马曜即位，是为孝武帝。原来满心期待着简文帝临终前会把皇位禅让给自己的桓温大失所望，便以进京祭奠简文帝为由，准备杀大臣以立威。

　　晋孝武帝宁康元年（公元373年）二月，大司马桓温来晋见孝武帝。孝武帝诏令吏部尚书谢安、侍中王坦之到新亭迎接。这时，都城里人心浮动，有人说桓温要杀掉王坦之、谢安，接着晋王室的天下就要转落他人之手。王坦之非常害怕，谢安则神色不变，说："晋朝国运的存亡，取决于此行。"桓温抵达朝廷以后，百官夹道叩拜。桓温部署重兵守卫，接待会见朝廷百官，有地位名望的人全都惊慌失色。

　　王坦之汗流浃背，连手里的笏板都拿倒了。谢安从容就座，坐定以后，对桓温说："谢安听说诸侯有道，守卫在四邻，明公哪里用得着在墙壁后面安置人呀！"桓温笑着说："因为不得不这样做。"于是就命令左右的人让他们撤走，与谢安笑谈良久。郗超经常作为桓温的主谋，谢安和王坦之去见桓温，桓温让郗超藏在帐子中听他们谈话。风吹开了帐子，谢安笑着说："郗超可谓入幕之宾。"由于谢安的机智和镇定，桓温始终没敢对二人下手，不久就退回了姑孰。

　　在返回姑孰之后，桓温病情日益加重。但他还在幻想着能得到加九锡的殊荣，不断派人催促。谢安、王坦之故意拖延此事，让袁宏草拟诏令。袁宏草拟完以后让王彪之审阅，王彪之赞叹他文辞的优美，接着说："你本来是杰出的人才，怎么能写这样的文章让别人看呢！"谢安见到了袁宏写的草稿，就对其加以修改，因此前后十多天也没有最后定稿。袁宏暗地里和王彪之商量，王彪之说："听说桓温的病情日益严重，应该不会再支持多久了，自然可以再稍微晚一点回复。"由于谢安的故意拖延，桓温最终没有如愿，抱憾而死。

　　谢安因为太子年幼，辅佐首臣又刚刚死去，想请崇德太后临朝处理国政。王彪之说："前代人主年幼，尚在襁褓，母子不可分离，所以可以让太后临朝。即便如此，太后也不能擅自决定国事，还需要征求大臣们的意见。如今主上已经十多岁，快到加冠完婚的年龄了，反而让堂嫂临朝，显示人主年幼力弱，这难道是用来发扬光大圣德的做法吗？你们如果一定要这样做，我无法制止，所痛惜的是丧失了伦理大义。"谢安不想把重任交给桓冲（桓温的儿子），所以让太后临朝主持国政。

当初，中书郎郗超自认为他的父亲郗愔的职位待遇应该在谢安之上，然而谢安入朝掌握了重要的权力，郗愔却在一些闲散的职位上悠闲无事，所以郗超的愤恨抑郁之情时常溢于辞色，因此与谢氏产生了隔阂。

这时朝廷正对前秦的侵扰深以为忧，下达诏书在文武良将中寻求可以镇守戍卫北方领土的人，谢安荐举他哥哥的儿子谢玄应诏。郗超听说以后，慨叹道："谢安贤明，才能够违背凡俗荐举他的亲戚；谢玄的才能，足以不辜负谢安的荐举。"众人全都认为并非如此。郗超说："我曾经与谢玄同在桓温的幕府共事，见他施展才能，虽然是履屐间的小事也从来不失职，所以我了解他。"于是对他解除了误会。

谢安做宰相时，前秦人屡屡进犯，东晋的军队失利，而谢安却总是以沉着平和的态度使大家镇静。他的施政方法是务举大纲，不拘泥于小事。当时的人把谢安与王导相提并论，但后人认为谢安的文雅要超过王导。

诗词拓展：

谢安诗
［宋］王安石

谢公才业自超群，误长清谈助世纷。
秦晋区区等亡国，可能王衍胜商君？

多行不义必自毙

东晋时期，在我国北方和巴蜀地区，先后存在过一些封建割据政权，其中有：汉、成、前凉、前燕、前秦等十六个，历史上称为"十六国"。

前秦主苻健勤于政事，经常邀请大臣，咨询讨论治国之道。继后赵人的苛刻残暴、奢侈浪费之后，他改行宽容简略、节约勤俭、尊重儒士的政策，因此前秦人非常喜欢他。然而他却有一个很不成才的儿子苻生。

苻生小时丧失了一只眼睛，性情暴烈。他的祖父苻洪曾经和他开玩笑说："我听说瞎儿只有一只眼流泪，真的吗？"苻生听后发怒了，拔出佩刀就刺向自己的瞎眼，鲜血直流，说："这也是一只眼的眼泪！"苻洪见状十分震惊，用鞭子打他。苻生说："我生性能够忍耐刀矛，但不堪忍受鞭打！"

　　苻洪对苻生父亲苻健说："这个儿子狂暴悖逆，应该尽早除掉他，不然，一定会导致家破人亡。"苻健正准备杀掉苻生，苻健的弟弟苻雄劝阻说："孩子长大以后自然就会改变，怎么能这样急不可耐呢！"苻生长大以后，他能够力举千钧，徒手与猛兽搏斗，跑起来赶得上奔驰的骏马，击刺骑射各种武艺，全都冠绝一时。太子苻苌死后，强皇后想立小儿子晋王苻柳为太子，苻健却认为谶文中有"三羊五眼"的字样，于是就立苻生为太子，任命司空、平昌王苻菁为太尉，尚书令王堕为司空，司隶校尉梁楞为尚书令。

　　晋穆帝永和十一年（公元355年）六月，苻健患病，卧床不起。平昌王苻菁率兵进入东宫，准备杀掉太子苻生而自立。这时苻生正在西宫服侍患病的苻健，苻菁以为苻健已经死了，便攻打东掖门。苻健听到变故的消息后，登上端门，部署兵力自卫。苻菁的兵众看见苻健后十分惶恐害怕，全都丢下武器四处逃散。苻健抓到了苻菁，数说了他的罪行后把他杀死，其余的人不加以追究。苻健对太子苻生说："六夷酋长将帅以及大臣中握有权力的人，如果不听从你的命令，就应该逐渐把他们除掉。"

　　不久，苻健就去世了，太子苻生即位，大赦天下，改年号为寿光。群臣上奏说："即位没有到下一年就改年号，不合乎古礼。"苻生很愤怒,于是就深入追查提议的主谋,查到了右仆射段纯,就杀掉了他。

中书监胡文、中书令王鱼对苻生进言说:"近来异星划过大角星座,火星进入井宿。大角,是帝王的星座;井宿,则是前秦国分野。经过占卜,不出三年国家就会出现帝王、皇后死亡,大臣被杀的事情。愿陛下修行德性以避免丧乱的出现!"苻生说:"皇后和朕一起统治天下,可以应验大丧的出现。太傅毛贵、车骑将军梁楞、左仆射梁安接受遗诏辅佐朝政,可以应验大臣的结局。"九月,苻生便杀掉了皇后梁氏以及毛贵、梁楞、梁安。

右仆射赵韶、中护军赵诲,都是洛州刺史赵俱的堂弟,得宠于苻生,于是苻生便任命赵俱为尚书令。赵俱以患病为由坚决推辞,并对赵韶、赵诲说:"你们不顾及祖宗了,想要干灭门之事啊!毛、梁等人何罪之有,而杀了他们?我何功之有,而取代他们?你们可以自以为是,但我大概快要死了!"于是赵俱忧郁而死。

永和十二年(丙辰,公元356年),苻生在太极殿宴请群臣,让尚书令辛牢做掌酒官,正喝到尽兴时,苻生愤怒地说:"为什么不让人们尽力去喝而还有坐着的!"说着就拉开弓箭射死了辛牢。群臣十分害怕,再也没有人敢不喝醉,全都横躺竖卧,衣冠不整,苻生这才高兴了。

三月，苻生调集三辅的百姓去修建渭水桥，金紫光禄大夫程肱对此加以劝谏，认为这样做妨碍农耕，苻生又把他杀死。四月，长安刮起一场大风，掀掉屋瓦，拔起树木。前秦王宫中一片惊恐混乱，有人说寇贼来了，因此宫门在大白天也紧紧关闭，一直持续了五天。苻生追查谎称寇贼来了的人，要挖出他的心。左光禄大夫强平劝谏说："天降灾祸，陛下应该关怀民众，侍奉神灵，缓施刑罚，崇尚德性，以此来应接天意，才能消除灾祸。"苻生听后大怒，凿开他的头顶把他杀死。

卫将军广平王苻黄眉、前将军新兴王苻飞、建节将军邓羌都因为强平是强太后弟弟，叩头恳切地劝谏。但苻生没有听从，还将苻黄眉贬任到左冯翊，将苻飞贬任到右扶风，贬邓羌代理咸阳太守。只是念及他们作战勇猛，所以没有把他们全杀掉。

苻生下达诏书说："朕秉承上天之命，统治万邦，继承先统以来，有什么不好的地方，诽谤之言竟横行天下！杀人还没过千，就说这是残酷暴虐！现在行人还比肩摩踵，不能说稀少，正应当严明重刑，施以极罚，谁又能把朕如何！"苻生在朝接见大臣们时，总是佩刀带箭，锤、钳、锯、凿等可以残害人的刑具。即位没多久，后妃、公卿以下至奴仆，被杀掉的总共有五百多人。

一天，苻生晚上吃枣过多，第二天早晨不舒服，就招来太医令程延，让他号脉诊断。程延说："陛下没有别的病，就是枣吃多了。"苻生大怒，说："你不是圣人，怎么知道我吃枣了！"随后就把程延杀了。

升平元年（丁巳，公元357年）五月，苻生梦见大鱼吃蒲草（苻生祖上本姓"蒲"），另外长安城里也有谣谚说："东海大鱼化为龙，男皆为王女为公。"苻生于是就杀掉了太师、录尚书事、广宁公鱼遵以及他的七个儿子、十个孙子。金紫光禄大夫牛夷害怕祸及自己，请求到荆州任职，苻生不答应，任命他为中军将军，召见时戏弄说："老牛生性迟缓稳重，善驾车辕，虽然没长骏马的蹄子，但走起路来能负重百石。"牛夷说："虽然驾着大车，但没有走过险峻的道路。愿意试拉重车，便可知道我的功用了。"苻生笑着说："多么痛快啊！你嫌所负载的轻吗？朕将用鱼遵的爵位安置你。"牛夷十分害怕，回去后就自杀了。

苻生喝酒不分昼夜，有时一连数月不临朝处理政事。进上的奏章不审阅，常常搁置不理，有时在醉酒后处理政事。周围的人趁此常干奸诈之事，赏罚失去标准。有时到申时酉时才出来临朝视政，乘着醉意杀了许多人。他自己由于少了一只眼睛，就忌讳说"残、缺、偏、只、少、无、不全"一类词，因误说了这些字眼而被杀死的人，不计其数。

他曾经问周围的人："自从我统治天下以来，你们在外边听到些什么？"有人对他说："圣明君主主宰天下，赏赐得当，刑罚严明，天下人只有歌颂太平盛世了。"苻生愤怒地说："你向我献媚！"于是就把他拉出去杀了。改天他又问这个问题，有人对他说："陛下的刑罚稍微过分了一点。"苻生又愤怒地说："你诽谤我！"这人也被杀了。有功的旧臣和亲戚，被诛杀殆尽，群臣们能保全一天，如同度过十年。

与此同时，东海王苻坚，一直被时人称誉，和过去姚襄的参军薛瓒、权翼关系很好。薛瓒、权翼秘密地劝苻坚说："主上猜忌残忍、行为暴虐，宫廷内外对他已经离心，如今适宜主持秦国祭祀的人，不是殿下是谁？愿您及早谋划，不要让大权落入他姓人手中！"苻坚去问尚书吕婆楼，吕婆楼说："我已经是屠刀下的人了，不足以办成大事。我的私宅里有一位叫王猛的人，他的谋略世间少见，殿下应该请他出来，并向他请教。"苻坚根据吕婆楼的意见招来王猛，二人一见如故。谈论到国家大事，苻坚十分高兴，自认为如同刘备遇到了诸葛亮。

开平元年（公元357年）六月，太史令康权对前秦国主苻生进言说："昨天晚上同时出现了三个月亮，彗星进入太微星座，又连着井宿。自从五月上旬以来，天气沉阴密布，又不下雨，一直到今天。将要出现臣下图谋主上的灾祸了。"苻生十分愤怒，认为这是妖言，把他杀了。

御史中丞梁平老等人对苻坚说："主上丧失道德，上下怨声载道，人心各异，燕、晋二国，伺机而动，灾祸出现之日，就是宗族、国家灭亡之时。这是殿下的大事，应该及早图谋！"苻坚内心同意，但又畏惧苻生的勇捷凶猛，没敢做声。

一天夜里，苻生对服侍他的婢女说："苻坚、苻法兄弟也不可信赖，明天就应当把他们除掉。"婢女把这一消息告诉了苻坚以及他的哥哥清河王苻法。苻法和梁平老以及特进光禄大夫强汪率领数百勇士潜入云龙门，苻坚和吕婆楼率领手下三百人击鼓跟进，守卫王宫的将士们全都丢掉武器归顺了苻坚。

苻生这时还醉倒大睡，苻坚的士兵来到后，苻生惊慌地问周围人："这是些什么人？"周围的人回答："强盗！"苻生说："为什么不叩拜！"苻坚的士兵全都笑了。苻生又大声说："为什么不赶快叩拜，不拜者杀头！"苻坚的士兵把苻生带到别的房间，黜废他为越王，不久就把他杀了，定谥号为厉王。

诗词拓展：

谢公墅歌
〔唐〕温庭筠

朱雀航南绕香陌，谢郎东墅连春碧。
鸠眠高柳日方融，绮榭飘摇紫庭客。
文楸方罫花参差，心阵未成星满池。
四座无喧梧竹静，金蝉玉柄具持颐。
对局含情见千里，都城已得长蛇尾。
江南王气系疏襟，未许符坚过淮水。

扪虱谈政的王猛

东晋时期,北海人王猛,从小好学,才能卓越,胸怀大志,不屑于琐碎事务,人们都轻视他。王猛却悠然自得地隐居于华阴。

穆帝永和十年(公元354年),东晋荆州镇将桓温北伐,击败苻健,驻军灞上,关中父老争以牛酒犒劳,男女夹路聚观。

王猛听到这个消息,身穿麻布短衣,径投桓温大营求见。桓温请王猛谈谈对时局的看法,王猛在大庭广众之下,一面捉掐虱子,一面纵谈天下大事,滔滔不绝,旁若无人。桓温见此情景,心中暗暗称奇,脱口问道:"我奉天子之命,统率十万精兵讨伐逆贼,为百姓除害,而关中豪杰却无人到我这里来效劳,这是什么缘故呢?"王猛直言不讳地回答:

"您不远千里深入寇境，长安城近在咫尺，而您却不渡过灞水去把它拿下，大家摸不透您的心思，所以不来。"桓温的心思是什么呢？他盘算的是自己恢复关中，只能得个虚名，而地盘却要落于朝廷；与其消耗实力，失去与朝廷较量的优势，为他人做嫁衣裳，不如留敌自重。王猛暗带机关的话，触及他的心病，他默然很久，无言以对，同时越发认识到面前这位扪虱寒士非同凡响。过了好半天，桓温才抬起头来慢慢说道："江东没有一个人能比得上您的才干！"于是就安排王猛暂任军谋祭酒的职位。

桓温与前秦丞相苻雄等在白鹿原交战，桓温的军队失利，死亡一万多人。当初，桓温指望以前秦地区的麦子来做军粮，后来前秦人把麦子全都收割了，等待桓温的只有经过清理的空旷农田，所以桓温的军队军粮匮乏，六月，桓温裹挟关中的三千多户人家开始撤返，并任命王猛为高官督护，想让他和自己一同返回。王猛心想在士族盘踞的东晋朝廷里，自己很难有所作为；追随桓温则等于助其篡晋，势必玷污清名。所以，王猛坚决推辞，不予接受，继续隐居读书。

桓温退走的第二年，永和十一年（公元355年），苻健去世。继位的苻生残忍酷虐，以杀人为儿戏，昏暴胜过石虎，"群臣得保一日，如度十年。"后赵的覆辙就在眼前，举国上下人心惶惶，苻健之侄苻坚更是忧心如焚。苻生多次想杀掉苻坚，全靠李威设法救助才得以幸免。李威很得苟太后的宠爱，苻坚对待他像父亲一样。李威深知王猛的贤明，经常劝苻坚把国家重任交给他。苻坚对王猛说："李公了解你，就像鲍叔牙了解管仲一样。"王猛像对待哥哥一样对待李威。

晋升平元年（公元357年），苻坚一举诛灭苻生及其帮凶，自立为大秦天王，改元永兴，以王猛为中书侍郎，职掌军国机密。王猛日益受到任用，王室亲属以及有功的旧臣对他都十分厌恶。特进、姑臧侯樊世，本是氐族的豪强，辅佐前秦国主苻健平定关中，他对王猛说："我们耕种，你坐享其成吗？"王猛说："不仅让你耕种，还要让你做成熟食！"樊世勃然大怒，说："一定要把你的脑袋悬挂在长安城门上，不这样，我就不活在人世！"王猛把这些告诉了苻坚，苻坚说："一定得杀掉这个氐族老匹夫，然后群臣百官才能恭敬从命。"恰好这时樊世进宫商讨事情，和王猛在苻坚面前争论起来，樊世想起身打王猛，苻坚大怒，把樊世杀了。从此，群臣百官见到王猛连大气也不敢出。

晋升平三年（公元359年），苻坚从河东返回，任命骁骑将军邓羌为御史中丞。八月，任命咸阳内史王猛为侍中、中书令，兼领京兆尹。特进、光禄大夫强德是强太后的弟弟，他借酒逞凶，骄纵蛮横，抢人财物子女，是百姓的祸害。王猛一上任就拘捕了他，进上奏章请求处理，没等回复，强德就已经陈尸街市。苻坚见到奏章后迅速派使者来要将强德赦免，但为时已晚。王猛与邓羌志同道合，斩除邪恶，纪正冤案，几十天的时间，依法被黜免和处死的权贵、豪强、王公贵戚有二十多人，震动了朝廷上下，奸猾之辈屏声敛气，境内路不拾遗。苻坚感叹地说："我到如今才知道天下有法律了！"

苻坚任命王猛为辅国将军、司录校尉，在宫中值宿警卫，仆射、詹事、侍中、中书令以及兼任的其他职务一如从前。王猛上疏请求辞让，并荐举散骑常侍阳平公苻融，光禄、散骑西河人任群，处士京兆人朱彤来分别替代自己的这些兼职，苻坚没有同意，而是任命苻融为侍中、中书监、左仆射，任命任群为光禄大夫，兼领太子家令，任命朱彤为尚书侍郎，兼领太子庶子。

王猛时年三十六岁，一年中五次升迁，权势显赫压倒朝廷内外。有诋毁他的人，苻坚就以罪处置，甚至当堂鞭打脚踢，于是群臣没有谁敢再说三道四。

诗词拓展：

王 猛

[明]高 启

军门被褐异隆中，抱策归秦竟事戎。
犹喜遗言真有识，不教胡马向江东。

刘裕建宋

当初,刘裕刚生下来,母亲便死了。他的父亲刘翘客居京口,家境贫苦,想把他扔掉。同郡人刘怀敬的母亲是刘裕的姨母,她生下刘怀敬还不到一年,便来到刘裕的家把刘裕救了下来,断了刘怀敬的奶来喂养刘裕。刘裕长大后,异常勇武健壮,胸怀远大志向。他识字不多,依靠贩卖鞋子维持生计,又爱好樗蒲这种赌博游戏,被同村的人们轻视。

晋安帝隆安三年(公元399年),刘牢之征讨孙恩,把刘裕征召来任参军事,派他带几十个人去探听变民军队的动静。遇上一支数千人的变民军队,便立即迎上前去攻击,跟他同来的士兵全部被杀死,刘裕跌到岸下。变民士兵来到河岸边准备下去,刘裕奋勇地挥舞长杆大刀,仰面朝上砍杀了数名敌人,才得以重新登上岸来,仍然大声吼叫着追杀敌人，敌人全部逃走。刘裕杀死杀伤的人非常多。刘牢之的儿子刘敬宣奇怪刘裕为什么这么久没有回来，带着兵出去寻找他，正好看见刘裕一个人驱赶砍杀几千人的敌兵，大家同声感叹，于是趁机冲上前去一起追杀变民军队，将他们打得大败，斩杀的与抓获的加起来有一千多人。

孙恩听说八个郡的变民起来响应他，对他的僚属说："天下再也不会有什么大事了，我将与诸位一起穿着朝廷的官服，到建康去。"不久听说刘牢之带兵来到浙江边上，他说："我即使割据浙江以东的地区，也不失做越王勾践。"

刘牢之带领大军渡过浙江，孙恩听说后说："我并不觉得逃走就是羞辱。"于是裹胁驱赶男女百姓二十多万人向东逃走，一路上扔掉了许多金银财宝和妇女孩童，官军在路上竞相争抢他们扔下的东西，孙恩因此才得以逃脱，再一次跑进了海岛。高素在山阴击败了孙恩的党羽，杀了孙恩委任的余姚令吴兴人沈穆夫等人。

晋安帝隆安五年（公元401年）三月，孙恩又回到大陆，向北逼近海盐。刘裕紧追不舍，与他抵抗，在海盐的旧城址上修筑阵地。孙恩几乎每天都对刘裕阵地发动进攻，但刘裕几次都把孙恩击败，斩杀了他的将领姚盛。城里的部队因为数量太少难以抵挡敌军，刘裕当夜就把战旗全部放倒，把精锐部队埋伏起来，第二天早晨打开城门，让几个老弱残兵登上城墙，变民部队一看，远远地向他们打听刘裕到哪里去了。他们说:"昨天夜里已经逃跑了。"那些变民部队的士卒相信了他们的话,争先恐后地进了城。刘裕突然向他们发动了猛攻,将变民部队打得大败。孙恩知道不可能把这座城攻克,于是改向沪渎进军,刘裕便也放弃了这座城池,追击孙恩。

海盐令鲍陋遣派他的儿子鲍嗣之率领吴地的军卒一千人,请求做刘裕部队的前锋。刘裕说:"强盗们的兵力非常精良,吴地人又不习惯于征战,如果一旦前锋部队失利,那么,必定会使我军遭到失败。你们可以在后面制造声势。"鲍嗣之却不听从安排,刘裕于是只好埋伏下大量战旗战鼓。吴地人的前锋部队与变民军队交上战之后,几支伏兵便都一齐杀出,刘裕又让人挥舞旗帜,鸣击战鼓,变民的军队以为四下里都有军队伏击,才退了下去。鲍嗣之鲁莽地跟踪追击,在战斗中被杀死。刘裕也一边交战一边撤退,所带领的军卒几乎全部伤亡。等退到刚开始接战的地方,刘裕命令左军的军卒脱下死人的衣服拿走,用来显示自己情志闲暇,从容不迫。变民军队果然满腹狐疑,不敢逼进。刘裕突然高声呐喊,指挥军队回头再战,孙恩军队恐惧异常,掉头撤退,这样,刘裕才安全地带着部队回去。

六月,孙恩从海上发兵,突然出现在丹徒,有士兵十多万人,战舰一千多艘。这使东晋的都城建康大为震惊恐慌。东晋都城内外戒严,文武百官全部聚集在台省机构内居住,随时办公。冠军将军高素等人据守石头城，辅国将军刘袭则带兵用木栅栏将淮口切断，丹阳尹司马恢之戍守在长江南岸，冠军将军桓谦等人在白石驻防，左卫将军王嘏等屯兵中堂，征召豫州刺史、谯王司马尚之来京师守卫。

刘牢之从山阴带兵前来截击孙恩，还没有赶到，孙恩的兵马已经过去了，于是，他让刘裕从海盐迅速赶来援助。刘裕的兵众一共也不满一千人，日夜兼程，一路急行才与孙恩的部队几乎同时赶到了丹徒。刘裕的兵卒本来就少，再加上赶很远的路，已经疲惫不堪，而丹徒原有的东晋守军又没有丝毫的斗志。孙恩率领他的部队一齐高声呐喊，擂鼓助威，登上了蒜山，而当地的居民则都挑着担子站在那里。刘裕率领着他手下的士兵奔向前去，对孙恩部队发动攻击，并把他们打得大败。变民从山崖上摔下，落入水中淹死的非常多，孙恩也狼狈地逃回到船上，才保住了命。但是他仍然依仗兵多，很快便重新整顿好部队，径直向京师开进了。但由于忌惮谯王尚之在京建，又听说刘牢之已赶回京师，只好转向郁洲。

东晋朝廷下诏，任命刘裕为下邳太守，命他去郁洲征讨孙恩。几次接战，刘裕都把变民部队打得大败。孙恩的势力从此衰弱下来，再一次沿海向南败逃，刘裕也紧追不放，不断地向孙恩部队发动进攻。

十一月，东晋刘裕追击变民孙恩的部队，来到沪渎、海盐，又一次把他们打败，俘虏斩杀的人数以万计。孙恩只好从浃口远远地逃向大海，最后被迫投海而死。

孙恩起兵，消耗了晋朝兵力，造成京城防御空虚，这给盘踞在长江上游军事重镇荆州虎视三吴、伺机而动的桓玄以可乘之机。

刘牢之驻军溧州，参军刘裕请求进攻桓玄，刘牢之没有允许。桓玄派刘牢之的一位族舅何穆向刘牢之游说道："从古到今，带着震慑主上的威望，身负无法再加奖赏的功勋而又能保全自己的人，是谁呢？越国的文种，秦国的白起，汉朝的韩信，都有幸能为圣明的主上做事，并为之尽心竭力，但是，在他们功业完成的时候，仍旧还免不了遭到诛戮屠杀，更何况是被凶狠残暴、愚蠢昏庸的人所利用呢！您这一次如果打了胜仗，就会全家被杀；如果打了败仗，那么，您的家族自然更会遭到夷灭，您难道还打算就这样平安地回去吗？依我看，不如反过来改变自己的主意，那样就可以永远保住您的荣华富贵了。古人有因为谋害君主而用箭射中带钩（管仲暗杀齐桓公）和因为追捕后来的君主而用剑砍断衣襟的（勃鞮追捕晋文公），都并不影响他当国家的辅佐大臣，更何况桓玄与您并没有任何宿怨呢！"刘牢之基本上接受了何穆的劝告，与桓玄疏通了相互间的联系。

东海中尉、东海人何无忌，是刘牢之的外甥，与刘裕一起极力劝阻他，他根本不听。他的儿子骠骑从事中郎刘敬宣劝说他道："现在国家衰弱，危在旦夕，整个朝廷的重心与关键，都在您和桓玄两个人手中。桓玄凭借着他父亲、叔父所遗留下来的权位与威望，盘踞整个楚地，割据了东晋三分之二的土地，如果放纵他，让他有朝一日凌驾于朝廷之上，那么，桓玄的威势声望形成之后，再想图谋铲除他，恐怕就更加困难了。像东汉董卓之变那样的灾难性的战乱，即将重现了。"刘牢之愤怒地说："我怎能不知道这些！我今天消灭桓玄，易如反掌，但是，扫平桓玄之后，你让我如何对付骠骑大将军司马元显？"刘牢之派遣刘敬宣去拜见桓玄，请求投降。桓玄暗地里收夺刘牢之兵权，以其堂兄桓修代之。

正在桓玄盘算之际，刘裕也在暗中图谋对付桓玄了。刘裕与何无忌一起乘船回到了京口，密谋兴复晋室。刘迈的弟弟刘毅家在京口，也与何无忌一起谋划征讨桓玄。

"人无远虑必有近忧，"如刘裕所猜测，不久之后桓公就篡夺了政权，改元大亨。

安皇帝戊元兴三年（公元404）二月，刘裕以打猎为名，聚集百余人首先在京口发难，杀死桓修。刘毅也于广陵得手，诛桓修之弟桓弘。

接着，众人推刘裕为盟主，总督徐州诸事，以孟昶为长史，守京口，檀凭之为司马。传檄四方，各地纷起响应。刘裕占领了京口后，任命朱绰的儿子朱龄石为建武参军。三月，刘裕与吴甫之在江乘相遇，斩杀了吴甫之和皇甫敷两员大将。桓玄听说二将已死，大惊，赶紧派桓谦及游击将军何澹之进驻东陵，侍中、后将军卞范之进驻覆舟山之西，一共二万人马，准备进攻刘裕。

果然，不久之后刘裕便率领部队进入覆舟山东，与桓玄隔山相望。刘裕让老弱病残的士兵登上山，布满山谷，挥舞旗帜作为疑兵。桓玄的侦察员打探完消息回来汇报："刘裕的士兵到处都是，不知多少人。"

桓玄更加担心了，手下人看到桓玄这样就更没有斗志了。刘裕与刘毅等分为几个小队，刘裕身先士卒，将士们看到这样，无不以一当百，呼声惊天动地。当时东北风急，刘裕趁机放火，烟雾漫天，鼓噪之音震动京邑，桓玄大败。刘裕又派人追击苟延残喘的桓玄，在峥嵘洲大败桓玄。晋安帝义熙元年（公元405）正月，刘毅等到达江津，破桓谦、桓振，收复了建康。

三月，晋安帝司马德宗也到达建康，下诏历数桓玄罪状，竭力称赞刘裕平定桓玄之乱所立下的功绩，为奖励刘裕再造晋室之功，安帝进刘裕为侍中、车骑将军、都督中外诸军事，掌握朝政。这样一来，刘裕的权力大大增强，很有些一人之下万人之上的感觉。桓玄当权时，接下来的是晋朝廷留下来的烂摊子。在刘裕主持下，朝廷内外确实有振兴气象。

当时，也有一些人瞧不起刘裕，认为他出身布衣，地位卑贱，例如尚书左仆时王愉的儿子王绥，本是江左冠族。王绥少有重名，他对刘裕颇不服气。对这一类人，刘裕都想方设法一一予以铲除。

　　刘裕自平定桓玄之乱后，从义熙五年（公元409年）开始，带兵征讨，进行了消灭割据势力的统一战争。他先后攻破南燕，杀了南燕国王慕容超，收复青州；南下击溃卢循，收复广州；攻克江陵，杀了割据者刘毅；力取成都，灭了割据者谯纵；直捣襄阳，赶跑了割据者司马休之。至此，自桓玄作乱以来，南方各大割据势力，全部灭亡，南方归为一统。东晋境内，全由刘裕势力统治了。东晋王朝早已名存实亡。巨大的战功，使刘裕在朝廷的地位显赫无比。他先后受封相国、宋公，加九锡，位在诸侯王之上。

　　义熙十四年（公元418年）十二月，刘裕认为谶书上有句话："昌明之后，还有两个皇帝。"于是，派中书侍郎王韶之，与晋安帝左右亲信密谋毒死安帝司马德宗，另立琅琊王司马德文。司马德文常在司马德宗身边，饮食睡眠，都不曾暂时离开。王韶之窥伺多时，没有机会下手。正巧，司马德文患病，出宫休养。王韶之用衣裳拧成绳索，在东堂勒死司马德宗。刘裕于是声称奉司马德宗的遗诏，拥立司马德文即皇帝位，作为傀儡皇帝，改元为元熙。

　　晋恭帝元熙二年（公元402年），刘裕希望晋恭帝司马德文能以禅让的形式把帝位传给自己，却难于启齿，于是，他召集手下朝臣饮酒欢宴。在筵席上，刘裕若无其事地说："当年桓玄篡位，晋国大权旁落。是我首先提倡大义，复兴皇帝宗室，南征北讨，平定了天下，可谓大功告成，业绩卓著，于是承蒙皇上恩赐而有九锡之尊。如今我的年纪也快老了，地位又如此尊崇，无以复加，天下的事最忌讳装得太满而盈溢出来，那样就不可以得到长久的安宁了，现在我要将爵位奉还皇上，回到京师颐养天年。"群臣不理解他的真正用意，只是一味称颂他的功德。等到天色已晚，群臣散去。中书令傅亮走出宫门，方才悟出刘裕一席话的真实用意，但是宫门已经关闭，傅亮便叩门请求见刘裕，刘裕即令开门召见他。傅亮入宫，只说："我应该暂且返回京师。"刘裕明白他的用意，也不再多说别的，直接问："你需要多少人护送？"傅亮回答说："数十人就足够了。"随即与刘裕辞别。傅亮出宫时已是半夜时分，只见彗星划过夜空，傅亮拍腿感叹："我过去常常不信天象，今天看来天象开始应验了。"

六月，刘裕来到建康。傅亮暗示晋恭帝将帝位禅让给刘裕，并且草拟了退位诏书呈给晋恭帝，让他亲自抄写一遍。晋恭帝欣然提笔，并对左右侍臣说："桓玄之乱的时候，晋朝已失掉天下，后来幸赖刘公才得以延续将近二十年。今日禅位给他，是我甘心所为。"于是刘裕即皇帝位，改国号为宋，改元永初，是为武帝。南北朝由此开始。

诗词拓展：

永遇乐·京口北固亭怀古
[南宋]辛弃疾

千古江山，英雄无觅孙仲谋处。舞榭歌台，风流总被雨打风吹去。斜阳草树，寻常巷陌，人道寄奴曾住。想当年，金戈铁马，气吞万里如虎。

元嘉草草，封狼居胥，赢得仓皇北顾。四十三年，望中犹记，烽火扬州路。可堪回首，佛狸祠下，一片神鸦社鼓。凭谁问，廉颇老矣，尚能饭否？

仓皇北顾的刘义隆

宋武帝刘裕受禅称帝后,立刘义符为皇太子。刘义符为太子时,即好狎昵群小。在他父亲刘裕生病时,无人管束,更好游狎。当刘裕病重不起临终托孤时,谢晦与护军将军檀道济、司空徐羡之、仆射傅亮等人一起,受命辅佐少帝刘义符。

刘裕去世之后,刘义符登上皇位,是为宋少帝。当上皇帝的刘义符一点不节制,继续游狎。他在皇家华林园造了一排商店,亲自买入卖出,讨价还价;又跟左右佞臣一起,划船取乐。傍晚,刘义符又率左右游逛天渊池,夜里就睡在龙舟上。

辅政大臣们实在看不下去了,宋文帝元嘉元年(公元424年)的一天凌晨,檀道济引兵开路,徐羡之等随后继进，从云龙门入宫。刑安泰等已先行说服了皇家禁卫军，所以没有人出来阻挡。刘义符还没有起床，军士已经闯入，杀掉刘义符的两个侍从，砍伤刘义符的手指，将刘义符挟持出东阁，收缴了皇帝的玉玺和绶带。文武百官向他叩拜辞行，由军士把刘义符送回到他的故居太子宫。

徐羡之等人认为宜都王刘义隆一向有很高的声望，又多有祥瑞之兆出现，于是，就宣称奉皇太后张氏之命，列举刘义符过失罪恶，废为营阳王，而由宜都王刘义隆继承皇帝之位，赦免死罪以下人犯。

宜都王刘义隆当时年仅十八岁，听到这个消息后，发布文告说："我无才无德，蒙上天错爱降下大命。我实在惶恐惊悸，怎么能够担负起如此大任！现在暂且回到京师，哀祭祖先陵墓，并与朝中贤能的大臣陈述我的意见，希望诸位大臣体谅我的用心，不要再说别的。"荆州府长史及其他辅助官员一律称臣，并请求仿效国都宫城，更改各门名称。刘义隆一概不许，而且命令荆州、都督府和宜都国的官署宽恕管辖地区内已判决的罪人，免除无力偿还的债务。

刘义隆左右将领和亲信闻知营阳王刘义符、庐陵王刘义真二人被杀身死，都认为可疑，劝刘义隆不要东下。司马王华说："先帝功盖天下，四海威服；虽然继承人违法犯纪，皇家的威望却没有改变。徐羡之才能中等、出身寒士；傅亮也是由平民起家的书生。他们并没有司马懿、王敦那样的野心，这一点是很明显的。他们接受托孤的重任，享有崇高的地位，一时不会背叛。只是害怕庐陵王刘义真不肯宽宥，将来无地自容，才痛下毒手。殿下聪睿机敏，仁慈宽厚，远近闻名。他们这次破格率众前来奉迎，是希望殿下感激他们。毫无根据的谣言，一定不是真的。另外，徐羡之等五人，功劳地位相同，谁肯服谁？即使他们中有人心怀不轨，企图背叛，也势必不成。被废黜的君主如果活着，他们担心将来遭到报复，所以才起杀机，这是他们过于贪生怕死的缘故，他们怎么敢一朝之间突然谋反呢！只不过想牢牢地掌握大权，巩固地位，奉立年轻的君主使自己得到重视而已！殿下只管坐上六匹马拉的车驾，长驱直入，才能不辜负上天及百姓的希望。"

　　长史王昙首、南蛮校尉到彦之等都劝刘义隆动身东行。王昙首又分析了天象和人间的种种祥瑞征兆。刘义隆才说："徐羡之等接受先帝的遗命不至于背义忘恩。而且功臣旧将，布满朝廷内外，现有的兵力又足以制服叛乱，如此，我还有什么可疑虑的呢！"于是，刘义隆命令王华总管善后事务，留守荆州，又想派到彦之率军作前锋，先行出发开道。到彦之说："既然估计他们不会反叛就应该穿着朝服顺流而下；如果真有什么事情，这点兵力也派不上用场，反而有挑事的嫌疑。这并不符合我们的战略。"这时恰好雍州刺史褚叔度死了，于是就让到彦之暂时镇守襄阳。八月，刘义隆来到了建康。

刘义隆拜谒了他的父亲宋武帝的陵墓初宁陵，回来停留在中堂。朝廷的文武百官呈上皇帝的印信，刘义隆推让了几次，才接受，在中堂继承了皇位，然后又乘坐皇帝专用的法驾入宫，登太极前殿，下令大赦天下，改年号为元嘉，文武百官一律加官二等。

刘宋会稽人孔宁子当初为刘义隆镇西谘议参军。刘义隆即位以后，任命孔宁子为步兵校尉。孔宁子与侍中王华都有追求荣华富贵的强烈愿望，对徐羡之、傅亮等专揽大权深怀不满。于是，他们日夜在刘义隆面前，捏造罪状，陷害徐、傅二人。

正巧，谢晦的两个女儿将分别嫁给彭城王刘义康、新野侯刘义宾。所以，谢晦派他的妻子曹氏和长子谢世休送女儿抵达建康。刘义隆打算诛杀徐羡之、傅亮，并准备发兵讨伐谢晦。于是，他宣称要征伐北魏，又声称到京口的兴宁陵祭拜祖母孝懿皇后。

傅亮写信给谢晦说："目前，朝廷就要动员讨伐黄河以北，事情正在发展。朝廷内外的官吏和百姓，对此多深感忧虑和恐惧。"又写道："朝中多数官员都劝阻皇上北征，皇上将要派遣外监万幼宗去荆州听取你的意见。"当时朝廷的举动不同寻常，文帝的清洗计划有些泄漏。

这天，文帝下诏召见徐羡之、傅亮。徐羡之走到建康城西明门外，谢嚼正在值班，派人飞报傅亮说："殿内举动异常！"傅亮马上借口嫂嫂生病，暂时回家，派人通知徐羡之。徐羡之回到西城，乘坐宫廷内部人出差的车逃出建康城，又步行走到新林，在一个烧陶器的窑里，自缢身死。傅亮乘车逃出建康城，再乘马奔其兄傅迪的墓园，屯骑校尉郭泓将他逮捕。到建康城北门广莫门，文帝刘义隆派中书舍人拿诏书给傅亮看，对他说："因你当初在江陵迎驾时，态度至为诚恳，所以饶恕你的儿子们不死。"傅亮读过诏书说："我出身平民，蒙先帝垂爱，赋予托孤大任。废黜昏君，迎立明主，全是为国家百年大计。要想把罪过强加在我身上，还怕没有借口吗？"傅亮被杀，他的妻室和子女被放逐到建安。又斩杀了徐羡之的两个儿子，而饶恕了他的侄儿徐佩之。诛杀了谢晦的儿子谢世休，逮捕谢嚼。从此，国家开始一步步地走下坡路。

　　文帝将要讨伐谢晦，向檀道济询问策略，檀道济说："我当年与谢晦一同北伐，当时得以入关的十项计策，有九项是由谢晦提出的。谢晦精明老练，很少有敌手。但他从没有单独带领部队打过胜仗，战场上的军事行动，恐怕不是他所擅长的。我了解谢晦的才智，谢晦也了解我的勇敢。今天我奉皇帝的命令来讨伐他，可以在他没有摆开阵势以前，就把他擒获。"

　　宋文帝元嘉八年（公元431年）檀道济等从清水出兵，

救援被北魏军围攻的滑台。北魏叔孙建、长孙道生率军抵抗。檀道济的军队抵达寿张，与北魏安平公乙旃眷的军队遭遇。檀道济率领宁朔将军王仲德、骁骑将军段宏奋勇抗击魏军，大破乙旃眷的军队。又转战开进高梁亭，斩杀北魏济州刺史悉烦库结。

　　刘宋檀道济的军队开进济水，二十多天的时间里，先后与魏军交战三十多次，而檀道济多半取胜。宋军开到历城，北魏叔孙建等派遣轻骑兵往来截击，出没在大军的前前后后，还纵火焚烧了刘宋军的粮草，檀道济因为军中缺粮，不能前进。所以北魏冠军将军安颉、安南大将军司马楚之等能够以全部力量进攻滑台。拓跋焘又派楚兵将军王慧龙增援。刘宋滑台守将朱之坚守滑台已有几个月之久，城中粮食吃光了，士卒们用烟熏出老鼠，烤熟吃掉。北魏军攻破滑台，朱之和东郡太守申谟以及一万余名士卒被俘。

　　北魏国主拓跋焘返回平城，举行盛大宴会，祭告祖庙。朝廷中所有的将帅和官员都得到了赏赐，士卒们一律免除十年的赋役。

　　这时，北魏南部边境发生严重的水灾，百姓多半饿死。尚书令刘絜对拓跋焘说："自从宋寇侵犯我们国土，我们屡次抗击。上天帮助、皇上圣明，保佑我们的军队所向披靡。如今，战事已经平息，有功的将领也都得到了赏赐。各个州郡和封国的老百姓，虽然没有亲自出征讨伐，但是他们勤奋地务农养蚕，供应国家和军队的需要，实在是治理国家的根本，更是国库薪饷的重要来源。现在，崤山以东，遍地洪水成灾，应该妥善抚慰这些受灾的百姓，弘扬朝廷一向保护和养育百姓的恩德。"拓跋焘同意他的劝告，下诏免除全国百姓一年的田赋和捐税。

刘宋檀道济的大军因为粮尽，只好从历城撤军。军中有逃走投降北魏军的士卒，把刘宋军的困难境遇，一一报告给北魏军。于是，北魏军追击刘宋军，刘宋军军心涣散，人人自危，马上就要溃散。檀道济利用夜色的掩护，命士卒把沙子当作粮食，一斗一斗地量，而且边量边唱出数字，然后用军中仅剩下的一点谷米覆在沙子上。第二天早晨，北魏看到这种情况，以为檀道济军中的粮食还很充裕，就给那个降卒定了欺军之罪杀掉了。当时，檀道济兵员很少，而北魏兵人多势众，骑兵部队从四面八方包围了檀道济军队。檀道济命令军士们都披上铠甲，而自己则穿着白色的便服，率领军队缓缓地出城。北魏军以为檀道济有伏兵，不敢逼近，而且还稍稍撤退，这样，檀道济保全了军队，安全撤军。

刘宋青州刺史萧思话听说檀道济的大军撤退南下，就打算放弃城池退到险要地带自保。济南太守萧承之一再劝阻他，萧思话都没有接受。萧思话弃城逃奔平昌。参军刘振之正驻守下邳，听说这个消息，也弃城逃走。结果，北魏军竟然没有来，但是东阳城积聚的大批物资，却被百姓纵火焚毁。萧思话被指控有罪，召回京师，逮捕下狱。

当初，刘宋文帝派到彦之北伐出征前，就告诫他说："如果魏国的军队有所举动，你们应该在敌人没有攻到之前，先行渡过黄河；如果他们没有动静，你们就要留守彭城，不要前进。"等到安颉俘虏刘宋的将士，拓跋焘才听到刘义隆的这席话，对朝中的文武大臣们说："以前，你们总说我用崔浩的计策是错误的，以致惊惧失措，百般劝阻。一直打胜仗的人，开始都自以为超过了别人，到了最后，才发现自己还不如别人。"

北魏安南大将军司马楚之上疏，认为北魏四方邻国都已经平定，请求朝廷出兵大举进攻刘宋。拓跋焘则认为连年征战，将士们早已疲劳不堪，没有同意。征召司马楚之回京，任命他为散骑常侍；任命王慧龙为荥阳太守。

元嘉二十七年（公元450年）十二月，北魏军队南下进犯，不准备粮食用品等，全靠掳掠来维持。他们渡过淮河时，老百姓大多都躲了起来，他们打家劫舍时没有得到什么东西，致使人马处于饥饿困乏中，听说盱眙有存粮，就打算把盱眙的粮食作为回国的粮草。北魏国主拓跋焘击败了胡崇之等，围攻盱眙没有攻克，就留下大将韩元兴率领几千人驻守在盱眙城外，自己率领大军南下。为此，盱眙得以进一步完善防备工程。

十二月十五，北魏国主拓跋焘抵达瓜步，毁掉老百姓的房舍，又砍伐芦苇建造小筏，声称要南渡长江。建康城一片恐慌，老百姓都挑着担子站在那里，准备随时逃走。建康城内城外戒严。丹阳境内所有的壮丁以及王公以下的子弟，全都服役从军。刘宋文帝又命令领军将军刘遵考等率军分别据守沿江渡口及险要地带，巡逻上起于湖，下到蔡洲，江面排列着一排排的船只，且沿岸相互连接，从采石矶一直到暨阳，长达六七百里。太子刘劭率领军队镇守石头城，全权指挥水军。丹阳尹徐湛之镇守石头所属仓城。吏部尚书江湛兼任领军，军事上的部署全都由他一人来裁决。

刘宋文帝登临石头城，不禁面露忧色，对江湛说："当初我们决定向北征伐时，赞同的人本来就很少。如今将士、百姓劳顿怨苦，我们不能不感到惭愧。我为大家带来了灾难，这是我的过失。"又说："如果檀道济仍然在世，岂能让胡虏军马跑到这里来！"文帝又登上幕府山，观察形势，下诏悬赏北魏国主及其王、公的首级，许诺若有成功者就加封爵位，赏赐金银绸缎。同时，文帝又派人把用野葛酿成的毒酒放在空无人烟的荒村，想毒死北魏将士，但却没能伤到他们。宋朝的国力一步步衰弱。

元嘉三十年（公元 453 年），太子刘劭以巫术谋夺帝位被揭发，文帝召集大臣谋废太子，而刘劭先发制人，与弟弟刘濬共谋杀害宋文帝即皇帝位，文帝终年四十七岁。

诗词拓展：

北伐诗

［南朝·宋］刘义隆

　　季父鉴祸先，辛生识机始。崇替非无征，兴废要有以。自昔沦中畿，倏焉盈百祀。不睹南云阴，但见胡尘起。乱极治方形，涂泰由积否。

　　方欲涤遗氛，矧乃秽边鄙。眷言悼斯民，纳隍良在己。逝将振宏罗，一麾同文轨。时乎岂再来，河清难久俟。驽骀安局步，骐骥志千里。梁傅畜义心，伊相抱深耻。贵契将谁寄，要之二三子。无令齐晋朝，取愧邹鲁士。

笔头忠心的古弼

元嘉二十一年（公元 444 年），北魏太子拓跋晃开始总管百官事务。太武帝拓跋焘任命中侍、中书监穆寿，司徒崔浩，侍中张黎、古弼辅佐太子拓跋晃裁决日常政务。凡上书给太子时都要称臣。

古弼为人忠厚谨慎，善良正直。这一年的正月，古弼收到一封百姓来信，反映皇家的上谷苑囿占地太多，老百姓都无田耕种了，希望朝廷减掉大半分给贫民耕种。古弼读后，觉得意见很好，就马上去见皇帝拓跋焘，要把意见奏给他听（因为春天已来临，不快点处理此事，将影响一年的耕种）。当他进宫晋见拓跋焘，打算奏请这件事时，拓跋焘正在同给事中刘树下围棋，他的心思没在古弼身上。古弼坐等许久，拓跋焘就像没有看到一样，古弼没有得到说话的机会。

古弼火了，突然站起来，揪住刘树的头发，把他拉下凳子，然后扑上去，又是扇他的耳光，又是打他的背，并且边打边骂："国家的事情没有治理好，都是你这个小子的罪过！"拓跋焘脸都变色了，十分尴尬，丢下手中的棋子说："没有听你奏事，错误在我。刘树有什么罪过？快停手不要打了！"古弼这才放过刘树，把事情奏给皇帝听。太武帝觉得古弼的正直难能可贵，都听从了他的建议。接着古弼说："我身为臣属，竟无礼到这种程度，罪过实在太大。"说完出宫来到公车官署，脱掉帽子、光着脚请求处罚。

拓跋焘召他入宫，对他说："我听说过建造社稷坛的时候，要一跛一拐地干活；完工后，要衣冠端正地去祭祀，这样神灵才会降福于他。可是你有什么罪过呢！戴上帽子穿上鞋做你该做的事去吧。如果是对国家有利、方便百姓的事，就要尽全力去做，不要有任何顾虑。"

同年八月，拓跋焘要去河西打猎，让古弼留守京城。拓跋焘下诏让古弼将肥壮的马送给打猎骑兵，但古弼提供的却全是瘦弱的马。拓跋焘勃然大怒说："笔头奴胆敢对我的诏令打折扣。我回去，先斩了这个奴才！"古弼的头，形状尖削，拓跋焘常把它比作笔头。古弼手下的官吏，都惶恐不安，生怕受牵连。古弼却安慰他们说："我为人臣，不让皇帝沉迷于游猎之中，如果有罪过的话，我想这个罪也是小的。如果不考虑国家的安危，做到有备无患，而是使统军治国缺少物资，这个罪才是大的。现在柔然人还十分强大，经常来骚扰我国边境，南朝的宋国也还没有消灭，我把肥壮的马供军队使用，安排老弱的马让皇帝打猎，这是为国家大业着想的，如果为此而死，我又有什么伤心的呢！再说，这件事是我一人决定的，好汉做事好汉当，你们忧虑什么呢？"拓跋焘听到这些话，叹服道："这样的臣子，是国家之宝呀。"回来后就赏赐给古弼一套礼服、两匹马和十头鹿。

过了一段时间拓跋焘再次去山北打猎，捕获了几千头麋鹿。拓跋焘又下诏给尚书古弼，让古弼派出五百辆车来运送麋鹿。送信的人去了不久，拓跋焘就醒悟到了，这次肯定又要碰钉子。拓跋焘对左右将士说："笔头公一定不会给我这么多车，你们不如用马来运送。"说完他就回宫了。果然，拓跋焘刚走了百来里，遇到送信的人回来，车子一辆没有，带来的只有古弼的一封回信。信上说："现在正是谷黄椒熟时节，桑麻大豆遍布在田野里，麋鹿和野猪不停地到农田里来糟蹋庄稼，鸟雀也不断地来啄食粮食，加上风吹雨打，地里的粮食如果晚上去收获，就只能收到早上的三分之一，一天损失这么重，民车都正用于运送庄稼，怎么能征用去运麋鹿呢？请缓几天吧！"拓跋焘哈哈大笑说："果然如我所说的那样，笔头公可称得上是国家栋梁之臣啦！"

元嘉二十九年（公元452年），北魏南安王拓跋余即帝位，任命古弼为司徒、张黎为太尉。同年，文成帝拓跋濬即位，古弼和张黎的见解与文成帝不合，二人被贬为外都大官。因发表怨恨言论，他们的家人又告发他们从事巫术诅咒活动，于是，二人都被诛杀了。

诗词拓展：

古　弼

〔宋〕徐　钧

请田戎猎凛英风，万乘犹知畏笔公。
晚节不容非老秃，世无明主曷知忠。

萧道成建康称帝

自刘义隆被杀后,刘宋在风雨飘摇中又走了十九年,经历了几任皇帝。公元 472 年,刘昱称帝。

当初,刘宋苍梧王刘昱当皇太子时,常常亲自动手,油漆篷帐高竿,能爬到距地面一丈多的高处。他喜怒无常,侍从官员无法劝阻。明帝屡次让他的母亲陈太妃痛打他。刘昱即帝位后,对内害怕皇太后、皇太妃,对外害怕各位大臣,不敢放纵。可是,自从行过加冠礼后,宫内宫外对他逐渐失去控制,于刘昱不断出宫游逛。

刘昱骄纵横暴尤为严重,没有一天不出宫,不是晚上出去,凌晨回来,就是凌晨出去,晚上回来。随从人员手持短刀长矛,路上的行人,不管是男是女,不管是狗、马、牛、驴,只要碰上,立即诛杀,无一幸免。百姓忧愁恐惧,店铺及行商，全都停止经营。家家户户白天闭门，路上行人几乎绝迹。钳、锥、凿、锯，不离刘昱左右，只要稍看不顺眼，便顺手抓起凶器，当场杀人剖腹。一天不杀人，就闷闷不乐。宫廷侍从和朝廷官员，担忧惶恐，饮食作息，都不能安稳。

萧道成忧愁恐惧，与尚书令袁粲、中书监褚渊密谋废黜刘昱，另立新君。袁粲说："主上年纪还小，轻微的过失，容易改正。伊尹、霍光的往事，在这末世已难实行。即使成功，最后仍无安身之地。"褚渊沉默不语。领军功曹丹阳人纪僧真对萧道成说："现在，皇上凶残疯狂，无人可以自保，天下百姓的盼望，不在袁粲、褚渊，明公怎么能坐待被剿灭？存亡的关键，请深思熟虑。"萧道成同意。

一天，刘昱乘坐露天无篷车，跟左右侍从前往台冈，打赌跳高。然后，前往青园尼姑庵。夜晚，来到新安寺偷狗，偷来狗找到昙度道人，煮吃狗肉。吃过狗肉，醉醺醺地回仁寿殿睡觉。弄臣杨玉夫一向得到刘昱的宠信，而这天，刘昱忽然对杨玉夫大为痛恨，一看见他就咬牙切齿，说："明天就杀了你这小子，挖出肝肺！"这天深夜，命杨玉夫观察织女渡河，说："看见织女渡河时，马上叫醒我；看不见，就杀了你。"

当时，刘昱出宫进宫，没有一定时间，宫中各阁门，夜间都不敢关闭，负责宫廷保卫的官员，惧怕跟皇帝见面，都不敢出门。禁卫军士卒更是躲得远远的，内外一片紊乱，互不相关，没有人管理。当天夜晚，王敬则出营等候消息，杨玉夫等到刘昱呼呼大睡时，与杨万年合伙取下刘昱的防身佩刀，砍下刘昱的人头，然后假传圣旨，命外庭演奏音乐。陈奉伯把刘昱的人头，藏在袍袖里面，跟往常一样，神色自若，宣称奉皇帝派遣，打开承明门出宫，把人头交给王敬则。王敬则飞马奔向领军府，敲门大喊，萧道成恐怕是刘昱的诡计，不敢开门。王敬则把人头从墙上扔进去，萧道成令人洗净血迹辨识，果然不错，这才全副武装，骑马而出，王敬则、桓康等都随从其后，直往宫城，到了承明门，宣称皇帝御驾回宫。王敬则恐怕守门官兵从门洞往外察看，用刀柄堵住门洞，同时咆哮催促。门打开，进入宫城。从前，每逢夜晚，刘昱闯出闯进，都急躁凶暴，守门卫士震恐，从不敢抬头。所以，这时候没有一人怀疑。萧道成进入仁寿殿，殿中官员惊慌恐惧。但紧接着听到刘昱已死的消息，都高呼万岁。

　　萧道成以皇太后的名义，发布命令，列举刘昱罪状，说："我密令萧道成暗中运用智谋。安成王刘準，应君临万国。"追封刘昱为苍梧王。刘準即皇帝位，改年号昇明，实行大赦。

自此，萧道成在朝中的地位一步步提升，渐渐地他想将刘準挤下，自己取而代之。他计划延聘当时德高望重的人才，共同帮助他建立伟业。夜晚，他召见骠骑长史谢朏，屏去左右侍从，说出了自己的打算，等了很久，谢朏却不说一句话。这时仍有两个手举蜡烛的小儿在旁侍候，萧道成想到谢朏认为还不够严密，于是萧道成自己手举蜡烛，把两个小儿打发出去，可是，谢朏仍不语。萧道成只好把侍从唤回房内。

　　太尉右长史王俭知道萧道成的意图，有一天，他向萧道成请求密谈，王俭说："功劳太高，就没有赏赐，这种事情，从古到今，不止一人。以您今天的地位，想要始终面北称臣，怎么可以？"萧道成严厉斥责他，但神色却很温和。王俭说："我蒙您特殊爱护，所以说出别人不敢说的话，为什么拒绝得如此坚决？刘姓皇家失德，如果没有您，他们怎么能闯过难关？可是，人心淡薄，感恩之心，无法持久，即使您只作小小的推辞，人心就会失去，岂止大业不能建立，就是七尺之躯也不能自保。"萧道成说："你说的不是没有道理。"王俭说："您今天的名望和地位，本是宰相之职，最好在礼节上表现得跟一般官员不一样，略微显示政局将发生变化。不过此事应先告诉褚渊，我愿意传达这个意思。"萧道成说："我亲自前往。"过了几天，萧道成亲自拜访褚渊，气氛融洽。谈了很久，萧道成才说："我梦见升官。"褚渊说："刚刚宣布任命，恐怕一二年间不会再有变更，而且，吉祥的梦，未必旦夕就能应验。"萧道成回来，告诉王俭，王俭说："褚渊还没有开窍！"王俭建议加授萧道成为太傅，再赐给黄钺，命中书舍人虞整撰写诏书。

昇明二年（公元478年），顺帝刘準下诏，赐给萧道成黄钺，任命他为大都督中外诸军事、太傅，兼扬州牧，上殿时可以佩剑、入朝时不必快步小跑、奏事时不称名，使持节、太尉、骠骑大将军、录尚书、南徐州刺史等官职，仍然如故。萧道成坚决辞让特殊的礼遇。

不久，顺帝任命太傅萧道成为相国，总领百官，封给他十个郡的封地，号称齐公，颁赐九锡，让他仍然担任骠骑大将军、扬州牧、南徐州刺史。顺帝颁诏决定，齐国的官爵和礼仪，一概依照朝廷。

同年四月，刘宋顺帝颁诏将帝位禅让给齐王萧道成。当天，顺帝应当到殿前去会见百官，但他不肯出面，却逃到佛像的宝盖下面。王敬则率领军队来到宫殿的庭院中，抬着一顶木板轿子入宫，去迎接顺帝。太后害怕了，便亲自率领宦官找到了顺帝。王敬则劝诱顺帝，让他从宝盖下面出来，领着他上了轿子。顺帝止住眼泪，对王敬则说：

"准备杀死我吗?"王敬则说:"只是让你到另外的宫殿中居住罢了。您家先前取代司马氏一家也是这样做的。"顺帝掉着眼泪说:"但愿我今后生生世世永远不再生在帝王家中!"宫中的人们都哭泣起来。

　　司空兼太保褚渊等人捧上玺印,率领百官前往齐王宫请萧道成即帝位。齐王在建康南郊即帝位,是为齐高帝。南齐高帝回宫以后,大赦天下,更改年号为建元。

诗词拓展:

群鹤咏
〔齐〕萧道成

八风儛遥翮,九野弄清音。
一摧云间志,为君苑中禽。

萧衍建梁

南齐武帝永明十一年（公元493年），中书郎王融发现武帝有北上征伐的意思，于是，他多次上书，鼓动催促，并因此努力学习骑马射箭。等到北魏大军前来进犯时，竟陵王萧子良在东府开始招兵买马，任命王融为宁朔将军，让他主持这件事。王融尽力去招收人马，召集了几百名长江以西古楚国地区的武士。他们都很有才干，可以担当重任。

七月三十日，武帝病势加重，一时气闷晕倒。这时皇太孙萧昭业还没有入宫，宫内宫外人人惶恐不安，文武百官也都穿上了丧服。王融打算假传圣旨，命萧子良继承皇位，他已将诏书草稿写好。

萧衍对范云说："民间已是议论纷纷，都说宫内可能要发生变数。王融并不是治理国家的人才，他眼看着就要出事了。"范云说："忧国忧民的人，也只有王融一人了。"萧衍说："忧国忧民，是想要当周公、召公呢，还是想当齐桓公死后的竖刁呢？"范云不敢回答。等到萧昭业入宫，王融已是全副武装，穿着红色战服，站在中书省厅前要道，截住东宫卫队不让他们进入。

过了一会儿，武帝醒转过来，问皇太孙萧昭业在哪里，于是召东宫卫队全部入宫，武帝把国家大事全部托付给了尚书左仆射、西昌侯萧鸾。不一会儿，武帝就去世了。王融采取紧急措施，命令萧子良的军队接管宫城各门。萧鸾得到消息后，立刻上马飞奔到云龙门，但被守在那里的卫士挡住，不让他进去，萧鸾说："皇上有诏令，让我晋见。"接着，他推开卫士，直接闯了进去，马上拥戴皇太孙萧昭业登基即位，命令左右侍从把萧子良搀扶出金銮殿。萧鸾指挥和安排警卫戒备，声音洪亮如钟，殿内所有的官员侍从，没有一个不听他的命令的。王融知道自己的计划不能实现，也就只好脱下战服，返回中书省，叹息着说："萧子良耽误了我。"从此以后，萧昭业对王融深为怨恨。

萧昭业登基即位刚十几天，就逮捕了王融，交付给廷尉审判，命令中丞孔稚控告王融阴险、浮躁、轻率、狡黠，招降纳叛没有成功，又随便批评攻击朝廷。王融向竟陵王萧子良求救，萧子良又忧又怕，不敢去救。于是，萧昭业命令王融在狱中自杀，这年王融二十七岁。

萧昭业即位后只知享乐，不理政务，对大臣的劝谏也不接受。掌权的大臣萧鸾决定把他废掉。

齐明帝建武元年（公元494年），西昌侯萧鸾叫来原镇西谘议参军萧衍一起密谋。担任荆州刺史的随王萧子隆性情温和，风雅而有文才，萧鸾想要调用他，但又担心他不听从。萧衍说："随王这个人虽然美名外传，其实非常平庸顽劣。他身边没有一个智谋人物，手下武将中他只依靠司马垣历生和武陵太守卞白龙。垣历生和卞白龙这两个家伙是唯利是从之徒，如果以显要的官职引诱他们，没有不来的道理。至于随王本人，仅用一封信即可请到。"

萧鸾听从了萧衍的计划。于是，就征召垣历生为太子左卫率，卞白龙为游击将军，垣、卞两人一起来了。接着，又征召萧子隆为侍中、抚军将军。豫州刺史崔慧景是齐高帝萧道成、齐武帝萧赜的旧将，萧鸾对他有疑心，就派遣萧衍为宁朔将军，戍守寿阳。崔慧景害怕了，穿着白色衣服出城迎接萧衍，萧衍对他大加安抚。

七月二十日，萧鸾发动政变，萧昭业被杀。七月二十日，萧鸾以太后之令追封废帝萧昭业为郁林王，又贬黜何皇后为王妃，准备另迎立新安王萧昭文为新皇帝。三个月之后，萧鸾又废掉萧昭文，自己做了皇帝，是为齐明帝。萧鸾做皇帝之后，没有忘记萧衍的谋划之功，把他提拔为中书侍郎，后来又升为黄门侍郎。萧衍的地位开始显赫起来。

齐明帝建武二年（公元495年），北魏孝文帝放弃攻打寿阳城沿着淮河而东下，所到之处，百姓安居，无有扰犯，前来纳供粮草的民众络绎不绝，挤满道路。不久就到达了钟离。

南齐明帝派遣左卫将军崔慧景、宁朔将军裴叔业去援救钟离。北魏刘昶、王肃二人率领二十万大军在营地周围设置三层堑沟栅栏，合力攻打义阳城，箭石齐发，使守城的南齐兵士不得不以盾牌来蔽身。王广之引兵来援救义阳，但是到了离义阳城百余里的地方，因畏惧北魏兵力之强，就不敢再向前开进了。

城中频频告急，黄门侍郎萧衍请求先去增援，王广之把自己麾下的精兵分给他一部分，由他率领前去。萧衍抄小道连夜出发，与太子右率萧诔等人，径直登上贤首山，来到距北魏军队仅数里的地方。北魏军队没有料到这点，不知道萧衍一共有多少兵力，不敢逼近。黎明时分，义阳城中的守军望见援兵到了，士气大增。萧诞派遣长史王伯瑜出城攻进北魏阵营，借大风放火焚烧了周围的栅栏，而萧衍等率领的士兵则从外围合击之，北魏军队不能抵抗，只好撤退。齐军最终取得了这场战役的胜利。萧衍也因战功而升任太子中庶子。

永泰元年（公元498年）秋天，北魏军再次南下，接连攻下了新野和南阳，前锋直逼雍州，即现在的湖北襄阳市。

齐明帝萧鸾赶忙派萧衍、左军司马张稷、度支尚书崔慧景领兵增援雍州，然而于事无补。萧衍退到了樊城，才得以站稳脚跟。这次战败后，齐明帝没有责怪萧衍，而是让他主持雍州的防务，任雍州刺史。不久，齐明帝就病死了。

　　第二年，齐明帝的儿子萧宝卷即位，这就是无能的东昏侯。东昏侯治国无术，却很残忍，做皇帝后杀掉了很多大臣，对于一些功臣也不知道爱护，妄加杀戮。萧衍逐渐和他对立起来。

　　东昏侯怀疑雍州刺史萧衍有异谋。等到荥阳人郑植的弟弟郑绍叔担任了萧衍的宁蛮长史，东昏侯就派郑植以探望弟弟郑绍叔为借口，去刺杀萧衍。郑绍叔知道了这一阴谋，秘密地报告了萧衍。萧衍在郑绍叔家中备办了酒席，以开玩笑的口吻对郑植说："朝廷派遣您到我这里来，恐怕并非仅仅为了探望弟弟，而是来谋害我，今天我正得闲，与您宴饮，这正是下手的好机会呀。"说罢，宾主大笑不已。萧衍又带着郑植把雍州的城墙壕沟、仓库、兵士、战马、器械、船舰等仔细察看一番，让他见识一下自己的实力。郑植看过之后，对郑绍叔说："雍州的实力强大，是无法轻易解决了的。"郑绍叔对他说："哥哥回到朝廷之后，请一字不差地对天子说'如果要攻取雍州的话，我郑绍叔要率众和他决一死战！'"郑植回朝去，郑绍叔把他送到南岘，兄弟二人执手相视，恸哭而别。

东昏侯永元二年（公元500年），东昏侯杀了萧衍的兄长萧懿。萧衍知道噩耗，连夜召集张弘策、吕僧珍、长史王茂、别驾柳庆远、功曹吉士瞻等人到府第议定对策，对他们说："昏乱的君主残暴，罪恶超过了纣王。所以，我应当与你们一起把他除掉。"

　　十一月九日，萧衍树起义旗，召集兵马，共有带甲兵士一万多人、战马一千多匹、船舰三千艘。萧衍又命令搬出檀溪中的竹子木料，装到战舰之上，上面盖上茅草，这些事情很快就都办妥了。各将领争抢船橹，吕僧珍把自己原先准备好的拿出来，每只船发给两张，才停止了争抢。

　　为了增加号召力，萧衍联合了南康王萧宝融一起举兵。齐和帝中兴元年（公元501年），南康王在江陵称帝即位，是为齐和帝，改年号为中兴，大赦天下，并且建立宗庙、南北郊祭坛，州府城门则全部依照建康的规模而改建，设置了尚书五省，任命南郡太守为尹，萧颖胄为尚书令，萧衍为左仆射。萧衍领兵到达了建康城下，和守军激战，攻下了外城，将齐宫城团团围住。

　　在国难之际，齐国内部仍有奸臣进谗言，说事到如今完全是文武大臣的过错，怂恿东昏侯大开杀戒。这使征虏将军王珍国异常愤恨，他就派遣自己的亲信给萧衍献了一块明镜，以示自己的心意，萧衍则截断金子作回报，表示愿意和他同心共事。兖州中兵参军张齐是张稷的心腹，王珍国就通过张齐秘密地与张稷策谋，要一同杀掉东昏侯。

张齐在夜间把王珍国带到张稷那里，两人凑在一起密谋定计，张齐亲自在旁边手执蜡烛。他们密谋好之后，又把计策告诉了后舍人钱强。夜间，钱强秘密令人打开云龙门，王珍国和张稷带兵冲入殿中，御刀丰勇之做内应。这天晚上，东昏侯在含德殿笙歌弹唱，休息之后，还没有睡熟，听到兵士进来了，就急忙从北门跑出去，想跑回后宫，可是门已经关闭了。宦官黄泰平用刀砍伤了东昏侯的膝盖，他倒在了地上，张齐上来斩下了他的脑袋。张稷召集尚书右仆射王亮等人列坐在殿前西边的钟架之下，命令群僚们签名，又命令人在黄绢上涂油，裹住东昏侯的首级，然后派遣国子博士范云等人送到石头城。

萧衍以宣德太后的名义，追封被废的涪陵王萧宝卷为东昏侯，褚皇后以及太子萧诵并黜为庶人。萧衍被任命为中书监、大司马、录尚书事、骠骑大将军、扬州刺史，封为建安郡公，并且依照晋代武陵王司马遵前例，行使皇帝的权力，百官群僚们向萧衍致敬。王亮被任命为长史。

萧衍虽然大权在握，也想废和帝自己做皇帝，但他并没有急于求成，而是静待时机。骠骑司马沈约知道他的心事，于是委婉地向他提起此事，但是萧衍没有吭声。

有一天，沈约又向萧衍进言："如今与古代不同了，不可以期望人人都能保持着淳古之风，士大夫们无不攀龙附凤，都希望能有尺寸之功。现在连小孩牧童都知道齐的国运已经终结了，明公您应当取而代之，而且天象预兆也非常显著了。天意不可违抗，人心不可失去。假如天道安排如此，您虽然想要谦逊礼让，而实际上也是办不到的。"大司马萧衍这才吐露了一句："我正在考虑这件事。"

沈约出去之后，萧衍又叫（大司马咨议参军，领录事）范云进来，告诉了他自己的心思，征求他的看法，范云的回答与沈约所说的意思差不多。至此，萧衍才对范云讲道："智者所见，不谋而合。你明天早晨带着沈休文再来这里。"范云出来之后，把萧衍的话告诉了沈约，沈约说："你一定要等我呀！"范云答应了。

但是，第二天早晨，沈约提前去了，萧衍命令他起草关于受命登基的诏书，于是沈约从怀中取出已经写好的诏书以及人事安排名单，萧衍看过之后，一点也没有改动。不一会儿，范云从外面来了，到了殿门口，却被侍卫阻止，不能进去。范云只好在寿光阁外徘徊，一直自言自语："奇怪，奇怪！"沈约出来后，范云这才明白原来沈约赶在自己之前已经进去了，就问他："对我怎么安排了？"沈约举起手来向左一指，意思是安排范云为尚书左仆射，范云就笑了，说："这和我希望的差不多。"过了一会儿，萧衍传范云进去，他当着范云的面赞叹了一番沈约如何才智纵横，并且说道："我起兵至今已经三年了，各位功臣将领确实出了不少力气，但是成就帝业者，只是你们两人啊。"

梁武帝天监元年（公元 502 年），四月二十七日，宣德太后发诏令："皇帝效法前代，把皇位恭敬地禅让给梁王，明天早晨我要来到殿前，派使者向梁王恭授印玺，之后我将回到别宫去居住。"

二十八日，梁王萧衍于南郊即位登基，大赦天下，改年号为天监。在这天，萧衍追赠其兄萧懿为丞相，封为长沙王，谥号为宣武，并且依照晋代安葬安平献王的先例重新安葬了萧懿。

诗词拓展：

东飞伯劳歌

［梁］萧 衍

东飞伯劳西飞燕，黄姑织女时相见。
谁家女儿对门居，开颜发艳照里闾。
南窗北牖挂明光，罗帷绮箔脂粉香。
女儿年纪十五六，窈窕无双颜如玉。
三春已暮花从风，空留可怜与谁同。

高欢和宇文泰

当初，燕国的燕郡太守高湖逃奔魏国，他的儿子高谧作了侍御史，因为犯了法被流放到怀朔镇，几代人居住在北部边疆，于是就养成了鲜卑人的风俗习惯。高谧的孙子高欢，深沉有大志，家境贫困，在平城服役。富家娄氏的女儿看到他，认为他不同一般，便嫁给了他。他这才有了马匹，得以充当镇上的信使。高欢与多人结为好友，在乡里之间，行侠仗义逐渐发迹。

魏安定王中兴元年（公元531年），北魏任命高欢为大都督、东道大行台、冀州刺史。第二年，安定王元朗追谥孝庄帝为武怀皇帝，任命高欢为丞相、柱国大将军、太师。

关西大行台贺拔岳派遣行台郎冯景到晋阳，丞相高欢听说贺拔岳的使者来了，非常高兴，说道："贺拔公还记得我！"然后与冯景歃血为盟，约定与贺拔岳结为兄弟。冯景回去后，对贺拔岳说："高欢奸诈有余，真诚不足，不可信任。"府司马宇文泰自告奋勇，请求出使晋阳，以便观察高欢的为人到底如何。高欢见了宇文泰，对他的相貌感到惊奇，说道："这个年轻人的仪表看起来不同寻常。"因此要留下宇文泰，宇文泰坚决要求回去复命。高欢让宇文泰走了之后又觉得后悔，急忙派人骑驿马追赶，一直追到潼关还没有追上，只好返回。

宇文泰回到长安后，对贺拔岳说："高欢之所以还没有篡夺帝位，正是因为忌惮你们兄弟，而侯莫、陈悦等人，并不是他猜忌的对象。你只要悄悄地进行准备，算计高欢是不难的。"贺拔岳听了非常高兴，又派遣宇文泰到洛阳向孝武帝请示有关事宜，秘密陈述有关情况。孝武帝也很欢喜，加封宇文泰为武卫将军，叫他回去向贺拔岳汇报。自此，宇文泰开始节节高升，不久，他就掌握了西魏大权。

这时，北魏就分成了高欢领衔的东魏与宇文泰领衔的西魏两大阵营。东西魏的战争揭开了序幕。

梁武帝大同二年（公元536年）九月，梁武帝下诏大举进攻东魏，但没有占到便宜，只好于十一月停止进军。一个月后东魏丞相高欢率领各路军队讨伐西魏，派大都督窦泰前往潼关。高欢命人在黄河上架起了三座浮桥，摆出了准备渡河的样子。

宇文泰率军进驻广阳，分析战情道："如今高欢分三路互为犄角之势向我们逼来，又大造浮桥，显示出不惜一切从蒲坂渡河的姿态，目的就在于引诱和牵制我军主力与他在黄河两岸相持。而他的先锋窦泰则可以乘虚西进。高欢自从起兵以来，总是派窦泰担任先锋，窦泰手下兵精卒锐，屡屡获胜。正因为此，便生骄傲之心，以为无人敢敌。自古道'骄兵必败'，我这次就要先打窦泰，等窦泰一败，高欢不战自败，何须费力！"

众将帅提出质疑："高欢离我们近，窦泰距我们远，舍近而击远，若有差错，让高欢主力过了黄河，我们后悔都来不及了！"宇文泰满有把握地说："不必担心！我准备用精兵突击，以迅雷不及掩耳之势，打掉窦泰，此举万无一失。退一步说，即便高欢真的过了黄河，我军也不过暂退霸上（今陕西临潼）而已，仍可拱卫长安。"宇文泰怕众将帅心中不踏实，又说："高欢这次大军压境，以为我们兵力弱小，只能防守，根本没想到我反要袭击他的精锐前锋，再加上他一时得逞，有轻慢之心，乘此机会攻打，不必担心无法攻克。他虽搭造浮桥，那么多军队也不可能一下子全渡过来，至少需要五天时间，这时我早已把窦泰消灭了。"

丞相宇文泰返回长安，各位将领中有同意宇文泰意见的，也有不同意的。宇文泰先不提自己的计谋，而是找到担任直事郎中的侄子宇文深，问他有什么打退敌军的办法，宇文深回答说:"窦泰是高欢手下骁勇的将领,如今我们的大军要是攻打蒲坂,高欢坚守不出,窦泰前来救援,那么我们就会出现腹背受敌的局面,这是一条危险的道路。不如选出一支轻装的精锐部队悄悄地从小关出去,窦泰性格急躁,必定要来同我们进行决战,而高欢老成持重不会立即救援,这样的话,我们迅速出击窦泰,就一定能够捉住他。捉住了窦泰,高欢的进攻自然就被阻止,我们再调过头来袭击他们,就一定可以取得胜利。"宇文泰听了之后说道:"这也是我的想法。"

宇文泰宣称打算退到陇右。正月十五日,宇文泰觐见皇帝,悄悄地带领军队向东进发。正月十七日拂晓抵达小关。

窦泰突然接到敌人大半逼近的情报,立即从风陵渡黄河。宇文泰已抵达马牧泽,攻击窦泰,打得他一败涂地,全军覆没,窦泰自尽。

高欢因为黄河上的冰太薄,无法赶去救援,只好拆除浮桥撤退。宇文泰也率领军队返回。

高欢将再次出兵抵抗西魏,行台郎中杜弼请求先清除内部的奸贼。高欢问他谁是内部的奸贼,杜弼回答说:"就是那些掠夺老百姓的功勋权贵们。"高欢听了没有吭声,转身吩咐士兵们拉开弓、搭上箭、举起刀、握住矛、排成面对面的两行,又叫杜弼从他们中间通过,杜弼吓得浑身发抖,冷汗直流。高欢这才慢慢地告诉他:"箭虽然安在弓上但还没有发射，刀虽然举起但还没攻击，矛虽然握在手里但还没有刺出，你就已经吓得失魂落魄、胆战心惊。而那些立下战功的人，身体要和刀锋、箭头打交道，真是百死一生，他们中间有的人确实贪婪卑鄙，使用他们所取的是大处，怎么可以像要求普通人那样要求他们呢？"杜弼连忙向高欢叩头谢罪。

高欢统领二十万兵马从壶口赶往蒲津。此时关中地区发生饥荒，西魏丞相宇文泰直接率领的将士还不到一万人，驻防恒农，征收粮食，已五十多天，听说高欢将要渡过黄河，就带领部队进入关中，于是，高敖曹开始包围恒农。高欢的右长史薛琡对高欢说："西魏敌人连年饥饿，所以这次冒死来到陕州，想要取得仓库中的粮食。现在高敖曹已经包围了陕城，粮食无法再运出去，所以我们只要在各条道路上布置兵力，而不要和他们在旷野作战，待到麦子熟了的时候，他们的百姓很自然地要饿死，这一下我们还愁元宝炬、宇文黑獭（宇文泰）不投降吗？希望丞相您不要下令渡黄河。"侯景则对高欢说："我们眼下这一次出兵，规模非常大，万一不能取得胜利，就很难控制住局面了。不如分成两支部队，相继前进，如果前面的部队得胜，后面的就全力支持；如果前面的部队失败，后面的就顶替它上去。"高欢没有听从他们的劝告，从蒲津渡过了黄河。

高欢听到了宇文泰已经来到的消息，连忙指挥兵马准备与宇文泰交战。西魏军队那边，外出侦察的骑兵回来报告说高欢的部队快要到达，宇文泰召集各位将领商量对策。开府仪同三司李弼说道："眼下敌众我寡，我们不能在平坦的地方布置战阵，此处以东十里地有一个叫渭曲的地方，可以先占据那里等待高欢的人马。"宇文泰根据李弼的意见，在渭曲背靠河水的东西两面布置了战阵，由李弼指挥右边的方阵，赵贵指挥左边的方阵，同时命令将士们持兵器隐蔽在芦苇丛中，约定听到鼓声响起之后再出击。

快到傍晚的时候，东魏的兵马来到了渭曲，都督太安人斛律羌举对高欢说："宇文黑獭把全国的部队都差不多带了出来，要和我们决一死战，就好像一条疯狗一样，有时候也能咬人一口，况且渭曲这个地方芦苇丛深，烂泥淤积，无法发挥战力，我们不如与他们相持，秘密地分出精锐部队径直突袭长安，一旦他们的巢穴失守，那么宇文黑獭可以不战而擒。"高欢问："放火焚烧芦苇丛，怎么样？"侯景接着说道："我们应当活捉宇文黑獭，把他带到老百姓面前展示，如果他被烧死在人群中，谁会相信他真的完了？"彭乐斗志昂扬地请求出战，他说："我们人多，敌军人少，一百人抓一个人，还有什么必要担心打败不了他们？"高欢接受了他的意见。

东魏的士兵看到西魏的士兵人数少，便争先恐后地冲上前去袭击对方，原来的队列已经乱哄哄不成样子。等两方的人马刚要交战的时候，西魏丞相宇文泰敲响了战鼓，战士们都奋勇而起，于谨等人的六队人马与宇文泰的军队协同作战，李弼率领裹着铁甲的骑兵横向打击敌军。东魏的军队中间被切开，分成两部分，一败涂地。李弼的弟弟李檦虽然身材瘦小却勇猛异常，他屡屡跃马冲入敌阵，把自己的身体隐藏在鞍甲之中，敌兵看见了都要叫道："避开这个小孩子！"宇文泰感叹："胆量、决心都大到这种程度，何必还非得要八尺高的身躯呀！"征虏将军武川人耿令贵杀伤的人数很多，铠甲与衣裳都成了红颜色，宇文泰说："光看他的铠甲与战袍，就足以使人知道耿令贵的勇敢，何必再数他砍下的头颅呢？"彭乐带着酒意深入到西魏的军阵之中，西魏人刺伤了他的腹部，肠子都流了出来，但是他把肠子塞回腹中，继续作战。

　　东魏丞相高欢看情况不妙准备暂且收兵再战，于是派遣张华原带着登记簿穿梭在各个军营之中清点官兵人数，可是没有应答之声，只好回去向高欢报告："大家都已经跑光，各处军营全空了！"高欢还是不肯离去。阜城侯斛律金劝高欢，说："众人的心已经离散，无法再利用了，我们应该尽快赶往河东。"高欢依然坐在马鞍上一动不动，斛律金干脆挥鞭抽打他的马，高欢这才奔驰而去。夜间，开始渡黄河，船距离河岸较远，高欢骑着骆驼挨到船边，这才得以渡过黄河。

　　这一仗，高欢丧失了八万名士兵，丢弃了十八万件盔甲与兵器。宇文泰追赶高欢一直到了黄河边上。他在被打散的东魏的军人中挑选留下了二万多名士兵，其余的都释放回去。都督李穆对宇文泰说："高欢这下子吓破胆了，我们迅速追赶的话，可以俘虏他。"宇文泰没有听取李穆的意见，带领军队回到了渭河以南，那些被征的士兵刚到，就让他们在交战的地方每人栽种一棵柳树，以纪念这场战役的胜利。高欢由于沙苑战役失败，请求解除他的大丞相职务，孝静帝颁下诏书表示同意，但没过多久，高欢又重新担任大丞相。

西魏沙苑大捷后，士气高昂，主动出击，进入外线作战，一举攻下了河东的蒲坂和洛阳的金墉城。

东魏孝静帝元象元年（公元538年），东魏大将侯景夺回金墉城，烧毁了洛阳内外大量官寺民居。西魏文帝元宝炬和丞相宇文泰本来要到占领的洛阳去祭扫先帝陵园，正好遇到侯景攻打金墉城，宇文泰亲率大军前往救援，前军到谷城（今河南新安县东），击杀了东魏前锋莫多娄贷文。侯景见西魏大军来援，撤围引退。宇文泰率轻骑追至黄河边。侯景北据河桥（今河南孟县西南），南依邙山（今河南洛阳市北），布好阵势，与宇文泰对战。两军交锋不久，宇文泰坐骑被侯景射中，狂奔不已。都督李穆紧紧跟护在宇文泰身旁。宇文泰被掀下马，左右皆散，东魏兵马追来。李穆用马鞭抽打宇文泰，骂道："你这个不中用的东西，你的主子跑到哪里去了，你还在此逗留！"东魏兵听得此言，根本就没想到他是对方主帅，所以就把他放过去了。李穆把马给了宇文泰，与宇文泰逃回营中。

侯景初胜，以为西魏军远去，不会再来。不料西魏大军如潮水般涌至，侯景来不及布阵，就被西魏军打败，士卒溃散，侯景自己也拨马遁逃。只有高敖曹自恃勇敢，与宇文泰鏖战，好不容易杀出重围，单骑投河阳南城。河阳南城守将高永乐与高敖曹有过节，关闭城门不让他进去。高敖曹只能躲在桥下，最后还是被西魏追兵杀死。高欢听闻侯景战败，高敖曹被杀的消息，如丧肝胆，亲督大军，前往洛阳，双方展开了一场激烈的大战。这一天，大雾弥漫，阵线很长，首尾远隔，从早上打到下午，战至数十合，双方犬牙交错，已经分辨不清对方了。西魏独孤信、赵贵战斗不利，又不知主帅所在，茫无头绪，以为打了败仗，弃军逃跑，后军李虎、念贤等也跟着逃跑。西魏阵线已乱，宇文泰只好放火烧了营寨，留下长孙子彦镇守金墉城，自己带着元宝炬西归长安。在回撤的途中，宇文泰又攻下了恒农城。

双方经过五年的相持之后，东魏孝静帝武定元年（公元543年），再燃战火，这就是著名的邙山之战。战争的起因是东魏北豫州刺史高仲密之妻被高欢之子高澄调戏，高仲密怀恨在心，投降西魏。宇文泰率大军接应，包围了河桥南城。

东魏丞相高欢率领十万人马到达黄河北岸，宇文泰把部队撤到瀍水的上游，从那里放出火船要烧掉河桥；斛律金派行台郎中张亮用一百多只小船装载着长锁链，待火船将要到来，就用钉子钉住它，然后牵拉锁链拖到岸边，桥梁就这样得以保全。

高欢渡过黄河，占据了邙山布置军阵，连续几天没有进军。宇文泰把辎重留在瀍曲，夜里，指挥部队登上邙山，准备袭击高欢。瞭望敌情的骑兵向高欢报告说："贼兵距离这儿有四十多里，他们是清早吃了一顿干粮之后来的。"高欢说："他们一定会渴死的！"接着，他下令摆正阵势等待敌人的到来。黎明，宇文泰的部队与高欢的部队遭遇了。东魏的彭乐率领几千名骑兵作为右翼，冲击西魏部队的北边，冲到哪里，哪里就溃散，于是直驰入西魏的军营。有人报告说彭乐反叛了，高欢非常恼怒。没多久西北部尘土飞扬，彭乐的使者跑来报捷，说已经俘虏了西魏的将领四十八人。

高欢派彭乐追赶宇文泰，宇文泰的处境越来越危急，他对彭乐说："你不是彭乐吗？真是痴汉子，今天要是没有我了，明天哪里还会有你！你为什么不赶快回到营地，收取属于你的金银财宝！"彭乐听信了他的话后，拿了宇文泰遗留下来的一袋子金条返回，他对高欢说："宇文黑獭从我的刀刃下漏网，已经吓破胆了！"高欢虽然对彭乐取胜感到高兴，但同时也恼怒他没将宇文泰捉到手，就命令他趴到地上，自己亲手揪往他的头髻，连连往下磕，并且数落他在沙苑战役中失败的事。高欢越说火气越大,直气得咬牙切齿,三次举起刀子要向他劈去。彭乐告饶道:"求您拨给我五千名骑兵,我再去为大王您捉宇文泰。"高欢说道:"你放掉他是出于什么目的,怎么现在又对我说要再去捉?"接着,他叫人拿来三千匹绢压到彭乐的背上,就算是奖给他的。

　　第二天,双方又一次交战,宇文泰率领部队居于中间,中山公赵贵指挥左翼部队,领军若于惠等人指挥右翼部队。中间部队与右翼部队联合攻击东魏的部队,狠狠打击了对方,俘虏了东魏所有的步兵。战斗中高欢失去了坐骑,赫连阳顺跳下马让高欢骑,高欢跨上马就跑,身后跟随的步兵、骑兵只有七个人,眼看追兵赶到了,高欢的亲信都督尉兴庆对高欢说:"王爷您快跑,我的腰间还挂着一百枝箭,足可以杀死一百个人。"高欢说道:"如果我能摆脱这次劫难,我就任命你为怀州刺史,要是你不幸战死,我就把这个职位给你的儿子。"尉兴庆回答说:"我的儿子年龄还小,您就任用我的兄长吧。"高欢表示同意。尉兴庆上前抵抗,身上的箭用尽后被追兵杀死。

　　东魏的将士有逃跑到西魏部队里去的,他们说出了高欢所在的地方,宇文泰招募了三千名勇敢的壮士,让他们手持短兵器,由大都督贺拔胜率领着攻打高欢。贺拔胜在队伍中间认出了高欢,就抓起长矛与十三名骑兵一道追赶上去,追了几里路后,长矛的尖头都快要触及到高欢的身体,就喊着高欢的鲜卑名字说:"贺六浑,我一定要杀掉你!"高欢吓得几乎背过气去。河州刺史刘洪徽抓起弓箭向贺拔胜射去,射中了他的两名骑兵,武卫将军段韶射死了他的马。等到贺拔胜的备用马赶到,高欢已经逃跑了。贺拔胜叹息道:"今天我没有带弓箭,这是天意呀!"

事隔三年,东魏武定四年(公元546年)又爆发了玉壁之战。这年十月,高欢再次率十万大军围攻西魏的玉壁(今山西稷县西),要拔除西魏在汾水下游的重要据点,高欢昼夜不息地组织攻城,在城南筑起土山,又挖了十条地道。西魏守将韦孝宽坚守不出,并筑起了比土山还高的楼台,居高临下,以防爬城。韦孝宽又挖了长堑,切断东魏的地道,在堑外堆积柴火,在地道里放火,使东魏兵不敢从地道进攻。高欢用攻城车撞城,韦孝宽就用布做成幔子,攻城车驶向何方,布幔就随之张开,风鼓布幔,使攻城车失去效用。高欢命士兵手执竹竿,上缚松麻,灌油加火,一边焚布,一边烧楼。韦孝宽用长钩钩竿,钩上有刃,等火竿快要到时,用长钩远远地切断,竿上的松麻便都坠落。高欢再挖二十条地道,在地道中用木柱支撑地上的城墙,然后放火烧掉木柱,于是,城墙崩塌。韦孝宽在崩塌的地方竖起木栅栏起来保卫城池。高欢军仍不得入,苦攻了五十多天,士卒战死及病亡者约计七万人,尸首埋成一座小山。高欢"智力皆困,因而发疾",只好解围而去。西魏获得了保卫战的胜利。

回到晋阳不久,高欢病势加剧,于下一年的正月去世了。十年后,公元556年,宇文泰也去世了。高欢和宇文泰这对宿世敌手的较量终于结束了。

诗词拓展:

咏史下·高欢

[宋]陈 普

段韶谷刹千金铸,彭乐丁公七宝装。

虎子得来成底事,何如抱犊卧云岗。

瞎子祖珽

北齐著作郎祖珽，有文才，多技艺，但是不拘小节，品行不好。他曾经是神武帝的中外府功曹。一次宴会时，主人丢失了金酒杯，结果在祖珽的发髻中找到；后来，他又因为诈骗盗窃三千石官粟的罪行，曾被鞭打二百下，发配去甲坊服役。

文宣帝时，祖珽任秘书丞，北齐真正的创始人东魏大丞相高欢看到他所作的《清德颂》，非常喜欢，就召见他，并亲口给他说了三十六件事，祖珽全部记住了并写了出来，准确无误，高欢更加欣赏他了。又发现他有其他贪赃行为，而且偷走《华林遍略》一书，本来应该被绞死，后来改判为革职为民。文宣帝虽然厌恶他常常犯法，但是喜欢他的文才和技艺，所以仍叫他在中书省任职。

祖珽为人极其善于钻营，他长于以胡桃油作画，又擅阴阳占卜。北齐武成帝高湛早年被封为长广王时，祖珽做了胡桃油献给他，还借机说："殿下有非同寻常的骨相。我还梦见殿下乘龙上天。"长广王说："如果真是这样，当然会使您老兄大富大贵。"等到长广王即位做了皇帝，提拔他为中书侍郎，升迁为散骑常侍。他同和士开一起作恶，巴结奉承武成帝。

祖珽私下对和士开说："皇上对我们的宠幸，自古以来无法可比。皇上一旦驾崩，我们怎么保证善终呢？"和士开便向他问计。祖珽说："应当向皇上劝说'文襄、文宣、孝昭等皇上的太子，都没能成为皇上，现在应当令皇太子早登皇位，确定君臣之分。'如果事情成功，皇后、皇太子一定会感激您，这才是万全之计。请您稍稍劝说皇上使他有所领会，我会从外面向皇上上表说这件事。"和士开便答应了。

齐后主天统元年（公元565年），正巧天上出现彗星。太史奏报说："彗星，是除旧更新的迹象，应当有皇帝传位的事发生。"祖珽于是向武成帝上书说："陛下虽是天子，但还不是极贵，应该传位给皇太子，以顺应天道。"还说了北魏献文帝传位给儿子的旧事。武成帝听从了他的意见。

武成帝派太宰段韶手持符节捧着皇帝的玉玺和绶带，传位给太子高纬。太子在晋阳宫即皇帝位，大赦全国，改年号为天统。又下诏封太子的妃子斛律氏为皇后。于是公侯们进奉武成帝以太上皇帝的尊号，军国大事都向他报告。黄门侍郎冯子琮、尚书左丞胡长粲辅导年轻的君主，在宫中出入，专门职掌奏章一类的事。祖珽被授职秘书监，加仪同三司，大受宠信，被太上皇和皇帝所看重。

齐武成帝高湛当长广王时，屡次被文宣帝用鞭子责打，心中常常愤恨。文宣帝每次见到祖珽，常常称他为贼，所以祖珽也怨恨他；因为要讨好武成帝，便对他说："文宣帝性情粗暴，怎么能称'文'？又没有开创基业，怎么能称'祖'？如果文宣帝是祖，陛下万岁以后又怎样称呼？"武成帝接受了，改文宣帝的谥号为太祖献武皇帝，庙号高祖，献明皇后改称武明皇后。下令有关部门重新商议文宣帝的谥号。

北齐河间王高孝琬怨恨执政大臣，扎了草人当靶子用箭射它。和士开、祖珽向太上皇帝进谗言说："草人是模拟圣上的。再有，以前突厥到了并州，高孝琬脱下头盔扔在地上，说'我难道是老太婆，要用这种东西！'这也是针对圣上的。此外，北魏时有民谣说'河南种谷河北生，白杨树上金鸡鸣。'黄河的南、北，就是河间一带。高孝琬将要像皇帝那样设置金鸡，大赦天下。"太上皇武成帝渐渐开始怀疑高孝琬。

祖珽越来越受宠，他开始想着做宰相了。他一直以来和黄门侍郎刘逖关系很好，便上疏陈述赵彦深、元文遥、和士开的罪状，叫刘逖向太上皇奏报，刘逖不敢启奏；赵彦深等人听到后，自己先到太上皇那里申述情况。太上皇勃然大怒，把祖珽抓来，亲自审问，他问祖珽："你为什么要诽谤和士开？"祖珽高声答说："臣是由士开引荐得以高升的，本来无心毁之。陛下如今既然问我，我就不敢不以实话告诉您。士开、文遥、彦深等专弄威权，控制朝廷，与吏部尚书尉瑾内外勾结，共为表里，卖官鬻爵，收受贿赂，天下皆知。陛下您觉得没什么，可是我害怕大齐功业毁于一旦呀！"

太上皇说："你这是在诽谤我！"祖珽说："臣不敢诽谤，但陛下却掠夺民间女子。"太上皇说："我是因为她们遭受灾荒饥馑，所以才收养她们。"祖珽说："那为什么不开粮仓赈济，反把她们买到后宫？"太上皇更加恼怒，用刀把的铁环凿他的嘴，用鞭子棍子乱打，要把他打死。祖珽大叫说："陛下不要杀臣，臣能给陛下炼金丹。"太上皇这才稍为缓和。

不久祖珽又说："陛下有一个像范增那样的人却不能用他。"太上皇又大怒说："你把自己比作范增，把我比作项羽吗？"祖珽说："项羽出身布衣，率领乌合之众，用五年时间而成就霸业。陛下靠了父兄的基业，才有今天，臣以为不能轻视项羽。"太上皇愈加震怒，叫人用土塞在他嘴里。祖珽边吐边说，被鞭打二百，发配甲坊做工，不久又把他贬逐到光州，命令他做"牢掌"。别驾张奉福说："牢，就是地牢。"

便把他囚在地牢里，戴上手铐脚镣晚上点燃蔓菁子油代替蜡烛，祖珽眼睛被烟火所熏，从此失明。

北齐后主想念祖珽，太上皇高湛死后，就把他从流放的囚徒中升职为海州刺史。

祖珽给陆令萱的弟弟仪同三司陆悉达去信说："赵彦深城府很深，想仿效伊尹、霍光那样行事，你们姊弟怎么能够平安，为什么不早用有才智的人！"和士开也因为祖珽有胆略，想拉拢他当主要谋士，于是抛弃了以前的怨恨，虚心对待，和陆令萱一起对后主说："文襄、文宣、孝昭三位皇帝的儿子，都没能继承皇位。现在唯独陛下在帝位，是祖珽出的力。人如果有功劳，不能不予以报答。祖珽的心胸虽然狭窄，但有超出常人的奇谋策略，遇到事情紧急时能够发挥作用。而且他已经是个瞎子，一定不会有反心，请把他叫回来，听取他的计谋策略。"北齐后主采纳了和士开的意见，召回祖珽，任命他为秘书监，加开府仪同三司。

和士开向后主进谗言，说尚书令陇东王胡长仁骄横放肆。后主相信了，将胡长仁贬为齐州刺史。胡长仁对和士开怨恨愤慨，打算派刺客杀死他。事情泄露，和士开和祖珽商量，祖珽以汉文帝诛杀薄昭的事情为例，于是派使者去齐州把胡长仁赐死。

祖珽劝陆令萱，叫她把赵彦深调出朝廷做兖州刺史。北齐后主任命祖珽为侍中。不久，齐后主任命尚书左仆射唐邕为尚书令，侍中祖珽为左仆射。

当初，胡太后被幽禁在北宫，祖珽打算以陆令萱为太后，向陆令萱讲述魏朝保太后的往事，并对别人说："陆令萱虽然是个妇人，其实是个豪杰，自从女娲以来，还没有这样的人。"陆令萱也称祖珽为"国师"、"国宝"，因而被任命为仆射。

公元572年，祖珽又开始掌权了。左丞相咸阳王斛律光很厌恶他，远远地见到祖珽，总是骂道："使国家多事、贪得无厌的小人，想搞什么样的诡计！"又曾对部下的将领们说："军事兵马的处理，尚书令赵彦深还常常和我们一起商量讨论。这个瞎子掌管机密以来，完全不和我们说，使人担心会误了国家的大事。"斛律光曾在朝堂上坐在帘子后面，祖珽不知道，骑马经过他的面前，斛律光大怒说："这个小人竟敢这样！"后来祖珽在门下省，说话声调既高又慢，正巧斛律光经过那里，听到祖珽说话的腔调，又大怒。祖珽发觉后，私下贿赂斛律光的随从奴仆询问原因，奴仆说："自从您当权以来，相王每天夜里手抱双膝叹气说'瞎子入朝，国家必毁。'"

穆提婆请求娶斛律光的妾所生的女儿做妻子，没有得到允许。齐王赐给穆提婆晋阳地方的田地，斛律光在朝上说："这些田地，从神武帝以来一直种谷物，饲养几千匹马，打算对付入寇的外敌。现在赏赐给穆提婆，恐怕会影响国家的军务吧!"从此祖珽、穆提婆都怨恨他。

斛律后得不到皇帝的宠爱,祖珽趁机离间他们的关系。斛律光的弟弟斛律羡是都督、幽州刺史、行台尚书令,也善于治军,兵士马匹都很精干强壮,负责守卫的要塞堡垒规范整齐,突厥人很怕他,称他为"南可汗"。斛律光的长子斛律武都是开府仪同三司,梁、兖二州的刺史。

斛律光虽然贵极人臣,但生性节俭,不喜欢声色,很少接待宾客,拒绝接受馈赠,不贪图权势。每逢朝廷集会议事,常常在最后发言,说的话总是符合情理;遇有上表或奏疏,叫人拿了笔,由自己口述,替他写下来,务必简短真实;用兵时仿照他父亲斛律金的办法,军队的营房没有落实,自己不进帐幕;或者整天不坐,身上不脱铠甲,打仗时身先士卒。士兵犯了罪,只用大棒敲打脊背,从不随意杀人,所以部下争相为他效命。斛律光自从年轻时参加军队,没有打过败仗,深为敌方害怕。

北周的勋州刺史韦孝宽私下制造谣言说:"百升飞上天,明月(斛律光,字明月)照长安。"又造谣言说:"高山不推自崩,槲木不扶自举。"派间谍把谣言传到邺城,叫邺城的小孩在路上歌唱。祖珽听了大喜,在后面加了一句:"盲老公背受大斧,饶舌老母不得语。"叫妻兄郑道盖向后主奏报。后主就此问祖珽,祖珽和陆令萱都说:"确实听说有这件事。"祖珽还解释说:"百升,就是斛。盲老公,是指我,和国家同忧愁。饶舌老母,似乎指女侍中陆令萱。况且斛律氏几代都是大将,斛律光字明月,声震关西,斛律羡字丰乐,威行突厥,斛律家的女儿是皇后,儿子娶公主,谣言令人可畏。"后主又问韩长鸾,韩长鸾以为不可能,这件事才结束。

祖珽又去见后主,请求后主屏退左右,当时只有何洪珍在旁边,后主说:"以前接到你的启奏,就准备执行,韩长鸾认为没有这种道理。"祖珽还没有回答,何洪珍向后主进言说:"如果本来没有这种意思就算了;既然有这种意思而不决定执行,万一泄露出去,怎么办?"后主说:"何洪珍的话说得对。"但是还没有决定。

恰逢丞相府佐封士让密奏说:"斛律光以前西征回来,皇上下诏命令将军队解散,斛律光却指挥军队进逼都城,准备进行违反法纪的活动,事情没有成功而停止了。家里私藏弓弩和铠甲、僮仆奴婢数以千计,常常派使者去斛律羡、斛律武都的住所,阴谋往来。如果不趁早谋划,恐怕事情不可预测。"

后主便相信了,对何洪珍说:"人心也太灵验,我以前怀疑他要造反,果真如此。"后主性格懦弱胆小,只恐马上有变,叫何洪珍迅速把祖珽召来,告诉他说:"我要召斛律光来,恐怕他不肯服从命令。"祖珽建议说:"派使者赐给他骏马,告诉他:'明天将去东山游玩,相王可以骑这匹马和我一同前往。'斛律光一定会来向陛下道谢，趁此机会把他抓起来。"后主就照祖珽所说的那样去做了，真的将斛律光杀害了。

祖珽派二千石郎邢祖信对斛律光的家产登记造册。祖珽在尚书都省问起所查到的东西，邢祖信说："得到十五张弓，聚宴习射时用的箭一百支，七把刀，朝廷赏赐的长矛两杆。"祖珽厉声说："还得到什么东西？"邢祖信回答说："得到二十捆枣木棍，准备当奴仆和别人斗殴时，不问是非曲直，先打奴仆一百下。"祖珽大为惭愧，便低声说："朝廷已经对他处以重刑，郎中不宜为他昭雪！"邢祖信离开尚书都省，有人责怪他过于坦率耿直，他感慨说："贤良的宰相尚且被杀，我何必顾惜自己的余生！"

祖珽铲除障碍，和侍中高元海共同执掌北齐的朝政。高元海的妻子，是陆令萱的外甥女。高元海屡次把陆令萱的秘密话告诉祖珽。不久，祖珽要求做领军，北齐后主答允了，高元海秘密向后主说："祖珽是汉人，双目失明，怎么能做领军！"并且说祖珽和广宁王高孝珩有勾结，因此没有任命。祖珽求见后主，为自己辩白，说："臣和高元海素来有怨仇，一定是高元海诽谤臣。"后主脸皮薄，不能回避，只得把实话告诉他，祖珽于是说高元海和司农卿尹子华等人结成朋党。又把高元海所泄露的秘密话告诉陆令萱，陆令萱大怒，把高元海贬为郑州刺史。尹子华等人都被罢官。

从此祖珽专权主管朝廷的枢要部门，总辖执掌北齐的骑兵、外兵军务，内外亲戚都得到显要的官职。后主常常叫亲近的太监搀扶祖珽出入，一直送到永巷，时常同后主在御榻上商量决定朝廷的政事，委任之重，是别的臣子所不能比拟的。

诗词拓展：

望　海

［北齐］祖　珽

登高临巨壑，不知千万里。
云岛相接连，风潮无极已。
时看远鸿度，乍见惊鸥起。
无待送将归，自然伤客子。

隋文帝灭陈

隋文帝开皇九年（公元589年），正月初一，陈后主朝会群臣百官时，大雾弥漫，吸入鼻孔，感到又辣又酸，陈后主昏睡过去，一直到下午申时左右才醒过来。

这一天，隋吴州总管贺若弼从广陵统帅军队渡过长江。起先，贺若弼卖掉军中老马，大量购买陈朝的船只，并把这些船只藏匿起来，然后又购买了五六十艘破旧船只，停泊在小河内。陈朝派人暗中窥探，认为中原没有船只。贺若弼又请求让沿江防守的兵士每当轮换交接的时候，都一定要聚集广陵，于是隋军大举旗帜，营幕遍野，陈朝以为是隋朝大军来到，急忙调集军队加强戒备，随后知道是隋朝士卒换防交接，就将已聚集的军队解散；后来陈朝对此习以为常，就不再加强戒备。贺若弼又时常派遣军队沿江打猎，人欢马叫。

所以贺若弼渡江时，陈朝守军竟没有发觉。庐州总管韩擒虎也率领将士五百人从横江浦夜渡采石，陈朝守军全都喝醉了酒，隋军轻而易举就攻下了采石。晋王杨广统帅大军驻扎在六合镇桃叶山。

正月初六，隋将贺若弼率军攻克京口，生俘陈朝南徐州刺史黄恪。贺若弼的军队纪律严明，秋毫不犯，有士卒在民间买酒的，贺若弼即令将他斩首。所俘获的陈朝军队六千余人，贺若弼全部予以释放，发给他们资粮，好言安慰，遣返回乡，并付给他们隋文帝敕书，让他们分道宣传散发。因此，隋军所到之处，陈朝军队望风溃败。

隋将贺若弼率军进据钟山，驻扎在白土冈的东面。晋王杨广派遣总管杜彦和韩擒虎合军，共计步骑两万人驻扎在新林。隋蕲州总管王世积统帅水军出九江，在蕲口击败陈将纪瑱，陈朝将士大为惊恐，向隋军投降的人接连不断。晋王杨广上表禀报军情，隋文帝非常高兴，宴请和赏赐百官群臣。

当时建康还有军队十余万人，但是陈后主生性怯懦软弱，又不懂军事，只是日夜哭泣，台城内的所有军情处置，全部委任给施文庆。施文庆知道将帅们都痛恨自己，唯恐他们建立功勋，于是向陈后主上奏说："这些将帅们平时总是不满，一向不甘心情愿服侍陛下，现在到了危机时刻，怎么可以完全信任他们呢？"因此这些将帅凡是有所启奏请求，绝大部分都未获批准。

在隋将贺若弼进攻京口时，陈朝都督萧摩诃曾经请求率军迎战，陈后主不许。等到贺若弼进至钟山，萧摩诃又上奏说："贺若弼孤军深入，立足未稳，如果乘机出兵袭击，可保必胜。"陈后主还是不许。陈后主召集萧摩诃、任忠在宫中内殿商议军事，任忠说："兵法上说来犯之军利在速战，守军利在坚持。现在国家兵足粮丰，应该固守台城，沿秦淮河建立栅栏，隋军虽然来攻，不要轻易出战；分兵截断长江水路，不要让隋军音信相通。陛下可给我精兵一万人，金翅战船三百艘，顺江而下，径直突袭六合镇；这样，隋朝大军一定会认为他们渡过江的将士已经被我们俘获，锐气自然就会受挫。此外，淮南土著居民与我以前就相熟，如今听说是我率军前往，必定会群起响应。我再扬言将要率军进攻徐州，断敌退路，这样，各路隋军就会不战自退。待到春季雨水既涨，上游周罗等军必定顺流而下赶来增援。这是一个很好的战略计策。"陈后主也不听从。

到了第二天，陈后主忽然说："与隋军长久相持不进行决战，令人心烦，可叫萧摩诃出兵攻打敌军。"任忠向陈后主跪地叩头，苦苦请求不要出战。忠武将军孔范又上奏说："请求与隋军进行决战，我军必胜，我将为陛下在燕然山刻石立碑纪念战功。"陈后主听从了孔范的意见，对萧摩诃说："你可为我率军与敌军一决胜负！"萧摩诃说："从来作战都是为了国家与自己，今日与敌决战，兼为妻儿家人。"于是陈后主拿出很多金钱财物，分配给诸军用作奖赏。正月二十日，陈后主命令鲁广达率军在白土冈摆开阵势，在各军的最南边，由南往北，依次是任忠、樊毅、孔范，萧摩诃的军队在最北边。陈朝军队所摆开的阵势南北长达二十里，首尾进退互不知晓。

隋将贺若弼率领轻骑登上钟山，望见陈朝众军已摆开阵势，于是驰骑下山，与所部七位总管杨牙、员明等将领率兵士共八千人，也摆好阵势准备迎战。因为陈后主私通萧摩诃的妻子，所以萧摩诃一开始就不想为陈后主打仗；只有鲁广达率领部下拼死力战，与贺若弼的军队旗鼓相当。隋军曾经四次被迫后退，贺若弼部下战死二百七十三人，后来贺若弼部队放烟火用来掩护隐蔽，才摆脱困境重新振作起来。陈朝兵士获得隋军人头，纷纷跑去献给陈后主以求得奖赏，贺若弼看到陈朝军队骄傲轻敌，不愿再苦战，于是再一次率军冲击孔范的军阵；孔范的兵士与隋军刚一交战即败走，陈朝诸军望见，骑兵、步卒也一起纷纷溃逃，互相践踏不可阻止，死了五千人。总管员明擒获了萧摩诃，把他送交贺若弼，贺若弼命令推出去斩首，萧摩诃神色自若，贺若弼于是给他松绑并以礼相待。

任忠驰马进入建康台城，谒见陈后主，叙说了失败经过，然后说："陛下好自为之，我是无能为力了！"陈后主交给他两串金子，让他再募兵出战，任忠说："陛下只有赶紧准备船只，前往上游会合周罗睺等人统领的大军，我当豁出性命护送陛下。"陈后主相信了任忠，敕令他出外布置安排，又下令后宫宫女收拾行装，等待任忠，久等不至，觉得奇怪。原来当时韩擒虎率军从新林向台城进发，任忠已经率领部下数骑到石子冈去投降。

当时陈朝领军将军蔡徵率军守卫朱雀门，听说韩擒虎将到，部队惊惧，望风溃逃。任忠带领韩擒虎的军队径直进入朱雀门，还有一些陈军将士想进行抵抗，任忠对他们挥挥手说："我都投降了隋军，你们还抵抗什么！"于是陈军全都逃散。此时，台城内文武大臣全都逃跑，只有尚书仆射袁宪在殿内，尚书令江总等数人在尚书省府中。陈后主对袁宪感叹说："我对待你从来不比别人好，今日只有你还留在我的身边，我感到很惭愧。这不只是朕失德无道所致，也是江东士大夫的气节全都丧失净尽了。"

陈后主惊慌失措，想要躲藏，袁宪严肃地说道："隋军进入皇宫后，必不会对陛下有所侵侮。事已至此，陛下还能躲到什么地方去？我请求陛下把衣服冠冕穿戴整齐，端坐正殿，依照当年梁武帝见侯景的做法。"陈后主没有听从，下了坐床飞奔而去，并说："兵刃之下，不能拿性命去贸然抵挡，我自有办法！"于是跟着十余个宫人逃出后堂景阳殿，要躲到井中，袁宪苦苦哀求，陈后主不听。后阁舍人夏侯公韵用自己的身子遮挡住井口，陈后主极力相争，争了很长时

间才得以躲进井里。

不久，有隋军兵士向井里窥视，并大声喊叫，井下无人回答，士兵扬言要落井下石，方才听到井下有人呼唤，于是抛下绳索往上拉人，感到非常沉重，十分吃惊，直到把人拉了上来，看见是陈后主与张贵妃、孔贵嫔三人同绳而上。与之相反沈皇后仍像平常一样，毫不惊慌。皇太子陈深当时年方十五岁，关上门，安然端坐，太子舍人孔伯鱼在一旁侍奉，隋军兵士推门而入，陈深端坐不动，好言慰劳说："你们一路上鞍马劳顿，还不至于过于疲劳吧？"隋军兵士都纷纷向他致敬。当时陈朝宗室王侯在建康城中有一百余人，陈后主恐怕他们发动政变，就把他们全都召进宫里，命令他们都聚集在朝堂，派遣豫章王陈叔英监督他们，并暗中严加戒备。到台城失守以后，他们都相继出降。

隋将贺若弼率军乘胜进至乐游苑，陈朝都督鲁广达仍督率残兵败将苦战不止，共杀死俘虏隋军数百人，赶上天色近晚，鲁广达方才放下武器，面向台城拜了三拜，忍不住失声痛哭，对部下说："我没有能够拯救国家，负罪深重！"部下兵士也都痛哭流涕，被隋军俘获。台城的宫门卫士都四散逃走，贺若弼率军在夜间焚烧北掖门而进入皇宫，得知韩擒虎已抓住了陈后主，就把他叫来亲自察看，陈后主非常害怕，汗流浃背，浑身战栗，向贺若弼跪拜叩头。贺若弼对他说："小国的君主见了大国的公卿大臣，按照礼节应该跪拜。阁下到了隋朝仍不失封归命侯，所以不必恐惧。"不久，贺若弼因耻于功在韩擒虎之后，与韩擒虎发生争吵詈骂，随后怒气冲冲地拔刀而出，想令陈朝前吏部尚书蔡徵为陈叔宝起草降书，又下令陈后主乘坐骡车归附自己，但没有实现。于是贺若弼将陈后主置于德教殿内，派兵守卫。

晋王杨广进入建康，认为陈朝中书舍人施文庆接受委命，却不忠心国事，反而谄媚为奸，以蒙蔽天子耳目；前中书舍人沈客卿重赋厚敛，盘剥百姓，以博取天子的欢心；与太市令阳慧朗、刑法监徐析、尚书都令史暨慧景等人都是祸国害民的奸臣，一并斩于石阙下，以谢三吴地区百姓。杨广又让高颎和元帅府记室参军裴矩一道收缴南陈地图和户籍，封存国家府库，金银财物一无所取，因此，天下都称颂杨广，认为他贤明。

晋王杨广下令班师还朝，留下元帅府司马王韶镇守石头城，委托他处理后事。三月初六，陈叔宝和他的王公百官大臣从建康起程去长安，大人小孩陆续上路，连绵不断达五百里。隋文帝下令暂时调拨长安士民房舍作为降人住处，将院舍内外都修整一新，并派人负责迎接慰问；陈朝降人来到后有宾至如归之感。

夏季，四月十八日，隋文帝驾幸骊山，亲自慰劳凯旋的将士。南征各军奏唱凯歌进入长安，先到太庙举行献俘仪式，将陈叔宝和陈朝王侯将相以及他们的车子、服装和陈朝的天文图籍等依次摆开，排成行列，并由带铁甲的骑兵围住，跟着晋王杨广、秦王杨俊入宫，排列在殿庭中。

隋文帝任命杨广为太尉，赐给他辂车、马匹、皇帝穿的衮服和冠冕以及象征拥有特殊权力和地位的珍宝玄圭、白璧等。

隋文帝坐在广阳门观阙上，传令带上陈叔宝和陈朝太子、宗室诸王共二十八人，以及陈朝百官大臣自司空、司马以下至尚书郎共二百余人，文帝先让纳言宣读诏书对他们加以安抚慰问；接着又让内史令宣读诏书，责备他们君臣不能同心同德，以至于国家灭亡。陈叔宝与他的百官群臣都惶愧恐惧、伏在地上，屏息静听，无言以对。随后文帝赦免了他们。

诗词拓展：

宴秦孝王于并州作

隋文帝　杨　坚

红颜讵几，玉貌须臾。
一朝花落，白发难除。
明年后岁，谁有谁无。

隋炀帝的扬州情结

开皇八年（公元 588 年）冬天，隋朝兴兵平南朝的陈，年仅二十岁的杨广是领衔的统帅，真正在前线作战的是贺若弼和韩擒虎等名将。消灭陈国后，杨广进驻建康，杀掉了陈叔宝的奸佞之臣及宠妃张丽华，封存府库，将陈叔宝及其皇后等人带返隋京。班师回朝后，杨广被晋封为太尉。

此后，杨广屡立战功。隋文帝开皇十年（公元 590 年），他奉命赴江南任扬州总管，与杨素一起平定江南高智慧的叛乱，杨素后封越国公；开皇二十年（公元 600 年），他率军北上击破突厥。仁寿四年（公元 604 年）七月，杨广继位，为隋炀帝。

隋炀帝大业元年（公元 605 年）二月，炀帝命令有关部门官员大规模地陈列金宝、器物、锦彩、车马，让人领着杨素和各位讨伐汉王杨谅有功的将领站在前面，命令奇章公牛弘宣读诏书，称赞讨伐杨谅的功劳，炀帝对他们分别进行赏赐。杨素等人再三拜谢而去。

三月，隋炀帝下诏派杨素和纳言杨达、将作大匠宇文恺营建东都，历时十个月，每个月役使壮丁二百万人，迁徙洛州城内的居民和各州的富商大贾几万户充实东都。废弃二崤道，开辟菱册道。东都在旧洛阳城之西，规模宏大，周长五十余里，分为宫城、皇城、外郭城等三部分。宫城是宫殿所在地，皇城是官衙所在地，外郭城是官吏私宅和百姓居处所在地。

一天，炀帝下诏说："听取采集百姓的意见，向百姓咨询治国的建议，这样才能够考查到治理国家的得失。我将要巡视淮海一带，考察民情风俗。"

接着炀帝又命令宇文恺和内史舍人封德彝等人营建显仁宫，显仁宫南边连接皂涧，北边跨越洛水，征调大江以南五岭以北的奇材异石，输送到洛阳；又搜求海内的嘉木异草，珍禽奇兽，用以充实皇家园林。令尚书右丞皇甫议征发河南、淮北各郡的百姓前后一百余万人，开辟通济渠。从西苑引谷水、洛水到黄河，又从板渚引黄河水经过荥泽进入汴水，从大梁以东引汴水进入泗水到淮河。又征发淮南的百姓十余万人开凿邗沟，从山阳到杨子进入长江。通济渠宽四十步，两旁都筑有御道，栽种柳树。从长安到江都设置离宫四十余所。派遣黄门侍郎王弘等人到江南建造龙舟和各种船只几万艘。东都洛阳的官吏监督工程严酷急迫，服役的壮丁死去十之四五。有关部门用车装着死去的役丁，东到城皋，北至河阳，载尸之车连绵不断。炀帝又在东都建造天经宫，每年四季祭祀文帝。

五月，隋炀帝营建西苑，方圆二百里，苑内有人工湖，周长十余里。海内建造蓬莱、方丈、瀛洲诸座神山，山高出水面百余尺，台观殿阁，星罗棋布地分布在山上，无论从哪方面看都如若仙境。苑北面有龙鳞渠，曲折蜿蜒地流入湖内。沿着龙鳞渠建造了十六院，院门临渠，每院以一名四品夫人主持，院内的堂殿楼观，极端华丽。秋冬时节，宫内树木枝叶凋落后，就剪彩绸为花和叶缀在枝条上，颜色旧了就换上新的，使景色常如阳春。池内也剪彩绸做成荷、芰、菱、芡。炀帝来游玩，就去掉池冰布置上彩绸做成阳春美景。十六院竞相用精美食品一比高低，以求得到炀帝的恩宠。炀帝喜欢在月夜带领几千名宫女骑马在西苑游玩，他作《清夜游曲》，在马上演奏。

他又下令开凿大运河，大运河以洛阳为中心，分为三大段。中段包括通济渠与邗沟。通济渠北起洛阳，东南入淮水。邗沟北起淮水南岸之山阳（今江苏淮安），南达江都（今扬州）入长江。南段名江南河，北起长江南岸之京口（今镇江），南通余杭（今浙江杭州）。北段名永济渠，南起洛阳，北通涿郡（今北京城西南）。大运河分段开凿，前后历时五年，全长两千余公里。

运河开凿完毕后，他命人造龙舟等各种船数万艘。龙舟上有四重建筑，高四十五尺，长二百尺。龙舟最上层是正殿、内殿、东西朝堂；中间两层有一百二十个房间，都用金玉装饰；下层是宫内侍臣住的地方。皇后萧氏乘坐的翔螭舟规制比炀帝乘坐的龙舟要小一些，但装饰没什么不同。另有浮景船九艘，船上建筑有三重，都是水上宫殿。还有漾彩、朱鸟、苍螭、白虎、玄武、飞羽、青凫、陵波、五楼、道场、玄坛、板艞、黄篾等几千艘船，供后宫、诸王、公主、百官、僧尼、道士、蕃客乘坐，并装载朝廷内外各机构部门进献的物品。这些船共用挽船的民夫八万余人，其中挽漾彩级以上的有九千余人，称为殿脚，都身穿锦彩制作的袍服。又有平乘、青龙、艨艟、艚艟、八棹、艇舸等几千艘船供十二卫士兵乘坐，并装载兵器帐幕，由士兵自挽，不分配民夫。

一切准备完毕，八月十五，中秋节的那天，炀帝决定去江都游玩了。他从显仁宫出发，王弘派龙舟来迎接。炀帝乘坐小朱航，从漕渠出洛口，乘坐龙舟。舟船首尾相接二百余里，灯火照耀江河陆地，骑兵在两岸护卫行进，旌旗蔽野。队伍所经过的州县，五百里内都命令进献食物。多的一州要献食百车，极尽水陆珍奇；后宫都吃腻了，将出发时，就把食物扔掉埋起来。

隋炀帝大业二年（公元606年）二月，炀帝下诏命吏部尚书牛弘等人议定皇帝的车驾服饰、仪仗制度。任命开府仪同三司何稠为太府少卿，让他负责督办，送往江都。何稠聪慧精巧，博览群书，参酌古今制度，作了不少增减。他在天子礼服上画日月星辰，用漆纱制成皮帽。何稠又制做三万六千人的黄麾仪仗，以及辂辇、车舆和皇后的仪仗，文武百官的礼服，都务求华丽壮观以使炀帝满意。又向各州县征收羽毛，百姓为了搜捕鸟兽，水上陆地都置满了捕鸟兽的罗网，可用作羽毛装饰的鸟兽几乎被捕尽杀绝。乌程有棵很高的树超过百尺，树周没有可以攀附的枝条，树上有鹤巢，有人要捉鹤，但爬不上树，就砍伐树根。鹤怕它的后代被杀，就自己把羽毛拔下来扔在地上。当时有人称之为吉祥的征兆，说："天子制羽仪，鸟兽自动献羽毛。"服役的工匠有十万余人，用的金银钱帛不计其数。炀帝每次出行，羽仪仪仗队伍把街巷都填满了，连绵二十余里。

隋炀帝大业七年（公元611年）二月十九日，炀帝从江都巡游到涿郡，乘坐龙舟，渡过黄河进入永济渠。仍下敕命，令选部、门下、内史、御史四个部门的官员在船前接受挑选，被挑选的有三千余人，有的人徒步随船行走了三千余里，没有得到安置，这些人冻饿疲顿，因而致死的有十之一二。

江都新制造的龙舟完工，送到东都。宇文述劝炀帝巡游江都，右候卫大将军酒泉人赵才劝阻说："如今百姓疲惫劳苦，国库空竭，盗贼蜂起，禁令不行，希望陛下返回京师，安抚天下百姓。"炀帝勃然大怒，把赵才交司吏处治，过了十天，炀帝才平息了怒气，将赵才放出。

朝中的大臣都不想让炀帝出行，但炀帝去江都之意非常坚决，没有敢于进谏的人。建节尉任宗上书极力劝谏，当天就在朝堂上被杖毙。

随后，隋炀帝又一次驾临江都，他命令越王杨侗与光禄大夫段达、太府卿元文都、检校民部尚书韦津、右武卫将军皇甫无逸、右司郎卢楚等人共同负责留守东都之事。炀帝以诗向宫人留别："我梦江都好，征辽亦偶然。"奉信郎崔民象以盗贼充斥全国为由，在建国门上表劝阻江都之行，炀帝勃然大怒，先摘掉崔民象的下巴，然后将他处死。

隋炀帝大业十二年（公元616年）炀帝又来到江都，凡江、淮各郡官员谒见的，炀帝专问进献礼品的多少。礼多则越级升迁郡丞、县守，礼少的则随意地黜免官职。江都郡丞王世充进献铜镜屏风，升为通守；历阳郡丞赵元楷进献珍奇美味，升为江都郡丞。因此郡县官吏竞相对百姓肆意盘剥，以充实进献之物。百姓外受盗贼的抢掠，内受郡县官吏的逼迫，生计无着，加上饥馑无食，百姓开始采剥树皮、树叶充饥，有的人将稻草秆捣成碎末为食，有的煮土吃，各种能吃的东西都吃光了，就互相吃人。而官府仓库中的粮食还是充裕如初，官吏们畏惧刑法，不敢取粮救济饥民。王世充还秘密为炀帝挑选江淮民间的美女来进献，因此更加得到炀帝的宠信。

隋炀帝到江都后，更加荒淫，宫中一百多间房，每间摆设都极尽豪华，内住美女，每天以一房的美女做主人。江都郡丞赵元楷负责供应美酒饮食，炀帝与萧后以及宠幸的美女吃遍了宴会，酒杯不离口，随从的一千多美女也经常喝醉。不过炀帝看到天下大乱，心情也忧虑不安，下朝后常头戴幅巾，身穿短衣，拄杖散步，走遍行宫的楼台馆舍，不到晚上不止步，不停地观赏四周景色，唯恐没有看够。

炀帝还曾拿着镜子照着，回头对萧后说："好一个头颅，该由谁斩下来？"萧后惊异地问他为什么这样说，炀帝笑着说："贵贱苦乐循环更替，又有什么好伤感的？"

唐高祖武德元年（公元 618 年）三月，炀帝见中原已乱，不想回北方，打算把国都迁到丹阳，保守江东，下令群臣在朝堂上议论迁都之事，内史侍郎虞世基等人都认为不错；右候卫大将军李才极力说明不可取，请炀帝御驾回长安，并与虞世基愤然争论而下殿。门下录事衡水人李桐客说："江东地势低洼，气候潮湿，环境恶劣，地域狭小，对内要奉养朝廷，对外要供奉三军，百姓承受不起，恐怕最终要起来造反。"御史弹劾李桐客诽谤朝政，于是公卿都曲意阿奉炀帝之意说:"江东百姓渴望陛下临幸已经很久了,陛下过江抚慰统治百姓,这是大禹那样的作为。"于是炀帝下令修建丹阳宫,准备迁都丹阳。

当时江都的粮食吃完了,隋炀帝南来的士兵大多是关中人,长期在外,思恋故乡,见炀帝没有回长安的意思,大都策划逃回故乡。郎将窦贤便带领部下西逃。炀帝派骑兵追赶,杀了他,但仍然不断有人逃跑,令炀帝很头痛。

虎贲郎将司马德戡与另一虎贲郎将元礼、直阁裴虔通商量,说:"现在骁果军人人想逃跑,我想说,又怕说早了被杀头;不说,事情真发生了,也逃不了族灭,怎么办?又听说关内沦陷,李孝常以华阴反叛,皇上囚禁了他的两个弟弟,准备杀掉,我们这些人的家属都在西边,能不担心这事吗?"元、裴二人都慌了,问:"既然如此,有什么好办法吗?"司马德戡说:"如果骁果军逃亡,我们不如和他们一齐跑。"元、裴二人都说:"好主意!"

于是他们相互联络,内史舍人元敏、虎牙郎将赵行枢、鹰扬郎将孟秉、符玺郎牛方裕、直长许弘仁、薛世良、城门郎唐奉义、医正张恺、勋侍杨士览等人都参与同谋,日夜联系,在大庭广众之下公开商议逃跑的事,毫无顾忌。

大家定于三月月圆之夜结伴西逃,宇文智及说:"皇上虽然无道,可是威令还在,你们逃跑,和窦贤一样是找死,现在实在是老天爷要隋灭亡,英雄并起,同样心思想反叛的已有数万人，乘此机会起大事，正是帝王之业。"

三月初十，司马德戡召集全体骁果军吏，宣布了计划，军吏们都说："就听将军的吩咐！"当天，大风刮得天昏地暗，元礼、裴虔通在值班，专门负责大殿内；唐奉义负责关闭城门，唐奉义与裴虔通等商量好，各门都不上锁。到三更时分，他们点起火与城外相呼应。炀帝看到火光，又听到宫外面的喧嚣声，询问发生了什么事。裴虔通回答："草坊失火，外面的人在一起救火呢。"当时宫城内外相隔绝，炀帝相信了。

第二天，天还没亮，裴虔通和元礼进兵推撞左门，魏氏打开门，乱兵进了永巷，问："陛下在哪里？"有位美人出来指出了炀帝的住处。校尉令狐行达拔刀冲上去，炀帝躲在窗后对令狐行达说："你想杀我吗？"令狐行达回答："臣不敢，不过是想奉陛下西还长安罢了。"说完扶炀帝出来。裴虔通本来是炀帝作晋王时的亲信，炀帝见到他，对他说："你不是我的旧部吗！有什么仇要谋反？"裴虔通回答："臣不敢谋反，但是将士想回家，我不过是想奉陛下回京师罢了。"炀帝说："朕正打算回去，只为长江上游的运米船未到，现在和你们回去吧！"裴虔通于是领兵守住炀帝。

有些人想要杀了隋炀帝，隋炀帝说："天子自有天子的死法，怎么能对天子动刀，取鸩酒来！"马文举等人不答应，让令狐行达按着炀帝坐下。炀帝自己解下练巾交给令狐行达，令狐行达绞死了炀帝。

这个雄心勃勃的帝王，死后连个像样的棺材也没有用上，由萧后和宫人拆床板做了一个小棺材，默默地葬在江都宫西院的流珠堂下。

诗词拓展：

隋门·炀帝
［唐］周　昙

拒谏劳兵作祸基，穷奢极武向戎夷。
兆人疲弊不堪命，天下嗷嗷新主资。

李渊起兵

　　李渊，是隋文帝杨坚的独孤皇后的外甥。突厥人几次侵犯隋帝国的北部边境。炀帝下诏命晋阳留守李渊率领太原道军队与马邑太守王仁恭抗击突厥。这时突厥正处于强盛时期，太原道及马邑郡两处隋军不满五千人，王仁恭忧虑兵少。李渊挑选善于骑射的士卒二千人，让这些隋军士兵饮食起居完全同突厥人一样，隋军骑兵与突厥人相遇时，就伺机袭击突厥人，屡次获胜，突厥人颇怕李渊。

　　李渊娶了神武肃公窦毅的女儿为妻，窦氏生了四个儿子：李建成、李世民、李玄霸、李元吉；一个女儿，嫁给太子千牛备身临汾人柴绍。

　　晋阳宫监猗氏县人裴寂，晋阳令武功人刘文静，二人住在一起，看着城上的烽火，裴寂叹息道："贫贱到如此地步，又赶上世事离乱，靠什么得以保全呢？"刘文静笑道："形势是可以预知的，我们二人很投合，何必忧虑贫贱！"刘文静看到李世民，很惊异他的才能，就和李世民结为深交。他对裴寂说："李世民不是一般人，性格豁达如汉高祖刘邦，神态威武像魏武帝曹操，年纪虽轻，将是通世之大才。"裴寂开始并未对刘文静的话在意。

　　后来，刘文静因犯有与李密通婚的罪，被关在太原的监狱里。李世民去探望他，刘文静说："天下大乱，没有汉高祖、汉光武帝那样的才能是不能安定天下的。"李世民说："怎么知道没有这样的人？只是人们看不出来罢了。我来探望您，不是出于儿女情长，而是打算和您商议大事。您有什么谋划吗？"刘文静说："如今皇帝上南方巡游江、淮，李密逼近东都，群盗大概得以万来计算。在这个时候，若有真天子驱使驾驭这些人，夺取天下易如反掌。太原百姓为躲避盗贼都搬入城内，我作了几年县令，了解其中的豪杰之士，一旦把他们收拢来，可得到十万人。您父亲所率领的军队又有几万人，一言出口，谁敢不服从！以此兵力乘虚入关，号令天下，不过半年，帝王之业就可以成功。"李世民笑道："你的话正合我的心意。"于是他就暗中部署宾客，李渊不知道这些事。李世民怕李渊不答应，犹豫了很久，不敢向李渊说。

　　李渊和裴寂有旧谊，二人常常在一起宴饮交谈，有时昼夜相连。刘文静想让裴寂为他们向李渊说通关节，于是就引见裴寂和李世民结交。李世民拿出自己的私房钱几百万，让龙山令高斌廉与裴寂玩赌，渐渐输给裴寂，裴寂非常高兴，由此每天与李世民在一起交游往来，情谊日深。李世民把自己的意图告诉裴寂，裴寂许诺劝说李渊。

正逢突厥人侵犯马邑，李渊派高君雅率兵与马邑太守王仁恭同力抗击突厥人。王仁恭、高君雅与突厥交战不利，李渊怕一起被治罪，非常忧虑。李世民乘机屏去左右的人劝说李渊："如今主上昏庸无道，百姓困顿贫穷，晋阳城外都成了战场，大人要恪守小节，但下有流寇盗贼，上有严刑峻法，您的危亡就要到了，不如顺应民心，兴起义兵，转祸为福，这是上天授予的时机。"

李渊大吃一惊说："你怎么说这种话，我现在就将你抓起来向国家告发！"说着就取来纸笔，要写状表。李世民慢慢地说："我观察天时人事到了如此地步，才敢说这样的话，如果一定要告发我，我不敢辞死！"李渊说："我哪里忍心告发你，你要谨慎，不要随便说！"第二天，李世民又劝李渊："如今盗贼日益增多，遍布天下，大人受诏讨贼，可贼讨得尽吗？总而言之，最后还是不免获罪。而且世人都传说李氏当应验图谶，所以李金才无罪却被灭族了。大人要是能将贼剿灭尽，那么功高也不会受奖，而您自己会更危险了啊！只有昨天的话可以使您避祸，这是万全之策，希望大人不要疑虑。"李渊叹息说："我一夜都在考虑你的话，你说得很是有理，今天就是家破人亡也由你，变家为国也由你啦！"

之前，裴寂私下用晋阳的宫人侍奉李渊，李渊和裴寂一起饮酒，饮至酒意正浓，裴寂从容地说："二郎暗地招兵买马，打算举义旗办大事。正是因为这样我私自让宫女侍奉您，恐怕事情败露出来，一起获罪被诛杀，为此才定下这应急之计。大家的意向已经协同，现在您意下如何？"李渊说："我儿子确有这个图谋，事情已经如此，又能怎样呢？正是应当听从他的意见。"

炀帝认为李渊与王仁恭不能抵御突厥的进犯，派使者来要将他们押往江都。李渊大为恐惧，李世民与裴寂等又劝说李渊："如今主上昏聩，国家动乱，为隋朝尽忠没有好处，本来是将佐们出战失利，却牵连到您，事情已经迫在眉睫，应该早些定大计。况且晋阳兵强马壮，宫监积蓄的军资财物巨万，以此起兵，还怕不成功吗？代王年幼，关中豪杰风起造反，但不知归附于谁，您要是大张旗鼓地向西进军，招抚他们并且使他们归附，这就如探囊取物一样容易。为什么要受一个使者的监禁，坐等被杀戮呢？"李渊认为这话很对，就秘密部署。将举事时，恰好炀帝又派来使者驰马驿站传命赦免李渊和王仁恭，让他们官复原职。李渊起兵的计划也就缓行。

李渊任河东讨捕使时，他请求大理司直夏侯端做他的副手。夏侯端是夏侯详的孙子，他善于占卜天象以及给人相面。他对李渊说："如今玉床星座摇动，帝座星不安定，岁星居参宿的位置，必有真人起于晋地。不是您还能是谁呢？主上猜忌残忍，尤其猜忌诸李姓，李金才已经死了，您不想着变通，必然是第二个李金才。"李渊很同意这一说法。到他留守晋阳时，鹰扬府司马太原人许世绪劝说李渊："您的姓氏应在图谶上，名字应验歌谣；您手握五郡之兵，身处四面应战之地，起兵举事则可成帝业，端坐不动则指日可亡，您好好想一想吧！"行军司铠文水人武士彠、前太子左勋卫唐宪、唐宪的弟弟唐俭都劝说李渊起兵。唐俭说："您北面招抚戎狄，南面收招豪杰，以此来取天下，这是商汤和周武王的壮举。"李渊说："商汤、周武不是我敢比的，我从私处讲是要图存，从公处讲是要拯救动乱之世，你暂且先注意一下言行，我要考虑考虑。"唐宪是唐邕的孙子。当时李建成、李元吉还在河东，所以李渊拖延而不能决定。

　　刘文静对裴寂说："先发制人，后发制于人。您为何不早劝唐公起兵，却推迟拖延不已？况且您身为宫监，却用宫人侍奉宾客，您死也就罢了，为什么要误了唐公呢？"裴寂极为恐惧，屡次催促李渊起兵。李渊就让刘文静诈作敕书，征发太原、西河、雁门、马邑等地年在二十岁以上、五十岁以下的人全部当兵，规定年底在涿郡集结，去攻打高丽。因此人心慌乱，策划造反的人越来越多。

到刘武周占据了汾阳宫,李世民对李渊说:"大人身为留守,而盗贼窃据离宫,如果不早定大计,灾祸今天就要到来了。"于是李渊召集将领僚佐,对他们说:"刘武周占据汾阳宫,我们却不能制止,论罪该当灭族,怎么办?"王威等人都很害怕,再三叩拜请求定计。李渊说:"朝廷用兵,行止进退都要向上级禀报,受上级控制。如今贼人在数百里之内,江都在三千里之外,加以道路险要,还有别的盗贼盘踞,靠着据城以守和拘泥不知变通之兵,以抵抗狡诈与狂奔乱窜之盗贼,必然无法保全。我们现在是进退维谷,怎么办才好?"王威等人都说:"您既是宗亲又是贤士,同国家命运休戚相关,要是等着奏报,哪里赶得上时机;要是平灭盗贼,专权也是可以的。"李渊佯装不得已而听从的样子,说:"既然这样就应当先征集军队。"于是他命令李世民与刘文静、长孙顺德、刘弘基等人各自募兵。远近的百姓投奔汇集,十天之内有近万人应募。李渊秘密派人去河东召李建成、李元吉,去长安召柴绍。

隋恭帝义宁元年(公元617年)六月,刘文静劝李渊与突厥人相结交,请突厥人资助兵马以壮大兵势。李渊听从了这个意见。他亲笔写信,言辞卑屈,送给始毕可汗的礼物十分丰厚。信中说:"我想大举义兵,远迎隋主,重新与突厥和亲,就像开皇年间那样。您要是能和我一起南下,希望不要侵扰百姓。假若您只想和亲,您就坐受财物吧。这些方案请您自己选择。"始毕可汗得到李渊的信，对他的大臣说："隋朝皇帝的为人我是了解的，若是把他迎接回来，必定会加害唐公而且向我进攻，这是毫无疑问的。如果唐公自称天子，我应当不避盛暑，以兵马去帮助他。"始毕立即命令将这个意思写成回信。使者七天后返回，见信，李渊的将领僚佐们都很高兴，请李渊听从突厥人的话，李渊认为不可。裴寂、刘文静都说："如今义兵虽然召集来了，但是军马还极为缺乏，胡兵并不是所需的，但胡人的马匹不可失去，如果再拖延而不回信，恐怕对方反悔。"李渊说："大家最好再想想别的办法。"裴寂等人就请李渊尊炀帝为太上皇，立代王杨侑为皇帝，以安定隋王室；传布檄文到各郡县；改换旗帜，以此向突厥示意不完全与隋室相同。李渊说："这可以说是'掩耳盗铃'，但这是形势所迫，不得不如此啊。"于是就同意这样做，派使者将这个决定通知突厥。

李渊开仓赈济贫民，应募当兵的人日益增多。李渊命令将招募来的人分为三军，分左、右两翼，通称为义士。裴寂等人给李渊上尊号为大将军。李渊又封世子李建成为陇西公、左领军大都督，左三统军由他统辖；封李世民为敦煌公、右领军大都督，右三统军归他统辖，二人各设置官府僚属。

经过一段时间的战争后，李渊奖赏攻取霍邑的有功将士，军吏们认为以奴隶身份应募的人不能和良人同样论功。李渊说："在箭石之间战斗，不分贵贱，论功行赏时，有什么等级差别？应该同样按功颁赏授官。"李渊接见了霍邑的吏民，慰劳赏赐，如同西河郡一样，并挑选霍邑强壮的男丁从军。关中的军士要回乡的，都授予五品散官，让他们回去。有人劝李渊说授官太多，李渊说："隋氏吝惜勋位赏赐，因而失去人心。我怎么能效仿他们呢？况且用官职来收拢众人，不比用兵要好吗？"

　　李渊命令各军攻长安城，规定"不得侵犯七庙和代王、隋朝宗室，违令的人诛灭三族！"十一月初九，军头雷永吉先行登城，攻克了长安。代王杨侑在东宫，他身边的人奔逃溃散，只有侍读姚思廉侍立在杨侑身旁。李渊的军士将登入殿堂，姚思廉厉声斥责军士道："唐王兴举义兵，扶助帝室，你们不得无礼！"军士们都愕然，在庭院中排列站立。李渊到东宫迎奉代王杨侑，把他迁居到大兴殿后面，让姚思廉扶着代王杨侑到顺阳阁下，李渊流泪跪拜而去。李渊返回，住在长乐宫，与百姓约法十二条，将隋朝的苛政酷令全部废除。

　　十一月十五号，李渊排列仪仗迎接代王杨侑在天兴殿即皇帝位。杨侑特赐李渊持黄钺、持节，委以大都督内外诸军事、尚书令、大丞相等官职，晋封为唐王。

诗词拓展：

承德夜归口占一首（夜归）
〔唐〕李 渊

秋风八月近重阳，一日征尘两鬓霜。
夜入三更人初静，和衣高卧到梦乡。

玄武门之变

唐高祖武德元年（公元618年），隋恭帝杨侑禅位给唐王，唐王李渊即皇帝位，改国号为唐朝，改元武德，立世子李建成为皇太子，赵公李世民为秦王，齐公李元吉为齐王。

高祖在晋阳起兵，都是秦王李世民的计谋，高祖对李世民说："如果事业成功，那么天下都是你带来的，该立你为太子。"李世民拜谢并推辞。待到高祖成为唐王，将领们也请求以李世民为世子，高祖准备立他，李世民坚决推辞才作罢。太子李建成性情松缓惰慢，喜欢饮酒，贪恋女色，爱打猎；齐王李元吉，常有过错，均不受高祖宠爱。李世民功勋名望日增，高祖常常有意让他取代李建成为太子，李建成心中不安，于是与李元吉共同谋划，他们各自交结建立自己的党羽，一起排挤李世民。

礼部尚书李纲兼太子詹事,太子李建成一开始对他很尊重。时间一长,太子逐渐亲近小人,嫉妒秦王李世民功劳大,颇猜忌李世民,李纲屡次规劝,李建成都不听,于是李纲请求告老还乡。

高祖骂他道:"你当过何潘仁的长史,却耻于作朕的尚书吗!况且正要让你辅导建成,却坚持要离职,这是为什么?"李纲叩头谢罪道:"何潘仁是个盗贼,每次想妄杀无辜,我规劝后他立刻就不杀了,作他的长史,我可以问心无愧。陛下是创业的圣明君主,我没有能力,说的话犹如用水浇石,虽然石头湿了可并不能渗透,对太子的规劝也是一样不起作用,我怎么敢长期使尚书省受玷污,使东宫蒙受耻辱呢?"高祖说:"朕知道您是位正直的人,请您勉为其难留下辅导我的儿子。"并任命李纲为太子少保,原礼部尚书、太子詹事的官职依旧保留。

李纲又上书指摘太子饮酒没有节制,以及信任邪恶之人,疏远骨肉兄弟。太子不高兴,所作所为依然如故。李纲郁郁不得志,当年,坚持说自己年老多病必须辞职,高祖下诏解除他的尚书职务,仍然让他担任少保。

高祖晚年宠幸的妃嫔很多,有近二十位小王子,他们的母亲争相交结各位年长的王子来巩固自己的地位。李建成和李元吉都曲意侍奉各位妃嫔,以求得皇上的宠爱。当时,太子东宫、各王公、妃主之家以及后宫妃嫔的亲属,在长安横行霸道，为非作歹，而主管部门却不敢追究。李世民住在承乾殿，李元吉住在武德殿后院，他们的住处与皇帝寝宫、太子东宫之间日夜通行，不再有所限制。太子与秦、齐二王出入皇帝寝宫，均乘马、携带刀弓杂物，彼此相遇只按家人行礼。太子所下达的令，秦、齐二王所下达的教和皇帝的诏敕并行，有关部门不知所从，只有按照收到的先后为准。唯有李世民不去讨好诸位妃嫔，诸位妃嫔争相称赞李建成、李元吉而诋毁李世民。

　　李世民平定洛阳，高祖让贵妃等几人到洛阳挑选隋朝宫女和收取仓库里的珍宝。贵妃等人私下向李世民要宝物并为自己的亲戚求官，李世民回答说："宝物都已经登记在册上报朝廷了，官位应当授予贤德有才能和有功劳的人。"没有答应她们的任何要求，因此妃嫔们更加恨他。

　　李世民因为淮安王李神通有功，拨给他几十顷田地。张婕妤的父亲通过张婕妤向高祖请求要这些田地，高祖手写敕令将这些田赐给他，李神通因为秦王的教在先，不让田。张婕妤向高祖告状道："皇上敕赐给我父亲的田地，被秦王夺去给了李神通。"高祖大怒，责备李世民说："难道我的手敕不如你的教吗？"过了些天，高祖对左仆射裴寂说："这孩子长期在外掌握军队，受书生们教唆，已经不再是原来的那个儿子了。"尹德妃的父亲尹阿鼠骄横跋扈，秦王府的官员杜如晦经过他的门前，尹阿鼠的几名家童把杜如晦拽下马，揍了他一顿并打断了他一根手指，说道："你是什么人，胆敢过我们的门前不下马！"尹阿鼠怕李世民告诉皇上，先让尹德妃对皇上说："秦王的亲信欺侮我家人。"高祖又生气地责备李世民说："我的妃嫔家都受你身边的人欺凌，何况是小老百姓！"李世民反复为自己辩解，但高祖始终不相信他。

李世民每次在宫中侍奉高祖宴饮，面对诸位妃嫔，想起母亲太穆皇后死得早，没能看到高祖拥有天下，有时不免叹气流泪，高祖看到后很不高兴。各位妃嫔趁机暗中一同诋毁李世民道："天下幸好平安无事，陛下年寿已高，只适合娱乐，而秦王总是一个人流泪，这实际上是憎恨我们，陛下作古后，我们母子必定不为秦王所容，会被杀得一个不留！"因此相互对着流泪，并且说："皇太子仁爱孝顺，陛下将我们母子托付给太子，必然能获得保全。"高祖也为此很伤心。从此高祖打消了改立太子的念头，对李世民逐渐疏远，而对李建成、李元吉却日益亲密了。

当初，齐王李元吉劝说太子李建成除去秦王李世民，他说："我自当替哥哥亲手将他杀掉！"李世民随从高祖前往李元吉的府第，李元吉将护军宇文宝埋伏在寝室里面，准备刺杀李世民。李建成生性颇为仁爱宽厚，连忙制止了他。元吉恼怒地说："我这是为哥哥着想，对我有什么好处！"

太子中允王珪、洗马魏徵劝太子说："秦王功盖天下，内外归心于他；而殿下不过是因为年长才被立为太子，没有大功可以镇服天下。现在刘黑闼的兵力分散逃亡之后，剩下不足一万人，又缺乏粮食物资，如果用大军进逼，势如摧枯拉朽，殿下应当亲自去攻打以获得功劳名望，趁机结交山东的豪杰，也许就可以保住自己的地位了。"

于是太子向高祖请求带兵出征，高祖答应了他的请求。高祖下诏命太子李建成带兵讨伐刘黑闼，陕东道大行台及山东道行军元帅、河南、河北各州均受建成处置，他有权随机行事。李建成圆满地完成了任务。

当初，李建成擅自招募长安及各地的骁勇之士两千多人，充当东宫卫士，让他们分别在东宫左右长林门驻扎下来，号称长林兵。李建成还暗中让右虞候率可达志，从燕王李艺那里调集来幽州骁勇精锐的骑兵三百人，将他们安置在东宫东面的各个坊市中，准备用他们来担任东宫警卫的低级军官，结果被人告发。于是，高祖把李建成叫去责备了一番，将可达志流放到巂州去了。

杨文曾经在东宫担任警卫，李建成亲近并厚待他，私下里让他募集勇士，送往长安。高祖准备前往仁智宫，命令李建成留守京城，李世民与李元吉一起随行。李建成让李元吉乘机图谋李世民，他说："无论我们的打算是平安无事还是面临危险，都要在今年决定下来。"李建成又指使郎将尔朱焕和校尉桥公山将盔甲赠给杨文。两人来到豳州的时候，上报发生变故，告发太子指使杨文起兵，让他与自己内外呼应。还有一位宁州人杜凤举也前往仁智宫讲了这一情形。

高祖大怒，借口别的事情，以亲笔诏书传召李建成，让他前往仁智宫。李建成心中害怕，不敢前去。太子舍人徐师谟劝他占据京城，发兵起事；詹事主簿赵弘智劝他免去太子的车驾章服，屏除随从人员，到高祖那里去承认罪责。于是，李建成决定前往仁智宫。还没有走完六十里的路程，李建成便将所属官员，全部留在北魏毛鸿宾遗留下来的堡栅中，带领十多个人骑马前去晋见皇帝，向皇帝伏地叩头，承认罪责，把身子猛然用力撞了出去，几乎晕死过去。但是，高祖的怒气仍然没有消除。这一天夜里，高祖将他放在帐篷里，给他麦饭充饥，让殿中监陈福看守着他，派遣司农卿宇文颖速去传召杨文。宇文颖来到庆州，将情况告诉了杨文。于是，杨文起兵造反。高祖派遣左武卫将军钱九陇和灵州都督杨师道进击杨文。

高祖传召秦王李世民商量此事。李世民说："杨文竟敢做这种狂妄叛逆的勾当，想来他幕府的僚属应当已经将他擒获并杀掉了。如果不是这样，就应当派遣一员将领去讨伐他。"高祖说："不能这样，杨文的事情关联着建成，恐怕响应他的人为数众多。你最好亲自前往，回来以后，我便将你立为太子。我不愿意效法隋文帝诛杀自己的儿子，届时就把建成封为蜀王。蜀中兵力薄弱，如果以后他能够侍奉你，你应该保全他的性命；如果他不肯侍奉你，你要捉拿他也容易一些啊。"

李世民出发以后，李元吉与妃嫔轮番为李建成求情，封德彝也在外设法营救。于是，高祖改变了原意，让李建成回驻京城。高祖只以兄弟关系不睦责备他，将罪责推给太子中允王珪、左卫章韦挺、天策兵曹参军杜淹，一同流放到巂州。

有人劝高祖说："突厥之所以屡次侵犯关中地区，是由于我们的人口与财富都集中在长安的缘故。如果烧毁长安，不在这里定都，那么胡人的侵犯便会自然平息下来了。"高祖认为所言有理，便派遣中书侍郎宇文士及越过终南山，来到樊州、邓州一带，巡视可以居留的地方，准备将都城迁徙到那里去。

太子李建成、齐王李元吉和裴寂都赞成这一策略，萧瑀等人虽然知道不应当如此，但没有谏阻的胆量。

秦王李世民劝谏说："戎狄造成祸患，从古时候起，就时有发生。陛下凭着自己的圣明英武，创建新的王朝，统辖着中国的领土，拥有上百万的精锐兵马，所向无敌，怎么能够因有胡人搅扰边境，便连忙迁徙都城来躲避他们，给举国臣民留下羞辱，让后世来讥笑陛下呢？那霍去病不过是汉朝的一员将领，尚且决心消灭匈奴，何况我还愧居藩王之位呢！希望陛下给我几年时间，让我把绳索套在颉利的脖子上，将他送到宫阙之下。如果不能获得成功，那时再迁徙都城，也为时不晚。"

高祖说："讲得好。"

李建成说："当年樊哙打算率领十万兵马在匈奴人中间纵横驰骋，秦王的话该不会是与樊哙相似的吧！"

李世民说："面对的情况各有区别，采取军事行动的方法也不相同。樊哙那小子有什么值得称道的呢！不超过十年，我肯定能够将大漠以北地区平定，这可并不是凭空妄言的啊！"于是，高祖不再迁徙都城。

李建成与嫔妃因而共同诬陷李世民说："虽然突厥屡次造成边疆上的祸患，但是只要他们得到财物就会撤退。秦王表面上假托抵御突厥的名义，实际上是打算总揽兵权，成就他篡夺帝位的阴谋罢了！"

唐高祖武德七年（公元624年），高祖在京城南面设场围猎，太子李建成、秦王李世民和齐王李元吉都随同前往，高祖让这三个儿子骑马射猎，角逐胜负。李建成有一匹胡马，膘肥体壮，但是喜欢尥蹶子，李建成将这匹胡马交给李世民说："这匹马跑得很快，能够越过几丈宽的涧水。弟弟善于骑马，骑上它试一试吧。"

李世民骑着这匹胡马追逐野鹿，胡马忽然尥蹶子，李世民跃身而起，跳到数步以外立定，胡马站起来以后，李世民便再次骑到这匹马上，这样连续发生了三次。李世民回过头来看着宇文士及说："他打算借助这匹胡马杀害我，但是生死是命运主宰着的，他怎么能够伤到我？"

李建成听到此言，于是让嫔妃向高祖诬陷李世民说："秦王自称：上天授命于我，正要让我去当天下的共主，怎么会白白死去！"高祖非常生气，先将李建成和李元吉二人叫来，然后又把李世民叫来，责备他说："谁是天子，自然会有上天授命于他，不是人的智力所能够谋求的。你谋求帝位怎么这般急切呢！"李世民摘去王冠，伏地叩头，请求将自己交付执法部门查实，高祖仍然怒气不息。适逢有关部门奏称突厥前来侵扰，高祖这才改变了生气的脸色，转而劝勉李世民，让他戴上王冠，系好腰带，与他商议对付突厥的办法。

不久，高祖颁诏命令李世民与李元吉率领兵马由幽州进发，前去抵御突厥，在兰池为他们饯行。每当发生敌情，高祖总是命令李世民前去讨伐敌人，但在战事平息以后，高祖对李世民的猜疑却越发严重了。

秦王李世民与太子李建成、齐王李元吉结下嫌隙以后，认为洛阳地势优越便利，担心一时发生变故，打算离京防守此地，所以就让行台工部尚书温大雅镇守洛阳，派秦王府车骑将军荥阳人张亮率领亲信王保等一千多人前往洛阳，暗中结交山东的杰出人士，等待时势的变化，拿出大量的金银布帛，任凭他们使用。李元吉告发张亮图谋不轨，张亮被交付法官考察验证。张亮不发一言，朝廷便释放了他，让他返回洛阳。

　　李建成在夜间叫来李世民，与他饮酒，用经过鸩羽浸泡的毒酒毒害他。李世民突然心脏痛楚，吐了几升血，淮安王李神通搀扶着他返回西宫。高祖来到西宫，询问李世民的病情，命令李建成说："秦王平素不善饮酒，从今以后，你不能够再与他夜间饮酒。"高祖因而对李世民说："第一个提出反隋的谋略，消灭平定国内的敌人，这都是你的功劳。我打算将你立为继承人，你却坚决推辞掉了。而且，建成年纪最大，作为继承人，为时已久，我也不忍心削去他的权力啊。我看你们兄弟似乎难以相容，你们一起住在京城里面，肯定要发生纷争，我应当派你返回行台，留居洛阳，陕州以东的广大地区都由你主持。我还要让你设置天子的旌旗，一如汉梁孝王开创的先例。"李世民哭泣着，以不愿意远离高祖膝下为理由，表示推辞。高祖说："天下都是一家。东都和西都两地，路程很近，只要我想念你，便可动身前去，你不用烦恼悲伤。"

　　李世民准备出发的时候，李建成和李元吉一起商议说："如果秦王到了洛阳，拥有土地与军队，便再也不能够控制了。不如将他留在长安，这样他就只是一个独夫而已，捉取他也就容易了。"于是，他们暗中让好几个人以密封的奏章上奏皇帝，声称："秦王身边的人得知秦王前往洛阳的消息以后，无不欢喜雀跃。察看李世民的意向，恐怕他不会再回来了。"他们还指使高祖宠信的官员以秦王去留的得失利弊来劝说高祖，高祖便改变了主意，秦王前往洛阳的事情又搁置了。

李建成、李元吉与后宫的嫔妃日夜不停地向高祖诬陷李世民，高祖信以为真，便准备惩治李世民。陈叔达进谏说："秦王为全国立下了巨大的功劳，是不能够废黜的。况且，他性情刚烈，倘若加以折辱贬斥，恐怕经受不住内心的忧伤愤郁，一旦染上难以测知的疾病，陛下后悔还来得及吗！"于是，高祖没有处罚李世民。李元吉暗中请求杀掉秦王李世民，高祖说："他立下了平定天下的功劳，而他犯罪的事实并不显著，用什么作借口呢？"李元吉说："秦王刚刚平定东都洛阳的时候，观望形势，不肯返回，散发钱财布帛，以便树立个人的恩德，又违背陛下的命令，不是造反，又是什么！只应该赶紧将他杀掉，何必担心找不到借口！"高祖没有回答他。

秦王府所属的官员人人忧虑，个个恐惧，不知所措。行台考功郎中房玄龄对比部郎中长孙无忌说："现在仇怨已经造成，一旦祸患暗发，岂止是秦王府不可收拾，实际上便是国家的存亡都成问题。不如劝说秦王采取周公平定管叔与蔡叔的行动，以便安定皇室与国家。存亡的契机就在今天！"长孙无忌说："我有这一想法已经很长时间了，只是不敢讲出口来。现在你说的这一席话，正好符合我的心愿。请让我为你禀告秦王。"

于是，长孙无忌进去告诉了李世民。李世民传召房玄龄计议此事，房玄龄说："大王的功劳足以遮盖天地，应当继承皇帝的伟大勋业。现在大王心怀忧虑戒惧，正是上天在帮助大王啊。希望大王不要疑惑不定了。"于是，房玄龄与秦王府属杜如晦共同劝说李世民诛杀李建成与李元吉。

秦王府拥有许多骁勇的将领，李建成与李元吉打算引诱他们为己所用，便暗中将一车金银器物赠送给左二副护军尉迟敬德，并且写就一封书信招引他说："希望得到您的屈驾眷顾，以便加深我们之间的布衣之交。"尉迟敬德推辞说："我是编蓬为户、破瓮作窗人家的小民，遇到隋朝末年战乱不息、百姓流亡的时局，长期沦落在抗拒朝廷的境地里，罪大恶极，死有余辜。秦王赐给我再生的恩典，现在我又在秦王府为官，只应当以死报答秦王。我没有为殿下立过尺寸之功，不敢凭空接受殿下如此丰厚的赏赐。倘若我私自与殿下交往，就是对秦王怀有二心，就是因贪图财利而忘掉忠义，殿下要这种人又有什么用处！"

李建成大怒，便与他断绝了往来。尉迟敬德将此事告诉了李世民，李世民说："您的心就像山岳那样坚实牢靠，即使他赠送给您的金子堆积得顶住了北斗星，我知道您的心还是不会动摇的。他赠给您什么，您就接受什么，这又有什么值得猜疑的呢！况且，这样做能够了解他的阴谋，难道不是一个上好的计策吗！否则，祸事就将降临到您的头上了。"

不久，李元吉指使勇士在夜间刺杀尉迟敬德，尉迟敬德得知这一消息以后，将层层门户敞开，自己安然躺着不动，刺客屡次来到他的院子，终究没敢进屋。于是，李元吉向高祖诬陷尉迟敬德，尉迟敬德被关进奉诏命特设的监狱里审问处治，准备将他杀掉，由于李世民再三请求保全他的生命，这才得以不死。李元吉又诬陷左一马军总管程知节，高祖将他外放为康州刺史。程知节对李世民说："大王的辅佐之臣快走光了，大王自身又怎么能够长久呢！我誓死不离开京城，希望大王及早将计策决定下来。"李元吉又用金银布帛引诱右二护军段志玄，段志玄不肯从命。李建成对李元吉说："在秦王府有智谋才略的人物中，值得畏惧的是房玄龄和杜如晦。"李建成与李元吉又向高祖诬陷他们二人，使他们遭到斥逐。

李世民的亲信只剩下长孙无忌还留在秦王府中，他与他的舅舅雍州治中高士廉、右候车骑将军三水人侯君集以及尉迟敬德等人，夜以继日地劝说李世民诛讨李建成和李元吉，李世民犹豫不决。李世民向灵州大都督李靖问计，李靖推辞了；又向行军总管李世问计，李世也推辞了。从此，李世民便器重他们二人了。

李建成推荐李元吉代替李世民督率各军北征突厥。高祖听从了他的建议，命令李元吉督率右武卫大将军李艺、天纪将军张瑾等人前去援救乌城。李元吉请求让尉迟敬德、程知节、段志玄以及秦王府右三统军秦叔宝等人与自己一同前往，检阅并挑选秦王军中精悍勇锐的将士，来增强李元吉的军队。

率更丞王晊秘密禀告李世民说："太子对齐王说'现在，你已经得到秦王骁勇的将领和精悍的士兵，拥有数万人马了。我与秦王在昆明池为你饯行，让勇士就在帐幕里将他杀死，上奏时就说他暴病身亡，皇上该不会不相信。我自当让人进言申说，使皇上将国家事务交给我。尉迟敬德等人被你掌握以后，应该将他们悉数活埋，有谁敢不服呢！'"

李世民将王晊的话告诉了长孙无忌等人，长孙无忌等人劝说李世民在事发以前设法对付他们。李世民叹息着说："骨肉相互残杀，是古往今来的大罪恶。我诚然知道祸事即将来临，但我打算在祸事发动以后，再仗义讨伐他们，这不也是可以的吗！"

尉迟敬德说："作为人们的常情，有谁能够舍得死去！现在大家誓死拥戴大王，这是上天所授。祸患的机栝就要发动，大王却仍旧态度安然，不为此事担忧。即使大王把自己看得很轻，又怎么对得起宗庙社稷呢！如果大王不肯采用我的主张，我就准备逃身荒野了。我是不能够留在大王身边，拱手任人宰割的！"

长孙无忌说："如果大王不肯听从尉迟敬德的主张，事情便没有指望了。尉迟敬德等人肯定不会再追随大王，我也应当跟着他们离开大王，不再侍奉大王了！"

李世民说："我讲的意见也不能够完全舍弃，您再计议一下吧。"

尉迟敬德说："如今大王处理事情犹豫不定，这是不明智的；面临危难，不能决断，这是不果敢的。况且，大王平时蓄养的八百多名勇士，凡是在外面的，现在已经进入宫中，他们穿好衣甲，握着兵器，起事的形势已经形成，大王怎么能够制止得住呢！"

李世民就此事征求秦王府僚属的意见，大家都说："齐王凶恶乖张，是终究不愿意侍奉自己的兄长的。近来听说护军薛实曾经对齐王说'大王的名字，合起来可以成为一个唐字，看来大王终究是要主持大唐的祭祀的。'齐王欢喜地说'只要能够除去秦王，对付太子就易如反掌了。'李元吉与太子谋划作乱还没有成功，就已经有了对付太子的心思。作乱的心思没个满足，又有什么事情做不出来呢！假使这两个人如愿以偿了，天下恐怕就不再归大唐所有。凭着大王的贤能，捉拿这两个人就像拾取地上的草芥一般容易，怎么能够为了信守平常人的节操，而忘记了国家大计呢！"

李世民仍然没有做出决定。大家说："大王认为虞舜是什么样的人呢？"李世民说："是圣人。"大家说："假如虞舜在疏浚水井的时候没有躲过父亲与哥哥在上面填土的毒手，他便化为井中的泥土了，假如他在涂饰粮仓的时候没有逃过父亲和哥哥在下面放火的毒手，他便化为粮仓上的灰烬了，还怎么能够使自己恩泽遍及天下，法度流传后世呢！所以，虞舜在遭到父亲用小棍棒笞打的时候便忍受了，在遭到父亲用大棍棒笞打的时候便逃走了，这恐怕是因为虞舜心里所想的是大事啊。"

李世民让人卜算是否应该采取行动，恰好张公谨从外面进来，便将龟甲拿过来扔在地上说："占卜是为了决定疑难之事的，现在事情并无疑难，还占卜什么呢！如果卜算的结果是不吉利的，难道就不采取行动了吗？"于是，大家便定下了采取行动的计划。

李世民让长孙无忌秘密地将房玄龄等人召来，房玄龄等人说："敕书的旨意是不允许我们大家再侍奉秦王的。如果我们现在私下去谒见秦王，肯定要因此获罪致死，因此我们不敢接受秦王的教令！"李世民生气地对尉迟敬德说："房玄龄与杜如晦难道要背叛我吗！"他摘下佩刀交给尉迟敬德说："您前去察看一下情况，如果他们没有前来的意思，您可以砍下他们的头颅，带着回来见我。"尉迟敬德前去，与长孙无忌一起晓示房玄龄等人说："秦王已经将采取行动的办法决定下来了，你们最好赶紧前去秦王府共同计议大事。我们这四个人，不能够在街道上同行。"于是让房玄龄与杜如晦穿上道士的服装，与长孙无忌一同进入秦王府，尉迟敬德由别的道路也来到了秦王府。

唐高祖武德九年（公元 624 年）六月初三，金星再次白天出现在天空正南方的午位。傅奕秘密上奏说："金星出现在秦地的分野上，这是秦王应当拥有天下的征兆。"高祖将傅奕的密状交给了李世民。此时，李世民暗中奏陈李建成与李元吉淫乱后宫，而且说："我丝毫没有对不起哥哥与弟弟的地方，现在他们却打算杀死我，似乎是要为王世充和窦建德报仇。如果我含冤而死，永远离开父皇，魂魄回到地下，如果见到王世充等人，实在感到羞耻！"高祖望着李世民，惊讶不已，回答说："明天就审问此事，你最好及早入朝。"

第二天，李世民率领长孙无忌等人入朝，将兵力埋伏在玄武门。张婕妤暗中得知了李世民上表的大意，急忙前去告诉李建成。李建成将李元吉叫来商议此事，李元吉说："我们应当统率好东宫与齐王府中的军队，托称有病，不去上朝，以便观察形势。"李建成说："军队的防备已很严密了，我与你应当入朝参见，亲自打听消息。"于是，二人一起入朝，向着玄武门而来。当时，高祖已经将裴寂、萧瑀、陈叔达等人召集前来，准备查验这件事情了。

李建成与李元吉来到临湖殿的时候，察觉到发生了变故，立即勒转马头，准备向东返回东宫和齐王府。李世民跟在后面招呼他们，李元吉拉开弓射李世民，一连三次，都没有将弓拉满，李世民用箭射李建成，却将他射死了。

尉迟敬德带领骑兵七十人随后赶到，他身边的将士将李元吉射下马来。李世民的坐骑奔入树林，被树枝挂住，倒在地上，不能起来。李元吉迅速赶到，夺过弓来，准备掐死李世民，尉迟敬德跃马奔来大声呵斥他。李元吉打算步行前往武德殿，尉迟敬德追着射他，将他射死了。

当时，高祖正在海池划船。李世民让尉迟敬德入宫担任警卫，尉迟敬德身披铠甲，手握长矛，径直来到高祖所在的地方。高祖极为震惊，便问他说："今天作乱的人是谁呀？你到这里来做什么？"尉迟敬德回答说："由于太子和齐王作乱，秦王起兵诛杀了他们。秦王担心惊动陛下，便派我担任警卫。"

高祖对裴寂等人说："不料今天竟然会出现这种事情，你们认为应当怎么办呢？"萧瑀和陈叔达说："李建成与李元吉原来就没有参与举义反隋的谋议，又没有为大唐天下立下功劳。他们嫉妒秦王功勋大，威望高，便一起策划邪恶的阴谋。现在，秦王已经声讨并诛杀了他们，秦王的功绩布满天下，我国疆域以内的人们都诚心归向于他。如果陛下能够立他为太子，将国家政务交托给他，就不会再发生事端了。"

高祖说："好！这也正是我平素的心愿啊。"于是，高祖传召李世民前来，抚慰他说："近些日子以来，我几乎出现了曾母误听曾参杀人而丢开织具逃走的疑惑。"李世民跪了下来，伏在高祖的胸前，长时间地放声痛哭。这就是著名的玄武门之变。不久，李世民登基，是为唐太宗。

诗词拓展：

赐萧瑀

〔唐〕李世民

疾风知劲草，板荡识诚臣。
勇夫安识义，智者必怀仁。

谏臣魏徵

当初,太子洗马魏徵经常劝说太子李建成及早除去秦王,李建成事败以后,李世民便传召魏徵说:"你为什么挑拨我们兄弟的关系呢?"大家都为他担惊受怕,魏徵却举止如常地回答说:"如果已故的太子早些听从我的建议,肯定不会有今天的祸事。"李世民素来器重他的才能,便改变了原来的态度,对他以礼相待,引荐他担任了詹事主薄。李世民还将王珪和韦挺从巂州召回,让他们担任了谏议大夫。

朝廷派遣谏议大夫魏徵安抚崤山以东地区,允许他见机行事。魏徵来到磁州的时候,遇到州县枷送原来的太子千牛李志安、齐王护军李思行前往京城。魏徵说:"我奉命出使的时候,对原来的东宫与齐王府的属官已经一概赦免,不予追究。现在又押送李思行等人,那么谁能不对赦令产生怀疑呢！虽然朝廷为此派遣了使者，又有谁会相信他呢！我不能够因顾虑自身遭受嫌疑，便不为国家考虑。何况我既然被视为国中才能出众的人士而受到礼遇，怎么敢不以国中才能出众人士的本色来报答太子呢！"于是，他将李志安等人一律释放。李世民得知消息以后甚为高兴。

唐高祖武德九年（公元626年）八月初九，李世民即皇帝位，是为唐太宗。

唐太宗励精图治，多次让魏徵进入卧室内，询问政治得失。魏徵知无不言，太宗均高兴地采纳。太宗派人征兵，封德彝上奏道："中男（十六至十七岁）虽不到十八岁，其中身体魁梧壮实的，也可一并征发。"太宗同意。敕令传出，魏徵坚决不同意这个政策，不肯签署命令，就这样往返了四次。

太宗大怒，将他召进宫中责备道："中男中魁梧壮实的，都是那些奸民虚报年龄以逃避徭役的人，征召他们有什么害处，而你却如此固执！"魏徵答道："军队在于治理得法，而不在于人数众多。陛下征召身体壮健的成丁，用正确的方法加以管理，便足以无敌于天下，又何必多征年幼之人以增加虚数呢！而且陛下总说：'朕以诚信治理天下，欲使臣子百姓均没有欺诈行为。'现在陛下即位没多久，却已经多次失信了！"太宗惊愕地问道："朕怎么失信了？"魏徵答道："陛下刚即位时，曾下诏说'百姓拖欠官家的财物，一律免除。'

有关部门认为拖欠秦王府国司的财物，不属于官家财物，仍旧征求索取。陛下由秦王升为天子，秦王府国司的财物不是官家之物又是什么呢？又说'关中地区免收二年的租调，关外地区免除徭役一年。'不久又有敕令说'已纳税和已服徭役的，从下一年开始免除。'如果退还已纳税物之后，又重新征回，这样百姓不会没有责怪之意。现在是既征收租调，又征点兵员，还谈什么从下一年开始免除呢！另外与陛下共同治理天下的都是地方官，日常公务都委托他们办理；至于征点兵员，却怀疑他们使诈，这难道是以诚信为治国之道吗？"太宗高兴地说："以前朕认为你比较固执，怀疑你不通达政务，现在看到你讨论国家大政方针，确实都切中要害。朝廷政令不讲信用，则百姓不知所从，国家如何能得到治理呢？朕的过失很深呐！"于是不征点中男做兵员，并且赐给魏徵一只金瓮。

岭南部落首领冯盎、谈殿等人互相争斗，很久没有入朝。各地方州府前后十几次奏称冯盎谋反，太宗命令将军蔺暮等人征发江州、岭南等数十州兵马大举讨伐。魏徵劝谏说："中原刚刚平定，岭南路途遥远、地势险恶，有瘴气瘟疫，不可以驻扎大部队。而且冯盎反叛的情状还没有形成，不宜兴师动众。"太宗说："上告冯盎谋反者络绎不绝，怎么能说反叛的情状还没有形成呢？"魏徵答道："冯盎如果反叛，必然分兵几路占据险要之地，攻掠邻近州县。现在告发他谋反已有几年了,而冯氏兵马还没出境,这明显没有反叛的迹象。各州府既然怀疑冯氏谋反,陛下又不派使臣前去安抚,冯氏怕死,所以不敢来朝廷。如果陛下派使臣向他示以诚意,冯氏欣喜能免于祸患,这样可以不必劳动军队而使他顺从。"太宗于是下令收兵。十月初六,派员外散骑侍郎李公掩持旌节往岭南慰问冯盎,冯盎则让他的儿子冯智戴随使臣返回朝廷。太宗说:"魏徵让我派遣一个使者,岭南就得以安定,胜过十万大军的作用,不能不赏。"赐给魏徵绢帛五百匹。

　　有人告发右丞魏徵偏袒他的亲属,太宗派御史大夫温彦博查问,没有实据。温彦博对太宗说:"魏徵不留下办事的证据,远远地避开嫌疑,内心虽然无私,但也有应责备的地方。"太宗让温彦博去责问魏徵,而且说道:"从今以后,应留下办事的证据。"有一天,魏徵上朝,对太宗说:"我听说君主与臣下一体,应彼此竭诚相待。如果上下都追求留下办事的证据,那么国家的兴亡就难以预料了,我不敢接受这个诏令。"太宗说:"我已经后悔了。"魏徵拜了两拜道:"我很荣幸能为陛下做事,愿陛下让臣做良臣,不要让臣做忠臣。"太宗问:"忠、良有什么区别吗?"回答道:"后稷、契、皋陶,君臣齐心合力,共享荣耀,这就是所说的良臣。龙逄、比干犯颜直谏,身死国亡,这就是所说的忠臣。"太宗听后十分高兴,赐给绢五百匹。

唐太宗贞观二年（公元628年），太宗问魏徵："君主如何做称为明，如何做称为暗？"魏徵答道："能听取各方面的意见，就是明，偏听偏信，就是暗。从前尧帝体恤下情，详细询问民间疾苦，所以能够知道有苗的恶行；舜帝目明能远视四方，耳聪能远听四方，所以共工、鲧、驩兜不能掩匿罪过。秦二世偏信赵高，造成望夷宫的灾祸；梁武帝偏信朱异，招来饿死台城的耻辱；隋炀帝偏信虞世基，导致彭城阁的变故。所以君主善于听取各方面意见，则亲贵大臣就无法阻塞言路，下情也就得以上达。"太宗说："非常对！"

魏徵相貌平平，但是很有胆略，善于挽回皇帝的主意，常常犯颜直谏。有时碰上太宗非常恼怒的时候，他面不改色，太宗的神威也为之收敛。他曾经告假去祭扫祖墓，回来后，对太宗说："人们都说陛下要临幸南山，外面都已严阵以待、整装完毕，而您最后又没去，不知为什么？"太宗笑着说："起初确实有这个打算，害怕你又来嗔怪，所以中途停止了。"太宗曾得到一只好鹞鹰，将它置于臂膀上，远远望见魏徵走过来，便藏在怀里；魏徵站在那里上奏朝政大事，说了很久，鹞鹰最后竟死在太宗的怀里。

唐太宗贞观四年（公元630年），高昌王文泰来到朝中。西域各国都想跟着文泰派使节进献贡品，太宗派文泰手下的大臣厌怛纥干前往迎接。魏徵劝谏道："从前汉光武帝不允许西域诸王送王子入朝侍奉和置都护府，认为不应当以蛮夷劳顿中原。如今天下刚刚平定，先前文泰来朝时，已耗费很多，如今假使有十国来进贡，则随从不少于一千人。边区民众耗费过大，将难以承担。如果允许他们的商人往来，与边区百姓互市贸易，这还可以，如以宾客接待，对我大唐没有好处。"当时厌怛纥干已经出发，太宗急忙令人阻止。

唐太宗贞观五年（公元 631 年），权万纪与侍御史李仁发，均因告发别人而得到太宗宠幸，从此诸位大臣多次被责备。魏徵劝谏道："权万纪等小人，不识治国大体，以告发别人当做直言，以进谗言当做忠诚。陛下并非不知道他们使人无法忍受，只是取其讲话无所忌讳，想以此警策众大臣，然而权万纪等人挟皇恩依仗权势，使其阴谋得逞，凡所弹劾，均非真有罪。陛下既然不能标举善行以激励风俗，怎么能亲奸邪以损害自己的威信呢！"太宗默不作声，赐给魏徵绢五百匹。很久以后，权万纪等人的奸状自行败露，均获惩罚。

贞观六年（公元 632 年），文武百官又请行封禅大礼，太宗说："你们都认为登泰山封禅是帝王的盛举，朕不以为然，如果天下安定，百姓家家富足，即使不去封禅，又有什么伤害呢？从前秦始皇行封禅礼，而汉文帝不封禅，后世难道认为文帝的贤德不如秦始皇吗！而且侍奉上天扫地而祭祀，何必要去登泰山之顶峰，封筑几尺的泥土，然后才算展示其诚心敬意呢！"群臣还是不停地请求，太宗也想听从此意见，唯独魏徵认为不可。太宗说:"你不想让朕去泰山封禅,认为朕的功劳不够高吗?"魏徵答道:"够高了!""德行不厚吗?"答道:"很厚了!""大唐不安定吗?"答道:"安定!""四方夷族未归服吗?"答道:"归服了。""年成没丰收吗?"答道:"丰收了!""符瑞没有到吗?"答道:"到了!""那么为什么不可以行封禅礼?"答道:"陛下虽然有上述六点理由,然而承接隋亡大乱之后,户口没有恢复,国家府库粮仓还很空虚,而陛下的车驾东去泰山,大量的骑兵车辇,其劳顿耗费,必然难以承担。而且陛下封禅泰山,则各国君主咸集,远方夷族首领跟从左右。如今从伊水、洛水东到大海、泰山,人烟稀少,满目草木丛生,这是引戎狄进入大唐腹地,并展示我方的虚弱。况且赏赐供给无数,也不能满足这些远方人的欲望;几年免除徭役,也不能补偿老百姓的劳苦。像这样崇尚虚名而实际对百姓有害的政策,陛下怎么能采用!"正赶上黄河南北地区数州县发大水,于是就停止封禅事。

长乐公主出嫁的时候,太宗命令给她的陪嫁要比先帝的女儿皇妹永嘉长公主多一倍。因为长乐公主是皇后所生,太宗特别疼爱。魏征听说这件事后,劝谏道:"当年汉明帝给皇子分封采邑的时候说:'我的儿子怎能和先帝的儿子相比!'所以分给儿子们的采邑只有楚王、淮阳王封地的一半那么大。陛下现在给长乐公主的陪嫁却比皇妹长公主的多出一倍,您这种做法比起汉明帝来不是差得太远了吗!"

闰八月，太宗在丹霄殿大宴亲近的大臣，长孙无忌说："王珪、魏徵，曾经都是我们的仇人，想不到今天竟能够坐在一起喝酒。"太宗说："王珪，魏徵，尽心为国家做事，所以我使用他们，但是，魏徵每次进谏，我不听从；我与他讲话，他也总是不做应答，为什么呢？"魏徵回答说："我认为事情不可行，所以谏阻；陛下不听从谏阻而我如果答话，那么事情便得到施行，所以不敢应答。"太宗说："暂且应答而后再谏阻，又有什么伤害？"答道："过去舜帝告诫群臣：'你们不要当面顺从，而背后却说另一套。'如果我心里知道不对，嘴上却答应陛下的意见，这正是当面顺从。难道这是稷、契侍奉舜帝的本意吗！"太宗大笑着说："人们都说魏徵行为举止粗鲁傲慢，我看他更觉得可爱，正是因为如此呀！"魏徵离席起身，拜谢道："陛下引导让我畅所欲言，所以我得以尽愚诚；如果陛下拒不接受忠言，我又怎么敢屡次犯颜强谏呢！"

贞观十六年（公元 642 年），魏徵患病，太宗手书诏令探问病情，且说："几天不见，朕的过错又多起来。如今想亲去探望，又恐更添烦扰。你如果听到或看到什么，可以封上状子呈进来。"魏徵上书言道："近来弟子冒犯老师，奴婢忽视主子，下属多轻视上级，都是有原因的，此风不可长。"又说："陛下临朝听政，常常将公正挂在嘴边，退朝后所作所为，却未免有所偏私。有时害怕别人知道，横施神威圣怒，这样欲盖弥彰，有什么好处呢？"魏徵的宅院没有厅堂，太宗令将停建小殿的材料拿去建造厅堂，五天即完工，还赐给他质地平常色彩单调的屏风和褥子，以及几案、手杖等，以顺应他的俭朴习惯。魏徵上表谢恩，太宗手书诏文称："朕这样对待你，都是为了黎民百姓与国家，难道是为朕一人？何必过于客气呢。"

魏徵卧病不起的时候，太宗时时派遣使者去魏徵府中问讯，并赐给他药物和食品。太宗派遣的使者一个接一个，常常前一个还没回到宫中，后一个又出发了，一路上络绎不绝。太宗又派中郎将李安俨在魏徵府中留宿，一有事情就立即汇报，还亲自带着太子到魏徵家中探视，要把衡山公主嫁给魏徵的儿子魏叔玉。

不久，魏徵去世，太宗命九品以上文武百官均去奔丧，赐给手持羽葆的仪仗队和吹鼓手，陪葬在昭陵。魏徵的妻子说："魏徵平时生活俭朴，如今用鸟羽装饰旌旗，用一品官的礼仪安葬，这并不是死者的愿望。"全都推辞不受，仅用布罩上车子载着棺材安葬。

太宗登上禁苑西楼，望着魏徵灵车痛哭，非常悲哀。太宗亲自撰写碑文，并且书写墓碑。太宗不停地思念魏徵，对身边的大臣说："人们用铜做成镜子，可以用来整理衣帽；将历史作为镜子，可以观察到历朝的兴衰隆替；将人比做一面镜子，可以确知自己行为的得失。魏徵死去了，朕失去了一面绝好的镜子。"

诗词拓展：

　　　　　　以铜为镜，可以正衣冠。
　　　　　　以史为镜，可以知兴衰。
　　　　　　以人为镜，可以明得失。
　　　　　　　　　　——唐太宗　李世民

一代女皇武则天

唐太宗贞观十一年（公元637年），太宗听说已故荆州都督武士彟的女儿，年方十四岁，年轻貌美，就召入后宫，册封为才人。

唐太宗最初非常宠爱她，赐名"武媚"，但不久便将她冷落一边。武则天做了12年的才人，地位始终没有得到提升。

唐太宗贞观二十二年（公元648年）左武卫将军、武连县公、武安人李君羡掌管玄武门宿卫。当时金星多次在白天出现，太史占卜说："女主将兴起。"民间又广传《秘记》中言："唐朝三代之后，女主武王取代李氏据有天下。"太宗听后非常厌恶。正赶上太宗在宫中与众位武将饮宴，行酒令，让每个人各讲小名。李君羡自称小名五娘，太宗非常惊讶，进而笑着说:"什么女子,竟这么勇健!"又因为李君羡官衔封爵籍贯都有一个"武"字,太宗非常厌恶,随后让他出任华州刺史。有个布衣名叫员道信,自称能够不进饮食,通晓佛法,李君羡非常敬慕相信他,多次与他形影相随,窃窃私语。御史上奏称李君羡勾通妖人,图谋叛乱,因此事,李君羡被处斩,全家被抄没。

  太宗秘密地问太史令李淳风:"《秘记》上所说的谣传,真有其事吗?"李淳风答道:"我仰观天象,俯察历数,这个人现在已在陛下宫中了,是陛下亲属,从今往后不超过三十年,这个人当做天下的君王,并将大唐皇室子孙杀得不剩几个,其征兆已经形成了。"太宗说:"凡是有怀疑的统统杀掉,怎么样?"李淳风答道:"此乃天命,人们不能够违抗。未来称王的人死不了,反而白白地杀死无辜。而且过了三十年,那个人也老了,也许该存有慈善心肠,祸害可能会小些。如今即使找到此人将其杀死,老天或许会降生更加强壮的人大肆发泄怨恨,恐怕陛下的子孙就没有幸免的了。"太宗于是不再过问此事。

  唐太宗贞观二十三年(公元 649 年),太宗病情加重,太子昼夜不离身边,有时一连几日不进食,头发有的已变白。太宗流着泪说:"你这么孝敬我,我死了还有什么遗憾!"不久,太宗病情危急,召长孙无忌到含风殿。太宗躺在床上,伸出手摸着长孙无忌的面颊,长孙无忌大声痛哭,不能自己；太宗竟说不出话来，于是让长孙无忌出宫。过了几天，又召长孙无忌与褚遂良进入卧室内，对他们说："朕如今将后事全都托付给你们。太子仁义孝敬，你们也都知道的，望你们善加辅佐教导！"对太子说："有无忌、遂良在，你不用为大唐江山担忧！"又对褚遂良说："长孙无忌对我竭尽忠诚，我能拥有大唐江山，长孙无忌出力较多，我死之后，不要让小人进谗言挑拨你们之间的关系。"于是令褚遂良草拟遗诏。过了不久，太宗去世，高宗李治即位。

高宗做太子的时候，进寝宫侍奉太宗，看见才人武氏，便十分喜欢。太宗驾崩后，武氏和部分没有子女的嫔妃们一起入长安感业寺当了尼姑。在一年太宗的忌日，高宗到感业寺行香拜佛，武氏想办法见到了高宗，武则天哭泣，高宗也默默流泪。

当时，王皇后没有儿子，萧淑妃得高宗宠幸，王皇后受到了冷落，心中十分忌妒。正在王皇后想办法除掉萧淑妃的时候，听说了这件事，便暗中让武氏留发，劝说高宗接纳武氏入后宫，想要以武氏来离间高宗对萧妃的宠爱。

武氏机敏聪慧，善施权术，刚进宫时，侍奉皇后十分谦恭有礼；皇后十分喜欢她，多次在高宗面前称赞她。不久大得宠幸，拜为昭仪，皇后与萧妃均失宠，二人又一同诬告武氏，高宗均不予采纳。

王皇后、萧淑妃与武昭仪之间相互诬告诽谤，高宗不相信王后、萧妃的话，唯独信任武昭仪。王皇后不会曲意事奉高宗身边的人，她的母亲魏国夫人柳氏及舅舅中书令柳奭觐见六宫妃嫔，不讲礼节。武昭仪观察到皇后讨厌的人，便与之倾心相交，所得到的赏赐也要分给她们。因此王皇后与萧妃的一举一动，武昭仪都知道，并且都告诉给高宗。

王皇后虽然失宠，但高宗并未有废后的想法。恰巧此时，武昭仪生下一个女孩，皇后怜爱她并逗弄她玩，皇后走出去后，武昭仪趁没人将女孩掐死，又盖上被子。正好高宗来到，武昭仪假装欢笑，打开被子一同看孩子，发现女婴已经死了，武昭仪大声哭闹。问身边的人是怎么回事，身边的人都说："皇后刚刚来过这里。"高宗勃然大怒，说道："皇后杀了我的女儿！"武昭仪借机哭泣着数落其罪过。

皇后无法申辩，高宗从此有了废皇后立武昭仪为后的打算。又担心大臣们不服，于是便和武昭仪一道临幸太尉长孙无忌的家，宴饮酣畅欢乐到极点，酒席上将长孙无忌宠姬的三个儿子都拜为朝散大夫，又命人装载金银财宝、锦缎丝绸等共十车赐给长孙无忌。高宗乘机讲到王皇后没有子嗣，以此暗示长孙无忌。长孙无忌顾左右而言他，竟然没有顺从旨意，高宗与武昭仪二人在不愉快中结束这场酒宴。武昭仪又让自己的母亲杨氏到长孙无忌家，多次请求，长孙无忌最终还是没有答应。礼部尚书许敬宗也曾多次劝说长孙无忌，但长孙无忌正言厉色斥责了他。

唐朝因袭隋朝制度，后宫有贵妃、淑妃、德妃、贤妃，都是正一品的待遇。高宗想要特别设置一个宸妃，封给武昭仪，韩瑗、来济谏阻，认为无旧例可循，于是作罢。

唐高宗永徽六年（公元655年），中书舍人、饶阳人李义府为长孙无忌所厌恶，降职为壁州司马。敕令还未到门下省，李义府已经暗中得知，便向中书舍人、幽州人王德俭问计，王德俭说："高宗想要立武昭仪为皇后，正在犹豫不决，一直担心宰相们会有异议。你如果能提建议立武则天为后，则转祸为福了。"李义府同意他的话，这一天，他代替王德俭值宿，叩门向高宗上表章，请求废掉王皇后，立武昭仪为后，以满足黎民百姓的愿望。高宗十分高兴，亲自召见李义府，与他谈话，赐给珍珠一斗，留下他官居原职。武昭仪又暗中派人慰劳勉励他，不久破格提拔为中书侍郎。在此之后，卫尉卿许敬宗、御史大夫崔义玄、御史中丞袁公瑜都暗中向武昭仪表达效忠之心。

有一天高宗退朝后，宣召长孙无忌、李勣、于志宁、褚遂良进入内殿。褚遂良说："今天皇上宣召，多半是为了后宫的事，皇上的主意既已定了，违抗者必是死罪。太尉是国舅，司空是功臣，不可以让皇上承担杀国舅与功臣的不好名声。我褚遂良乃是自平民起家，没有汗马功劳，到了今日这个地位，而且接受先帝托孤，不以死谏诤，无颜去见先帝！"

李勣称病没去内殿。长孙无忌等人到了内殿，高宗对他们说："皇后没有子嗣，武昭仪有，如今朕想立武昭仪为皇后，你们看怎么样？"褚遂良答道："皇后出身名家，是先帝为陛下娶的。先帝临死的时候，拉着陛下的手对我说：'朕的好儿子好儿媳，如今就交付给你了。'这些话都是陛下亲耳听到的，言犹在耳。未听说皇后有什么过错，怎么能够轻易废掉呢！我不敢曲意顺从陛下，而违背先帝的遗愿！"高宗十分不高兴，只好作罢。

第二天又言及此事，褚遂良说："陛下一定要更换皇后，我请求遴选全国的世家望族，何必非武昭仪不可。武昭仪曾经侍奉过先帝，这是众所周知的，天下人的耳目，怎么能遮掩呢？千秋万代之后，人们又将怎么评价陛下呢？愿陛下三思！我今日触怒陛下，罪该处死。"说完将朝笏放在殿内台阶上，解下头巾磕头直到血流满面，说道："还给陛下朝笏，乞求放我回老家去。"高宗勃然大怒，命人带他出去。武昭仪在隔帘内大声说道："何不就地杀了这老东西！"长孙无忌说："褚遂良是先朝顾命大臣，有罪也不可以加刑。"

韩瑗找个时机上奏疏，流泪极力劝阻废皇后，高宗不予采纳。他第二天又劝谏，悲伤得不能自已，高宗命人将他带出去。韩瑗又上奏疏劝谏道："一般的夫妇，还要相互选择后再结合，何况天子呢？皇后乃是天下妇女的仪范，善恶由她而生，所以说嫫母辅佐黄帝；妲己倾覆殷朝。《诗经》说：'赫赫有名的宗周，就灭在褒姒之手。'每次观览前朝史事，常会发出感慨，没想到今天圣明之世也会受到玷污。做事不依法度，后世将如何看呢！希望陛下再三考虑，不要让后人讥笑。假使臣的话有益于国家，即使被剁成肉酱，臣也死得其所！当年吴王不听伍子胥的话，结果吴都姑苏破败，麋鹿出没。臣担心陛下令海内之人失望，使宫廷长满荆棘，宗庙不能继续享有祭祀的情况，为期不远了！"来济上表章劝谏说："君主册立皇后，应该依据天地之理，必须选择名门礼教之家的淑女，幽雅娴静，贤淑美好，才可与人的厚望相副，也能称神灵的意图。所以说周文王造船迎接太姒，这才有《关雎》的教化，百姓承受福祚；汉成帝纵欲成性，以婢女为皇后，使皇统断绝，社稷倾覆。周代的隆盛是那样，汉代的祸患又是这样，希望陛下明察！"高宗对这些谏言都不予采纳。

又一天，李勣进宫见高宗，高宗问他："我想要立武昭仪为皇后，褚遂良固执已见认为不可以。褚遂良既是顾命大臣，他反对，那么事情就应该停止吗？"李勣答道："这是陛下的家事，何必又去问外人呢！"高宗废后主意于是定了下来。许敬宗在朝中扬言道："庄稼汉多收了十斛麦子，还想着要换个老婆呢！何况天子要立皇后，人们又何必管那么多事而妄生异议呢？"武昭仪让身边的人将此话讲给高宗听。

高宗永徽六年（公元655年）十月，下诏废后，称："王皇后、萧淑妃谋行鸩毒，废为庶人，母及兄弟，并除名，流岭南。"百官上表请立中宫，接着下诏称："武氏门著勋庸，地华缨黻，往以才行选入后庭，誉重椒闱，德光兰掖。朕昔在储贰，特荷先慈，常得侍从，弗离朝夕，宫壶之内，恒自饬躬，嫔嫱之间，未尝迕目，圣情鉴悉，每垂赏叹，遂以武则天赐朕，事同政君，可立为皇后。"

第二天，皇后上表称："陛下以前想封妾为宸妃，韩瑗、来济当场否决，这都是为国家好，从这可以看出他们是多么的爱国，应该加以褒赏。"韩瑗等知道此事后非常恐惧，多次请求辞职，高宗都没有允许。

十一月，命司空李勣携带印信，正式册封皇后武氏。当天，百官在肃义门朝见皇后。

被废的王皇后和萧淑妃，一起被囚在别院，高宗有一次想起她们，就想到别院去看看她们。到那之后发现，她们的处所封闭极密，只留有一个小洞用来投递食物，黯然神伤，问道："皇后、淑妃在哪里呢？"王皇后哭着回答道："臣妾获罪贬为宫婢，哪还能称皇后呢？"又说道："皇上如果念及旧情，就放了我们，把这里改名为回心院。"高宗回答说："我马上来处理。"武后听到这个消息，大怒，派人打了王皇后及萧淑妃各一百棍，并且砍断了她们的手脚，将她们放在酒坛之中。没过几天，她们两人就被折磨至死。不久，武后就将王氏改为蟒氏，萧氏改为枭氏。可是从此之后，武后经常在恍惚中看到王氏和萧氏的鬼魂，披头散发，满脸鲜血，找她算账。所以后来,武则天多数时间在洛阳,很少不回长安。

当初,皇后武氏能屈身忍辱,顺从唐高宗的旨意,所以唐高宗排除不同意见,立她为皇后;等到她得志之后,恃势专权,唐高宗想有所作为,常为她所牵制,唐高宗非常愤怒。

高宗麟德元年(公元664年),武后命一个叫敦行真的道士,出入皇宫,曾施行用诅咒害人的"厌胜"邪术,太监王伏胜揭发了这件事。唐高宗大怒,秘密召来西台侍郎、同东西台三品上官仪商议。上官仪于是进言说:"皇后专权自恣,天下人都不说好话,请废黜她。"唐高宗也认为应当这么办,立即命令上官仪起草诏令。

皇帝左右的人跑去告诉武后,武后赶忙来到唐高宗处诉说。当时废黜的诏令草稿还在唐高宗处,他羞惭畏缩,不忍心废黜,又像原来一样对待她;害怕她怨恨恼怒,还哄骗她说:"我本来没有这个想法,都是上官仪给我出的主意。"

上官仪原先任陈王谘议,与王伏胜都曾事奉已被废黜的太子李忠,武后于是便指使许敬宗诬奏上官仪、王伏胜与李忠阴谋背叛朝廷。十二月十三日,上官仪被逮捕入狱,和他儿子上官庭芝以及王伏胜都被处死,家财被查抄没收。

此后,唐高宗每逢临朝治事,武后都在后边垂帘听政,政事无论大小,她都要参与。天下大权,全归于武后,官员升降生杀,取决于她一句话,皇帝只是无所事事的清闲人而已，朝廷内外称他们为"二圣"。

高宗麟德二年（公元665年）冬季，皇后武则天上表说："封禅原来的礼仪，祭皇地祇时，太后在左边配享，而令公卿大臣执行祭祀之事，这在礼法上有不妥当的地方，这次祭皇地祇，我请求率领宫廷内外有封号的妇女奠献祭品。"唐高宗下诏："在社首山祭皇地祇时，皇后第二个进献祭品，越国太妃燕氏最后一个进献祭品。"武后的地位无形中提升了不少。

当初，武士彟娶相里氏，生儿子武元庆、武元爽；后来又娶杨氏，生三个女儿，长女嫁给越王府法曹贺兰越石，二女儿即是皇后武则天，三女儿嫁给郭孝慎。武士彟死后，武元庆、武元爽及武士彟哥哥的儿子武惟良、武怀运等都不依礼对待杨氏，杨氏对他们怀恨在心。贺兰越石、郭孝慎及他的妻子都早死，贺兰越石的妻子生儿子贺兰敏之和一个女儿后守寡。武则天立为皇后，杨氏封为荣国夫人，贺兰越石妻子封为韩国夫人。

高宗乾封元年（公元666年）韩国夫人和她的女儿因皇后的关系，出入皇宫中，都得到唐高宗的宠爱。韩国夫人不久去世，她女儿被赐号为魏国夫人。唐高宗想让她担任宫廷女官，心里害怕皇后而没有决定，皇后因此憎恶她。恰好武惟良、武怀运与各州刺史到泰山朝见皇帝，跟随皇帝回到京师长安。武惟良等进献食品，皇后秘密将毒药放入肉酱中，毒死了魏国夫人。

魏国夫人被武后毒死时，唐高宗遇见武敏之，悲痛哭泣，说："早上我外出临朝听政时，她还安然无恙，退朝时就无法抢救了，怎么死得如此匆促？"武敏之只是大哭，并不答话。武后听到这个情况后，说："这小子怀疑我。"于是开始憎恨他。武敏之相貌漂亮，与他外祖母太原王妃杨氏淫乱；在为杨氏守丧期间，他又脱去丧服，命歌妓奏乐歌舞。司卫少卿杨思俭的女儿美貌出众，唐高宗和武后亲自选她为太子妃，婚期已定，武敏之竟强奸了她。武则天于是给唐高宗上书，揭露他前后的罪恶，请求将他放逐到边远地区。唐高宗命令把武敏之流放到雷州，恢复他的本姓贺兰。贺兰敏之走到韶州，被用马缰绳绞死。朝廷官吏中不少人因曾与他交游，被流放岭南。

高宗上元二年（公元675年），唐高宗受严重风眩病的困扰，商议由天后武氏代理国家政事，中书侍郎、同三品郝处俊说："皇帝治理外朝，皇后治理后宫，是天经地义的。从前魏文帝曹丕曾立下法令，虽然皇帝幼小，也不许太后临朝听政，为的是防止祸乱发生。陛下为何不将高祖、太宗的天下传给子孙，而托付给天后呢！"中书侍郎昌乐人李义琰说："郝处俊的话是最忠诚的，陛下应当听取！"唐高宗于是放弃原来的打算。

太子李弘仁爱孝顺、谦虚谨慎，唐高宗很喜欢他。他对士大夫能以礼相待，得到了朝廷内外的爱戴。天后武氏正要施展个人抱负，太子李弘奏事多次违反她的旨意，因此武氏对他不喜欢。义阳、宣城二位公主，是萧淑妃的女儿，因受母亲牵连而获罪，被囚禁在后宫中，年过三十不能结婚。太子李弘见到这种情况，既吃惊又同情，便立即上奏请求准许她们出嫁，得到唐高宗的批准。武氏很恼火，当天便把她们分别嫁给正在值班的翊卫权毅、王遂古。不久，太子李弘死于合璧宫，当时人以为是被天后武氏用鸩酒毒死的。

高宗弘道元年（公元683年）十一月，高宗苦于头痛，不能看东西，召侍医秦鸣鹤诊视。秦鸣鹤请求用针刺头使它出血，可以痊愈。天后在帘中，她不希望唐高宗的病治好，大怒说："此人可以斩首！竟想在天子头上刺出血。"秦鸣鹤叩头请求保全生命。唐高宗说："只管刺，不见得一定不好。"于是用针刺百会、脑户两个穴位。高宗说："我眼睛似乎看得见了。"天后把手举在额上说："这是上天的恩赐！"

高宗自从在奉天宫病重，连宰相都不得进见。一天夜里，高宗召裴炎入宫，接受遗诏，辅佐朝政。高宗在贞观殿驾崩。他在遗诏中命令太子在他灵柩前即帝位，军国大事有不能决断的，兼请天后处置。唐中宗即皇帝位，尊天后为皇太后，政事全取决于她。

则天皇后光宅元年（公元684年），中宗打算任命韦玄贞为侍中，又打算授给乳母的儿子五品官，裴炎坚持不同意见，中宗大怒，说："我将天下交给韦玄贞有什么不可以！难道还吝惜侍中职位！"裴炎畏惧，报告太后，并密谋废立皇帝的事。太后召集百官于乾元殿，裴炎与中书侍郎刘之、羽林将军程务挺、张虔勖领兵入宫，宣布太后命令，废中宗为庐陵王，扶他下殿。中宗说："我犯了什么罪？"太后说："你想将天下交给韦玄贞，怎么会没有罪！"于是将他幽禁在别处。

不久，太后立雍州牧豫王李旦为皇帝，政事取决于太后，皇帝睿宗居于别殿，对政事不得有所干预。

渐渐地，武则天已经不满足于垂帘听政，她想做一个名副其实的皇帝。天授元年（公元 690 年），太后同意皇帝及群臣的请求，登则天门城楼，宣布大赦天下，改唐为周，更改年号天授，尊号称圣神皇帝，以皇帝为皇位继承人，赐姓武氏，以皇太子为皇孙。

诗词拓展：

武则天

翎 翼

日月凌空照四方，垂帘不便弄朝堂。
巾帼称帝与天寿，从此宫中无凤凰。

唐室砥柱狄仁杰

狄仁杰为官,正如老子所言"圣人无常心,以百姓心为心",为了拯救无辜,敢于拂逆君主之意,始终保持体恤百姓、不畏权势的本色,始终是居庙堂之上,以民为忧,后人称之为"唐室砥柱"。

仪凤元年(公元676年),大理寺上奏说左威卫大将军权善才、左监门中郎将范怀义误砍昭陵柏树,论罪应当除去官吏名籍;唐高宗特意命令处死他们。狄仁杰上奏说:"这两人的罪行不够处死。"唐高宗说:"权善才等砍昭陵柏树,我不杀他们就是不孝。"狄仁杰一再坚持自己的意见,唐高宗满脸怒色,命令他出去,狄仁杰说:"冒犯皇帝的威严,直言规劝,自古以来就认为很难做到。我以为遇到桀、纣则困难,遇到尧、舜则容易。现在依照法律不该处死的人,而陛下特意杀他，是法律不能取信于人，人们将何所适从？汉朝张释之对文帝说过'假如有人盗取高祖长陵一土，陛下如何处分他？'现在因砍一棵柏树而杀两位将军，后代会认为陛下是怎么样的君主？我之所以不执行处死他们的命令，是恐怕使陛下陷于无道的处境，而且无脸见张释之于九泉之下的缘故。"唐高宗的怒气这才消解，权善才、范怀义被除去名籍，流放岭南。几天以后，朝廷提升狄仁杰为侍御史。

垂拱四年（公元 688 年），朝廷任命文昌左丞狄仁杰为豫州刺史。当时正惩治越王李贞的党羽，要判罪的有六七百家，籍没充当奴婢的有五千人，司刑寺催促豫州方面尽快执行判决。狄仁杰给太后上密奏说："他们都是受连累的，我想明白上奏，似乎是在为叛逆的人申辩；知而不言，又恐怕有悖于陛下仁爱怜悯的本意。"太后因此特意原谅他们，都流放丰州。当他们路过宁州时，宁州父老迎接慰劳说："是我们的狄使君救活你们的吧？"互相搀扶着在功德碑下痛哭，斋戒三天后才继续往前走。

当时张光辅还在豫州，将士依仗有功，肆意勒索，狄仁杰不予理睬。张光辅大怒说："州将敢轻视全军主将！"狄仁杰说："河南作乱的只有一个越王李贞，现在一个李贞死了，出现了一万个李贞！"张光辅责问这话是什么意思，狄仁杰说："您统兵三十万，所要杀的只限于越王李贞。城中人听说官军到来，越城出来投降的人很多，四面都踩踏成道路了，您放纵军士凶暴地抢掠，杀已投降的人用以报功，流血染红郊野，这不是一万个李贞又是什么！我恨不能得到天子的尚方斩马剑加在您的脖子上，我虽死也视作回家一般！"张光辅无法反驳，回来后，上奏说狄仁杰不恭顺。狄仁杰被降职为复州刺史。

然而，经过前面几件事，狄仁杰的才干与名望，已经逐渐得到武则天的赞赏和信任。天授二年（公元691年）九月，狄仁杰被任命为户部侍郎、同凤阁鸾台平章事，开始了他第一次短暂的宰相生涯。身居要职，狄仁杰谨慎自持，从严律己。一日，武则天对他说："你在汝南时，很有善政，你想知道诬陷你的人的姓名吗？"狄仁杰感谢说："陛下认为我有过失，请准许我改过；知道我没有过失，是我的幸运，不愿意知道谁诬陷我。"武则天对他坦荡豁达的胸怀深为叹服。

狄仁杰官居宰相，参与朝政之时，也正是武承嗣显赫一时，踌躇满志之日。他认为狄仁杰将是他被立为皇嗣的障碍之一。长寿元年（692年）正月，武承嗣勾结酷吏来俊臣诬告任知古、裴行本、狄仁杰等大臣谋反，将他们逮捕下狱。这以前，来俊臣曾奏请太后下命令：一经审问即承认谋反的人可以减免死罪。等到任知古等入狱，来俊臣便用这道命令引诱他们认罪。狄仁杰回答说："大周改朝换代，万物更新，唐朝旧臣，甘愿听任诛戮。谋反是事实！"来俊臣便对他稍加宽容。来俊臣的属官王德寿对狄仁杰说："您一定能减免死罪了。我已受人指使，想略找一个升迁阶梯，您可以帮我将杨执柔牵连进来吗？可以吗？"狄仁杰说："天神地神在上，竟要狄仁杰干这种事！"说完一头撞在柱子上，血流满面；王德寿害怕因而向他道歉。

狄仁杰迫于来俊臣的酷刑，不得已承认了谋反，有关部门只等待判罪执行刑罚，不再严加防备。狄仁杰便从被子上撕下一块帛，书写冤屈情况，塞在绵衣里面，对王德寿说："天气热了，请将绵衣交给我家里人撤去丝绵。"王德寿同意了。

狄仁杰的儿子狄光远得到帛书，拿着去朝廷说有紧急情况要报告，得到武则天召见。武则天看了帛书，质问来俊臣，他回答说："狄仁杰等入狱后，我未曾剥夺他们的头巾和腰带，生活很安适，假如没有事实，怎么肯承认谋反！"武则天派通事舍人前往查看，来俊臣临时发给狄仁杰等头巾腰带，让他们排列站立在西边让通事舍人验看；通事舍人不敢向西看，只是面向东边唯唯诺诺而已。来俊臣又伪造狄仁杰等的谢死罪表，让通事舍人上奏武则天。

这时，与狄仁杰同为鸾台平章事的乐思晦的儿子未满十岁，但因父亲出事被来俊臣害死，他也要被籍没入司农寺为奴。乐思晦的儿子通过各种方法积极要求上告特别情况，获得武则天召见。武则天问他有什么情况，他回答说："我父亲已死，家已破，只可惜陛下的刑法被来俊臣等所玩弄，陛下如果不相信我说的话，请选择朝臣中忠诚清廉、陛下一贯信任的人，提出他们谋反的罪状交给来俊臣，他们没有不承认谋反的。"武则天后听后稍有醒悟，召见狄仁杰等，问道："你承认谋反，为什么？"回答说："不承认，便已经死于严刑拷打了。"武则天说："为何作谢死罪表？"狄仁杰回答说："我没有写过。"武则天出示所上的奏表，比照之下才知道是伪造的，于是释免他们。

　　武承嗣、武三思谋求成为太子，多次指使人劝武则天说："自古以来的天子没有以外姓人为继承人的。"武则天还拿不定主意。狄仁杰常从容不迫地对武则天说："太宗文皇帝不避风雨，亲自冒着刀枪箭镞，平定天下，传给子孙。高宗大帝将两个儿子托付陛下。陛下现在却想将国家移交给外姓，这恐怕不符合上天的意思吗？而且姑侄与母子相比谁更亲？陛下立儿子为太子，则千秋万岁之后，配祭太庙，代代相承，没有穷尽；立侄儿为太子，则未听说过侄儿当了天子而合祭姑姑于太庙的。"

　　武则天说："这是朕家里的事，你不要参与。"狄仁杰说："君王以四海为家，四海之内，谁不是臣妾，什么事不是陛下家里的事！君主是元首，臣下为四肢，意思是一个整体，何况我任宰相，哪能不参与呢！"他又劝武则天召回庐陵王。王方庆、王及善也劝说武则天，这时武则天心里稍微醒悟。

有一天，武则天又对狄仁杰说："我梦见大鹦鹉两翼都折断，这是什么意思？"回答说："武是陛下的姓，两翼是两个儿子。陛下起用两个儿子，则两翼便振作起来了。"武则天因此便打消了立武承嗣、武三思为太子的想法。

九月，朝廷任命狄仁杰为河北道行军副元帅，右丞宋元爽为长史，右台中丞崔献为司马，左台中丞吉顼为监军使。当时太子没有出征，朝廷命令狄仁杰主持元帅的事务，武则天亲自为他送行。

当时河北道百姓被突厥所驱赶逼迫，突厥撤退后，害怕被杀，往往逃跑躲藏。狄仁杰上疏认为："朝廷议政的人都主张惩罚被契丹、突厥胁迫而服从的人，说他们行动虽然不同，但投敌的思想没有区别。处在愁苦的环境中，生活无乐趣可言，哪里有利便归向那里，暂且求得生存，这是普通人的正常行为。人就如同水，堵塞它就成为泉，疏导它就成为河流，或通或塞都随宜而流，哪里有固定的形态！现在戴罪的人们，一定不在家中，而露宿野外，涉足草野，潜藏山泽之间，赦免他们的罪便出来，不赦他们的罪即放肆妄为，崤山以东的群盗，就是因此而集结的。我以为边地的战事暂时发生，不值得忧虑，内地不安定，这才是大事。惩罚他们则群众情绪恐惧，宽恕他们则反复无常的人也会感到心安，诚恳希望特别赦免黄河以北各州百姓，一律不予追究。"

武则天命令照此办理。狄仁杰安抚慰问百姓,找到被突厥驱赶掠夺的人,全都送回原籍;散发粮食救济贫困的人,修驿馆以利于官军撤回。恐怕军官和使者乱索取供应,他便自己吃很粗糙的饭菜,禁止部下侵扰百姓,违犯的必定斩首。黄河以北于是安定下来。

久视元年(公元700年),朝廷任命狄仁杰为内史。一天,武则天前往三阳宫避暑,有胡僧邀请武则天参观埋葬佛舍利,武则天答应了。出发时狄仁杰跪在武则天的马前说:"佛是夷狄的神,不值得让天下的君主屈尊驾临。那胡僧诡计多端,是想邀请到万乘之尊借以迷惑远近百姓。而且沿途山路艰险狭窄,容纳不下侍卫,也不是万乘之尊所应当驾临的地方。"武则天中途返回,说:"这是为了成全我们的正直之臣的正气。"

当初,契丹的将领李楷固,善于使用套绳和骑射、舞槊,每次进入战阵,就好像鸷鸟进入乌鸦群中,所向无敌。黄獐谷之战,唐将张玄遇、麻仁节都被他用套绳套住。又有个叫骆务整的,也是契丹将领,多次打败唐兵。孙万荣死后,这两人都投降唐朝。有关部门指责他们没有及早投降,上奏请求将他们灭族。狄仁杰说:"李楷固等都勇猛无比,既然能为他的主上尽力,也一定能为我们尽力,如果用恩德安抚他们,就都能为朝廷所用。"于是上奏请求赦免他们。武则天采纳他的意见,赦免了他们,任命李楷固为左玉钤卫将军，骆务整为右武威卫将军，并派他们领兵进击契丹余党，将契丹全部平定。

这年七月，李楷固献契丹俘虏于含枢殿。武则天任命李楷固为左玉钤卫大将军，封燕国公，赐姓武氏。武则天设宴款待诸位公卿，席间举杯对狄仁杰说："这是您的功劳啊！"准备赏赐他，狄仁杰回答说："此次平定契丹余党乃是由于陛下的声威以及将帅竭忠尽力所致，我又有什么功劳！"坚决推辞，不接受赏赐。

武则天要建造一尊大佛像，让全国的和尚尼姑每人每天捐出一文钱来，以促成其事。狄仁杰上疏谏阻，奏疏的大意是："当今的佛教寺院，在建筑规模上已经超过皇帝的宫殿。营建这些寺院无法借助鬼神之助，只能依靠百姓出力。物资不会从天而降，终究来自地里，不靠损害百姓，又怎能得到这些东西呢？终究还不是要劳民伤财，以设置浮华无实用的装饰！"接着又说："近年来水旱灾害时有发生，边境又不安宁，如果为修建大佛像而耗费国库资财，又用尽民力，那么万一哪一个角落有灾难，陛下将用什么去救援呢？"武则天说："您劝导我行善，我又怎么能违背您的意愿呢？"于是停止了修建大佛像的工程。

武则天十分信任和看重内史梁文惠公狄仁杰，没有哪一个大臣能比得上。她常常称狄仁杰为国老，而不是直呼其名。狄仁杰习惯于在朝堂上当面直言规谏，武则天常常采纳他的建议,即使这样做违背了自己的本意时也是如此。

狄仁杰曾屡次因年老多病的缘故而提出退休的请求,武则天都没有答应。武则天在狄仁杰入朝参见的时候,还常常阻止他行跪拜礼,说:"每当看到您行跪拜礼的时候,朕的身体都会感到痛楚。"武则天还免除了狄仁杰晚上在宫中轮流值班的义务,并告诫他的同僚们说:"如果没有十分重要的军国大事,都不要去打扰狄老先生。"

久视元年(公元700年),九月,狄仁杰去世,武则天流着眼泪说:"朝堂上再也没有可以依靠的师长了!"此后朝廷一有大事,如果群臣无法决断,武则天就会叹息道:"老天为什么这么早就把我的国老夺走呢!"

诗词拓展:

狄仁杰

〔宋〕徐 钧

天理何曾一日亡,始终感悟为存唐。
平生独有知人鉴,身后功名付老张。

太平公主

太平公主是唐高宗李治与武则天的小女儿，生平极受父母兄长尤其是其母武则天的宠爱。太平公主8岁时，为了替已经去世的外祖母荣国夫人杨氏祈福为名，武则天让她出家为女道士，太平一名，乃是她的道号。

虽然号称出家，她却一直住在宫中。一直到吐蕃派使者前来求婚，点名要娶走太平公主。李治和武则天不想让爱女嫁到远方去，又不好直接拒绝吐蕃，便修建了太平观让她入住，正式出家，借口公主已经出家来避免和亲。

高宗开耀元年（公元681年）七月，太平公主约16岁时，下嫁给唐高宗的嫡亲外甥，城阳公主的二儿子薛绍。婚礼在长安附近的万年县馆举行，场面非常豪华，自兴安门南至宣阳坊西，火炬接连不断，路两边的槐树多被烧死。

薛绍的哥哥薛顗因太平公主恩宠太盛，深为忧虑，询问远房叔祖父户部郎中薛克构该怎么办，薛克构说："皇帝的外甥娶公主，是皇家旧例，如果以恭敬谨慎的态度对待，又有什么关系！但有谚语说：'娶妻得公主，无事抓进官府'，不能不令人担忧。"

天后武则天认为薛顗的妻子萧氏和他弟弟薛绪的妻子成氏不是贵族，想让薛家遗弃她们，说："怎么能让我女儿与田舍翁的女儿作姒娌呢！"有人说："萧氏，是萧瑀的侄孙女，皇家的旧姻亲。"事情才算了结。

垂拱四年（公元688年）济州刺史薛顗，薛顗的弟弟薛绪，薛绪的弟弟驸马都尉薛绍，都参与琅琊王李冲的政变。薛顗听说李冲起兵，即制造武器，招募人员；李冲失败后，杀录事参军高纂以灭口。十一月初六，薛顗、薛绪被处死，薛绍因娶太平公主的缘故，被打一百棍子后，饿死于监狱中。

天授元年（公元690年），武则天想将她女儿太平公主嫁给她伯父武士让的孙子武攸暨。武攸暨当时任右卫中郎将，武则天秘密指使人杀死他的妻子而后将女儿嫁给他。太平公主方额大腮，多权变谋略，太后以为同自己相像，因此特别宠爱她，常同她秘密议论天下大事。按旧制规定，朝廷赐给封户，诸王不能超过一千户，公主不能超过三百五十户；唯独太平公主却连续追加至三千户。武攸暨性格谨慎谦退，所以太平公主在第二次婚姻期间，家里的一切都是她说了算。

太平公主爱财喜权贵。尚乘奉御张易之，是张行成的族孙，年轻、貌美，精通音律。太平公主推荐张易之的弟弟张昌宗入侍宫中，张昌宗又推荐张易之，兄弟二人都得到武则天的宠幸，常涂脂抹粉，穿华丽的衣服。张昌宗连续升官后任散骑常侍，张易之任司卫少卿。武承嗣、武三思、武懿宗、宗楚客、宗晋卿等人，时常等候在张易之家门口，争着为他执马鞭牵马，称张易之为五郎，张昌宗为六郎。

圣历二年（公元699年），文昌左丞宗楚客与弟弟司农卿宗晋卿，因贪赃受贿达万余缗钱和住宅过度豪华，宗楚客被降职为播州司马，宗晋卿被流放峰州。太平公主观看他们的住宅后，感叹说："看到他们的住所，我们都白活了。"

武则天年纪大了，恐怕自己死后太子与武氏诸王不能相容，命令太子、相王、太平公主和武攸暨等写下互不伤害的誓词，在明堂向天地立誓，并将誓词铭刻在铁契上，收藏于史馆中。

长安二年（公元702年），司仆卿张昌宗兄弟贵显已极，权倾朝野。太子李显、相王李旦、太平公主上表，请求封张昌宗为王，武则天拒绝了这一建议，过了一段时间，这些人又请求封张昌宗为王，武则天才答应赐张昌宗为邺国公。

中宗神龙元年（公元705年），宰相张柬之发动兵变，诛杀二张，逼武则天逊位给太子李显，群臣给唐中宗上尊号为应天皇帝，为韦后上尊号为顺天皇后。太平公主由于参与诛杀二张兄弟有功，而受封为"镇国太平公主"。

唐中宗复位之后，太平公主逐渐走到幕前，积极参与政治。她受到中宗的尊重，中宗曾特地下诏免她对皇太子李重俊、长宁公主等人行礼。唐中宗时期，韦后和安乐公主都惧怕她，一直找机会打击她。

景龙元年（公元707年），太子李重俊谋反。安乐公主与兵部尚书宗楚客指使侍御史冉祖雍上奏诬陷相王李旦及太平公主，说他们两人"与李重俊合谋造反，请将他们逮捕审讯。"唐中宗于是派吏部侍郎兼御史中丞萧至忠负责审理此案，萧至忠流着眼泪说："陛下富贵已极，拥有整个天下，却不能容纳一弟一妹，难道还要让人罗织罪名，把他们陷害至死！相王当初做皇嗣时，曾坚决地请求则天皇后允许他把天下让给陛下，为此多日吃不下饭，这是海内外臣民人所共知的事情。陛下现在为什么仅凭冉祖雍的一句话就怀疑相王呢？"唐中宗对相王李旦及太平公主一向友爱，听了这番话以后也就把这件事放下不问了。

从此，太平公主和安乐公主各自拉帮结派，彼此之间互相诽谤诬陷，唐中宗对此十分忧虑。景龙三年（公元709年）十一月，唐中宗向修文馆直学士武平一问道："近来听说朝廷内外的很多皇亲国戚彼此之间不和睦，用什么办法能使他们彼此和解呢?"武平一认为:"这是由于有专门讲别人坏话的人和阿谀奉承之徒暗中挑拨离间的缘故,陛下应该严加训诫,并驱逐那些奸邪阴险的小人。如果这样还不能使他们和解的话,臣希望陛下舍弃亲近的人,寻求疏远的人,遏制慈爱宽仁之心,保存严格要求之意,让他们懂得应当遵守的规矩,不要使他们彼此之间的仇恨越积越多。"唐中宗赏赐了武平一一些绢帛,却没有采纳他的建议。

唐睿宗景云元年(公元710年),散骑常侍马秦客靠精于医术,光禄少卿杨均靠善于烹调,都得以随意出入后宫,并与韦后勾搭成奸,他们担心此事泄露出去会被处死;安乐公主希望韦后能临朝主持政事,自己好当皇太女;于是这些人共同策划杀掉唐中宗,他们在进给中宗吃的糕饼里投放了毒药,六月初二,唐中宗在神龙殿驾崩。

韦后不公布中宗驾崩的消息,自己总揽了朝廷的大小事务。太平公主与上官婉儿商议起草唐中宗遗诏,立温王李重茂为太子,由韦皇后主持政事,相王李旦参谋政事。宗楚客私下对韦温说:"由相王辅政在道理上有些讲不通,再说相王与韦后乃是叔嫂关系,不应互相问候,两人在一起处理朝廷政务的时候,又如何执行礼的规定呢!"于是宗楚客率领宰相们一同上表,请求韦皇后临朝主持政事,免去相王李旦参谋政事的职务,任命相王李旦为太子太师,架空了李旦。

宗楚客伙同太常卿武延秀、司农卿赵履温、国子祭酒叶静能以及韦家诸人一同劝说皇太后韦氏沿用武则天的惯例登基称帝，当时守卫宫城的南北禁卫军以及地位重要的尚书省诸司，都已经被韦氏子弟所控制，他们大量网罗党羽，在朝廷内外互相勾结。宗楚客又秘密地上书皇太后韦氏，引用图谶来说明韦氏理当取代大唐而君临天下。宗楚客还打算害死皇帝，只是十分担心相王李旦与太平公主会从中作梗，于是与韦温和安乐公主密谋除掉他们。

兵部侍郎崔日用平素一向依附韦后及武氏集团，与宗楚客交情也很好，他得知宗楚客的阴谋以后，担心自己会因此遇祸，便派宝昌寺僧人普润秘密地去向相王李旦的儿子临淄王李隆基报告，并劝李隆基尽快发难。

李隆基于是与太平公主及其子卫尉卿薛崇等人策划先行举兵发难，铲除韦氏集团。有人建议李隆基应当把这件事告诉相王，李隆基回答说："我们这些人是为了大唐的江山社稷才干这种事的，事成之后福分归于相王，万一事情失败了我们为宗庙牺牲也就是了，不必因此而连累相王。如果告诉了他，他同意这样做，就等于让他也参与了这种极为危险的事；若是他不同意这样做，那就只会坏了大事。"于是李隆基没有把这件事告诉其父相王李旦。

李隆基身穿便服与刘幽求等人进入禁苑之中，到钟绍京的住所集合。此时钟绍京已有后悔之意，便想将李隆基拒之门外，他的妻子许氏对他说："为了国家大事而不计个人安危的人必得神助，再说你平常就一直与他们共同谋划这件事，现在即使你不去亲自参加，又哪里能够脱得了干系呢！"钟绍京听完后赶忙开门出来拜见李隆基，李隆基拉着他的手与他一起坐下。这时羽林军将士都驻扎在玄武门，将近二更时，夜空的流星散落如雪，刘幽求说道："天意如此，机不可失！"葛福顺高声喝道："韦后毒死先帝，谋危社稷，今晚大家要齐心协力，铲除韦家人及其党羽，凡是长得高过马鞭的人一律斩杀；拥立相王为帝以安定天下。倘若有人胆敢首鼠两端帮助逆党，判的罪要连及三族。"羽林军将士全都欣然从命。羽林军将韦后等人的首级送给李隆基，李隆基在灯光下看过之后，便与刘幽求等人一同走出禁苑南门。韦后惊慌失措，逃到飞骑营，一个士卒砍下她的首级，献给李隆基。羽林军进攻之时，安乐公主正对着镜子画眉，被士兵斩杀。

刘幽求对宋王李成器、平王李隆基说："相王在以前就曾当过皇帝，是万民所向往的。现在民心尚未安定，皇室国家之事至为重要，相王怎能还拘于小节，不早日登基称帝以安定天下呢！"李隆基回答说："相王生性淡泊，从来不把世事放在心上，即使他已经君临天下，还要把帝位让给别人，何况当今天子乃相王亲哥哥的儿子，他又怎么肯取而代之呢！"刘幽求说："民心不可违背，相王虽想高居世外独善其身，但大唐的宗庙社稷又怎么办呢！"李成器和李隆基入内拜见相王李旦，尽力劝说，相王才答应重登帝位。

这时少帝还坐在皇帝的宝座上，太平公主上前对他说道："天下臣民之心已归附相王，这个宝座已经不再属于你这小子了！"说完便将他从宝座上拉了下来。唐睿宗即皇帝位，并亲临承天门，下诏赦免天下罪囚，恢复了少帝李重茂的温王爵位。

太平公主屡立大功后，权势地位更加显赫重要，唐睿宗经常同她商量朝廷的大政方针，每次她入朝奏事，都要和睿宗坐在一起谈上一段时间；有时她没去上朝谒见，睿宗会派宰相到她的家中征求她对某些问题的处理意见。每当宰相们奏事的时候，睿宗就要询问："这件事曾经与太平公主商量过吗？"接下来还要问道："与三郎商量过吗？"在得到宰相们肯定的答复之后，睿宗才会对宰相们的意见表示同意。三郎指的是皇太子李隆基。

凡是太平公主想干的事，睿宗没有不同意的，朝中文武百官自宰相以下，或升迁或降免，全在她的一句话，其余经过她的举荐而平步青云担任要职的士人更是不可胜数。由于太平公主的权势甚至超过了睿宗皇帝，所以对她趋炎附势的人数不胜数。太平公主的儿子薛崇行、薛崇敏、薛崇简三人都受封为王。太平公主的田产园林遍布于长安城郊外各地，她家在收买或制造各种珍宝器物时，足迹远至岭南及巴蜀地区，为她运送这类物品的人不绝于路。太平公主的日常衣食住行，也处处模仿宫廷的排场。

　　太平公主认为太子李隆基还很年轻，因而起初并未把太子放在心上；不久之后又因惧怕太子的英明威武，转而想要改立一位昏庸懦弱的人做太子，以便使她自己能长期保住现有的权势地位。太平公主屡次散布流言，声称"太子并非皇帝的嫡长子，不应当被立为太子。"唐睿宗景云元年（公元710年），唐睿宗颁下制书晓谕警告天下臣民，以平息各种流言蜚语。

　　太平公主还常常派人监视太子李隆基的所作所为，即使一些细微之事也要报知唐睿宗，太平公主还在太子身边安插了很多耳目，太子心里感到十分不安。

　　景云二年（公元711年）太平公主同益州长史窦怀贞等结成朋党，想加害于太子李隆基，便指使她的女婿唐晙邀请韦安石到自己的家中来，韦安石坚决推辞，没有前往。唐睿宗曾经秘密地召见韦安石，对他说："听说朝廷文武百官全都倾心归附太子，您应当对此多加留意。"韦安石回答说："陛下从哪里听到这种亡国之言呢！这一定是太平公主的主意。太子为宗庙社稷立下了大功，而且一向仁慈明智，孝顺父母，友爱兄弟，这是天下人都知道的事实，希望陛下不要被谗言所迷惑。"

　　唐睿宗听过这话之后十分惊异地说："朕明白了，您不要再提这件事了。"当时太平公主正在帘子后面偷听他们君臣之间的谈话，事后便散布各种流言蜚语对韦安石横加陷害，想把他逮捕下狱严加审讯，多亏了郭元振的救助韦安石才得以幸免。

太平公主还曾乘辇车在光范门内拦住宰相，暗示他们应当改立皇太子，在场的宰相们全都大惊失色。宋璟大声质问道："太子为大唐社稷立下了莫大的功劳，是宗庙社稷的主人，公主为什么突然提出这样的建议！"

宋璟与姚元之秘密地向唐睿宗进言道："宋王李成器是陛下的嫡长子，豳王李守礼是高宗皇帝的长孙，太平公主在他俩与太子之间互相构陷，制造事端，将会使得东宫地位不稳。请陛下将宋王和豳王两人外放为刺史；撤除岐王李隆范和薛王李隆业所担任的左、右羽林大将军职务，任命他们为太子左、右卫率，以侍奉太子；将太平公主与武攸暨安置到东都洛阳。"

唐睿宗说："朕现在已没有兄弟了，只有太平公主这一个妹妹，怎么可以将她远远地安置到东都去呢！至于诸王则任凭你们安排。"于是先颁下制命说："今后诸王、驸马一律不得统率禁军，现在任职的都必须改任其他官职。"

二月初一，唐睿宗任命宋王李成器为同州刺史，豳王李守礼为豳州刺史，任命左羽林大将军岐王李隆范为左卫率，右羽林大将军薛王李隆业为右卫率；又将太平公主安置在蒲州。

太平公主得知姚元之与宋璟的计谋之后勃然大怒，并以此责备太子李隆基。太子感到害怕，便向唐睿宗奏称姚元之和宋璟挑拨自己与姑母太平公主和兄长宋王李成器、幽王李守礼之间的关系，并请求对他们两人严加惩处。唐睿宗将姚元之贬为申州刺史，将宋璟贬为楚州刺史。宋王李成器和幽王李守礼被任命为刺史的事也停止执行。

唐玄宗先天元年（公元712年），太平公主指使一个懂天文历法的人向唐睿宗进言说："彗星的出现标志着将要除旧布新，再说位于天市垣内的帝座以及心前星均有变化，所主之事乃是皇太子应当登基即位。"唐睿宗说："将帝位传给有德之人，以避免灾祸，我的决心已定。"太平公主和她的同伙们都极力谏阻，认为这样做不行，唐睿宗说："中宗皇帝在位时，一群奸佞小人专擅朝政，上天屡次用灾异来表示警告。朕当时请求中宗选择贤明的儿子立为皇帝以避免灾祸，但中宗很不高兴，朕也因此而担忧恐惧以至于几天吃不下饭。朕怎么能够对中宗可以劝他禅位，对自己却不能做到这一点呢！"

太子李隆基知道这个消息后，赶忙入宫朝见，跪在地上边叩头边说："臣因尺寸之功，就被破格立为皇嗣，即使是做太子还担心无法胜任，陛下又突然要将帝位传给臣，不清楚这究竟是为了什么？"唐睿宗对太子说："大唐的宗庙社稷之所以再次安然无恙，我之所以能够君临天下，都是由于你立下大功。现在帝座星有灾异出现,所以我将帝位禅让给你,以便能转祸为福,你还有什么可疑惑的呢!"太子李隆基还是坚决推辞不受。唐睿宗说:"你是一个孝子,为什么非要等到站在我的灵柩前才能即皇帝之位呢!"太子只好流着眼泪走了出来。八月,玄宇李隆基即位,尊睿宇为太上皇。

开元元年(公元713年),太平公主倚仗太上皇唐睿宗的势力专擅朝政,与唐玄宗发生尖锐的冲突,朝中七位宰相之中,有五位是出自她的门下,文臣武将之中也有一半以上的人依附她。太平公主又与宫女元氏合谋,准备在进献给玄宗皇帝服用的天麻粉中投毒。王琚对唐玄宗进言道:"形势已十分紧迫,陛下不可不迅速行动了。"尚书左丞张说从东都洛阳派人给唐玄宗送来了一把佩刀,意思是请玄宗及早决断,铲除太平公主的势力。

荆州长史崔日用入朝奏事,对唐玄宗说:"太平公主图谋叛逆,是由来已久的事情。当初,陛下在东宫做太子时,在名分上还是臣子,如果那时想铲除太平公主,需要施用计谋。现在陛下已为全国之主,只需颁下一道制书,有哪一个敢于抗命不从?如果犹豫不决,万一奸邪之徒的阴谋得逞,那时候再后悔可就来不及了!"

唐玄宗说:"你说得非常正确,只是朕担心会惊动太上皇。"崔日用又说道:"天子的大孝在于使四海安宁。倘若奸党得志，则社稷宗庙将化为废墟，陛下的孝行又怎么体现出来呢！请陛下首先控制住禁军，然后再将太平公主及其党羽一网打尽，这样就不会惊动太上皇了。"唐玄宗认为他说得很对，便任命他为吏部侍郎。

　　唐玄宗与郭元振、王毛仲、高力士等人定计诛杀太平公主，先发制人，诱杀了左、右羽林将军和宰相。太平公主逃入山寺，直到事发三天以后才出来，被唐玄宗下诏赐死在她自己的家中，她的儿子以及党羽被处死的达数十人。唐玄宗下令将太平公主的所有财产没收充公，在抄家时发现公主家中的财物堆积如山，珍宝器玩可以与皇家府库媲美，马厩中牧养的羊马、拥有的田地园林和放债应得的利息，几年也收不完。

诗词拓展：

游太平公主山庄

［唐］韩　愈

公主当年欲占春，故将台榭押城闉。
欲知前面花多少，直到南山不属人。

忠心不贰的宦官高力士

　　高力士，唐代潘州人，10岁时，其家因株连罪被抄，被阉。武则天圣历初进宫，初为则天赏识，后因小过逐出宫。一年多后，武则天又召高力士入宫。

　　当初唐太宗曾定下制度，内侍省不设置三品官，内侍们无非是身着黄色朝服，领取皇家发放的禄米，做一些把守宫门、传达诏命之类的事情。武则天虽是女皇帝，宦官也不执掌朝政。唐中宗时期，受到他亲信宠爱的近臣很多，以至于级别在七品以上的宦官达一千余人，但是身着绯色朝服的宦官尚不多见。唐玄宗任亲王的时候，高力士就对他倾心侍奉，玄宗被立为太子之后，便奏请唐睿宗任命高力士为内给事。此后因诛除萧至忠、岑羲等人有功，唐玄宗又赐给他高官。从此以后宦官逐渐增加到三千多人，被任命为三品将军的人也越来越多，穿红、紫朝服的达到一千余人，宦官势力从此膨胀起来。

　　高力士平素谨慎，又善于观察时势，所以久受宠任，于朝廷内外亦无大恶名。姚元之曾经奏请依照顺序提拔任用郎吏，玄宗却只是盯着宫殿的屋顶不作声，姚元之几次重复，玄宗始终一言不发。姚元之感到十分恐惧，便急忙退出。当日罢朝以后，高力士向玄宗进谏道："陛下刚刚总理天下大事，宰臣上奏言事，就应当面表明您自己的态度，为什么您对姚元之的建议不闻不问、一言不发呢！"唐玄宗回答说："朕让姚元之总理朝廷庶政，遇有军政大事可以当面奏闻共同商议；郎吏是小官，这样的事也要一一打扰朕吗！"适逢高力士奉旨到省中宣谕诏命，将玄宗的话转达给了姚元之，姚元之这才转忧为喜。知道这件事的人无不叹服玄宗深明为君之道。

　　唐玄宗十分宠信宦官，往往让他们当三品将军，府门前排列戟的仪仗。他们奉命出使经过各州，官员们都竭力奉承，只怕达不到他们的要求，他们每次得到的贿赂馈赠都不少于一千缗；因此京城郊区的田园，三分之一以上都到了宦官手中。杨思勖、高力士尤其受宠。杨思勖多次率兵出征，高力士常常在宫中侍卫。但王毛仲对受到天子重视亲近的宦官视若无人；那些品级低的宦官，如稍有违背他的心意，他就像对仆人一样地辱骂他们。高力士等人对王毛仲受到唐玄

宗的宠爱都很嫉妒，但又不敢说什么。

恰好王毛仲的妻子生了孩子，第三天，唐玄宗派高力士送给他很多好酒美食、金银丝绸，并且授予他儿子五品官。高力士回来，唐玄宗问："王毛仲高兴吗？"高力士回答说："王毛仲抱着他襁褓中的儿子给我看并且说：'我这儿子怎么做不了三品官呢！'"唐玄宗勃然大怒说："以前铲除韦氏，此贼就怀有二心，朕不想说他；今天竟敢用刚出世的儿子来埋怨我。"高力士趁机说："禁卫军的奴才，给他们的官职太大了，他们互相勾结，如不早日除去，必定会发生大乱。"唐玄宗担心王毛仲的党羽因惊惧而发生变故。

玄宗开元十九年（公元731年）正月，唐玄宗下命令，只指出王毛仲对他不忠而且有怨恨情绪，因此降职为瀼州别驾，葛福顺、唐地文、李守德、王景耀、高广济都降职任边远各州的别驾，王毛仲的四个儿子都降职为边远各州的参军，受他们牵连的有几十人。

从此，宦官的势力越来越大。高力士尤其被唐玄宗宠信，唐玄宗曾经说："高力士值班，我睡觉才安心。"所以高力士多数时间留在宫中，很少到宫外的府第居住。各地上报的奏表，都要先呈送高力士，然后上奏唐玄宗。小一点的事，高力士就自己决定了，他的权势超越了所有内侍外臣。

金吾大将军程伯献、少府监冯绍正与高力士结为兄弟。高力士的母亲麦氏去世，程伯献等人也去接受百官的吊唁。

他们披头散发，捶胸顿足，悲声哭泣，比自己母亲死了还要悲痛。高力士娶瀛州吕玄晤的女儿为妻，就提拔吕玄晤当少卿。吕氏去世，朝野上下的人都争先恐后前去吊唁哭祭，从他家府门一直到墓前，车马络绎不绝。但高力士一直小心谨慎，恭敬有礼，因此，唐玄宗始终亲近信任他。

当初，玄宗从东都返回，李林甫知道他厌倦东奔西走，遂与牛仙客谋划，增加京畿近道粟赋，又采用和籴之法，以充实关中。不几年，京畿蓄积殷富，这更助长了玄宗退隐想法。一天，玄宗于大同殿思神念道，左右无人，便从容地对高力士说："朕不离开长安近十年，中外无事，以后国家的事就交给李林甫做决定，你认为怎么样呢？"高力士感到玄宗受李林甫迷惑很深，便极口规谏玄宗："国家的权力不能交给旁人，您一定要三思而行呀！"玄宗听后一时感到十分不快。

天宝十三年（公元754年）六月，剑南留后李宓进攻南诏，前后死了将近二十多万将士，杨国忠隐匿不报，玄宗被蒙在鼓里。一天，玄宗对高力士说："我如今老了，以后朝廷的事就交给李林甫，边疆的事交给各位将军，我就不去烦了。"高力士立即提醒他说："我听说云南那边打了好几次败仗，边疆的将军拥兵太多，陛下将用什么控制！我害怕您一旦放权，祸难发生，就无法挽回了！"高力士的肺腑之言并未能使玄宗改过，依然宠信宰相和边将。

唐玄宗晚年的腐朽统治，终于酿成了安史之乱，致使他逃往成都避难。直到杨贵妃殒命马嵬坡，唐玄宗才悔恨交加，对高力士说："悔不听卿言，致有今日之祸！"

肃宗即位后，宦官李辅国飞黄腾达，在朝中专权用事，但玄宗左右的人都瞧不起他。李辅国心中怀恨，想建立奇功借以巩固自己的地位，就对肃宗说："上皇居住在兴庆宫中，每天都与外面的人交结，特别是陈玄礼与高力士，在谋划做不利于陛下的事。现在禁军的六军将士都是在灵武拥立陛下即位的元勋功臣，他们都议论纷纷，心中不安，我虽然多方给他们解释，但他们不听，所以不敢不向陛下报告。"

肃宗听后痛哭流涕地说："父皇仁慈，怎么会有那种事呢！"李辅国又说："上皇固然不会做那种事，但在他周围的那些小人就难说了！陛下是天下的君主，应该为国家的前途着想，消除内乱于萌芽之时，怎么能够遵从凡夫之孝而误了国家的大事呢！再说兴庆宫与坊市居民相混杂，宫墙低矮，不是上皇所应该居住的地方。皇宫内戒备森严，如果把上皇迎进来居住，与兴庆宫没有什么不同，而且还能够杜绝那些小人蛊惑上皇。这样，对于上皇来说可以享受终身之安，对于陛下来说可以一日三次去请安问好，有什么不好呢！"肃宗不答应。兴庆宫原先有马三百匹，李辅国就假称有诏书命令取走了这些马，仅留下十四。玄宗对高力士说："我的儿子听信了李辅国的谗言，不能够对我始终尽孝了。"

李辅国又命令禁军六军将士在肃宗面前号哭叩头，请求将玄宗移居到太极宫内。肃宗哭泣不应。李辅国感到惧怕。这时逢肃宗身体有病，李辅国伪称肃宗有话，迎接玄宗到太极宫游玩，等玄宗到了睿武门，李辅国就率领殿前射生手骑兵五百，手持出鞘的刀拦住道路上奏说："皇上说兴庆宫低卑狭小，让我们来迎接上皇迁居到皇宫内。"

　　玄宗听后十分惊恐，差一点坠下马背。这时高力士说："李辅国怎么能如此无礼呢！"并且责骂令他下马。李辅国不得已，只好下马。然后高力士宣读玄宗的诰命说："诸位将士不要无礼！"于是这些将士都收起刀枪，拜了两拜，高呼万岁。高力士又斥责李辅国，让他与自己一起拉着玄宗的马缰绳，护卫到了太极宫，居住在甘露殿。李辅国这才领着将士退走。留下的侍卫兵只有老弱病残数十人，陈玄礼、高力士以及过去的宫人都不能够留在玄宗身边。玄宗说："兴庆宫本是我封王时居住地，我曾经多次要求让给皇帝，但皇帝不接受。现在迁出去也是我的心愿。"当天，李辅国即与六军将领身着白衣服去见肃宗请罪。肃宗因为迫于诸位将领的压力，就慰劳说："上皇居住在兴庆宫或太极宫，又有什么区别呢！你们恐怕那些小人蛊惑人心，防微杜渐，是为了安定国家，又有什么可害怕的呢！"刑部尚书颜真卿首先率领百官上表书，请问玄宗的起居饮食，遭到李辅国的忌恨，于是就上奏把颜真卿贬为蓬州长史，把高力士流放到巫州。

肃宗另挑选了后宫中的一百余人,安置在太极宫内,打扫庭院,并命令万安公主与咸宜公主侍候玄宗的起居饮食。对于各国各地所进献的美味佳肴,肃宗都先让送给玄宗品尝。但是玄宗的心情越来越不好,又因为不吃荤肉,修炼辟谷方术,所以逐渐患了疾病。肃宗开始时还去问候请安,不久肃宗也患病,只派人去问安。后来肃宗逐渐有所悔悟,怨恨李辅国,想要杀掉他,但又畏惧他手握兵权,犹豫不决。

宝应元年(公元762年)四月,玄宗和肃宗相继去世。李豫即位是为代宗,大赦天下。流放于巫州的高力士遇赦回京。六月,他得到玄宗去世的噩耗,放声大哭,呕血而死。

诗词拓展:

咏荠

[唐]高力士

五溪无人采。

口怀,气味终不改。

字如其人　铁骨颜真卿

颜真卿一直以其书法为后人所熟知,北宋的书学理论家朱长文称赞他的书法:"点如坠石,画如夏云,钩如屈金,戈如发弩,纵横有象,低昂有志,自羲、献以来,未有如公者也。"他这种风格也体现了大唐帝国繁盛的风度,并与他高尚的人格契合。正所谓字如其人,秉性正直,笃实纯厚,从不阿于权贵,屈意媚上,以义烈名于时。

颜真卿为琅琊颜氏后裔,家学渊博,五世祖颜之推是北齐著名学者,著有《颜氏家训》。颜真卿少时家贫缺纸笔,用笔蘸黄土水在墙上练字。他读书非常刻苦,开元二十二年(公元734年)中进士。曾四次被任命为监察御史,迁殿中侍御史。

当初,宰相元载阻塞言路,颜真卿上疏认为:"郎官和御史都是陛下的耳目。如今让上奏论事者先告诉宰相，是陛下自己堵塞自己的耳目。陛下如果害怕大臣进谗言，为什么不观察他们所言的真假！所言如果是假，那就应该将他们杀掉；如果是真，那就应当奖赏他们。如果陛下不努力做到这一步，就会使天下人觉得陛下对听览臣下奏章感到厌烦，以此为借口，堵塞臣下劝谏争辩的途径，我为陛下感到惋惜！太宗所著《门司式》说'那些没有出入宫门凭证的人，如有急事上奏，都命令掌管宫门的人和执掌仪仗宿卫的人引导上奏，不许阻挠。'这是为了避免壅塞蒙蔽。天宝以后，李林甫担任宰相，非常讨厌上奏论事的人，人们敢怒而不敢言。致使皇上的意图不能向下传达，而下面的情况皇上也不能了解。皇上被蒙蔽，臣下缄口不言，终于酿成玄宗逃奔蜀地的大祸。国家衰败到今天这种地步，有它深远的根源。皇上大开直言不讳之路，大臣尚且不敢完全讲话，更何况让宰相大臣先行裁决和压制，那么陛下所能听到和看到的人不过几个而已。天下的有识之士从此沉默不语，陛下看到无人再上奏论事，就会认为天下没有可论的事情，这真像李林甫在今天又复活了似的！过去李林甫虽然大权独揽，大臣中仍有不征求宰相意见而上奏论事的，对此，李林甫仅能借口其他事，暗中伤害他们，尚且不敢明目张胆地下令各有关部门上奏论事都必须先告诉宰相。陛下倘若不及早醒悟，就会逐渐孤立，过后虽然心中懊悔，也来不及了！"元载听到颜真卿上疏后，非常痛恨颜真卿，奏称颜真卿诽谤。代宗将颜真卿贬为峡州别驾。

天宝十五载（公元756年），安禄山叛军围攻常山，安禄山军队抓到颜真卿的侄子颜季明，借此逼迫颜真卿的哥哥颜杲卿投降，但颜杲卿不肯屈服，还大骂安禄山，季明被杀。不久城为史思明所破，颜杲卿被押到洛阳，见到安禄山，安责问颜杲卿背叛他，颜杲卿说"我世为唐臣，常守忠义，怎么会跟一个牧羊羯奴叛乱"。安禄山大怒，命令割掉颜杲卿的舌头，颜杲卿仍大骂不止，直至气绝。

颜杲卿殉难时，因为杨国忠听信张通幽的谗言，竟没有追赠官衔以褒扬。肃宗在凤翔时，颜真卿为御史大夫，曾向肃宗哭诉此事，于是肃宗将张通幽外放为普安郡太守，然后把此事上奏玄宗，玄宗命令用棍子打死了张通幽。追赠故常山太守颜杲卿太子太保，谥号为"忠节"，任命他的儿子颜威明为太仆丞。

大历十二年（公元777年），杨绾、常衮向代宗推荐湖州刺史颜真卿，代宗当天召颜真卿回京，任命他为刑部尚书，后又升为太子太师。

卢杞憎恶颜真卿，打算将他从朝中排挤出去，颜真卿对卢杞说："先中丞的头颅被传送到平原时，我用舌头舔去了他脸上的血渍。现在相公竟忍心不相容吗？"卢杞惶恐四顾，起身下拜，但他对颜真卿的恨意却愈发加剧了。

德宗兴元元年（公元784年），淮西节度使李希烈叛乱，德宗向卢杞询问计策，卢杞回答说："李希烈是一员年轻骁勇的将领，仗恃着立了军功，骄横简慢。假如能够选出一位温文尔雅的朝廷重臣，奉旨前去宣示圣上的恩泽，向李希烈讲清逆为祸、顺为福的道理，李希烈一定能够革心洗面，幡然悔过，可以不用兴师动众而使他归服。颜真卿是玄宗、肃宗、代宗三朝老臣，为人忠厚耿直，刚正果决，名声为海内所推重，人人都信服他，真是出使的最好人选！"德宗认为有理，就命令颜真卿到许州安抚李希烈，诏书颁下，举朝大惊失色。

　　颜真卿乘驿车来到东都洛阳，郑叔则说："若是前往，一定不能幸免。最好是稍作逗留，等待之后发来的命令。"颜真卿说："这是皇上的命令啊，我能躲避到哪里去呢！"于是出发了。李勉上表说："丧失一位元老，乃是朝廷的羞辱，请将颜真卿留下来吧。"李勉又让人拦截颜真卿，但没有赶上他。颜真卿给他儿子去信，只命他"供奉家庙，抚育孤子"罢了。

　　来到许州，颜真卿准备宣布诏旨，李希烈让他的养子千余人围绕着他谩骂，还拔出刀剑向他比划着，作出要将他细割吞食的架势。颜真卿脚不移动，脸不变色。李希烈急忙用身体遮挡他，挥手命令众人退下，将颜真卿安置在馆舍，礼貌地对待他。李希烈打算将颜真卿放回去，正值李元平在座，颜真卿责备了他。李元平惭愧地站起来，以密信向李希烈提出建议。于是李希烈改变了主意，把颜真卿留下，不让他回去。

朱滔、王武俊、田悦、李纳各自派遣使者到李希烈处，上表称臣，劝他称帝。使者们在李希烈面前行拜礼，劝李希烈说："朝廷杀害有功之臣，对天下言而无信。都统英明威武，得自天授，功业压倒当世，已经遭到朝廷的嫌猜疑忌，将有如韩信、白起被害的大祸。希望都统早称皇帝尊号，使全国的臣民知道有所归依。"李希烈叫来颜真卿，让他看四镇派来的使者，并说："现在冀、魏、赵、齐四王派遣使者推戴我，不谋而合，太师看看这事态时势，难道我仅仅是被朝廷猜忌而无地自容吗？"颜真卿说："这四人乃是四凶，怎么叫四王！你不肯自保所建树的功劳业绩，做唐朝的忠臣，反而与乱臣贼子相互勾结，是要和他们一齐覆灭吗？"李希烈心中不快，将颜真卿扶了出去。

又一天，颜真卿又与四镇的使者一起参加宴会，四镇的使者说："早就听说太师崇高威望，现在都统就要称帝了，而太师恰好到来，这是上天把宰相赐给都统啊。"颜真卿大声呵斥四镇使者说："说什么宰相！你们知道有个痛骂安禄山而死的颜杲卿吗？他便是我的哥哥。我已经八十岁了，只知道恪守臣节而死，难道受你们的引诱胁迫吗！"四镇使者不敢再说话了。

于是李希烈让甲士十人在馆舍中看守颜真卿，在庭院中挖了一个坑，说是准备活埋他。颜真卿神色安然，见李希烈说："既然我的生死已经决定，何必玩弄花样！赶快一剑砍死我，岂不使你心中更痛快些吗？"于是李希烈向他道歉。

淮宁都虞侯周曾、镇遏兵马使王玢、押牙姚憺、韦清暗中向李勉表示归诚之意。李希烈派遣周曾与十将康秀琳带领兵马三万人攻打哥舒曜，来到襄城以后，周曾等人秘密策划回军袭击李希烈，拥戴颜真卿为节度使，让王玢、姚憺、韦清担任内应。李希烈得知此事以后，派遣别将李克诚带领骡军三千人袭击周曾等人，杀掉了周曾，并且杀掉王玢、姚憺及其同党。

于是，李希烈向朝廷上表，将一切罪名都推到周曾等人身上，自己领兵返回蔡州，表面上表示悔过，顺从朝廷，实际上却是等候朱滔等人的援兵。他把颜真卿安置在龙兴寺。

荆南节度使张伯仪与淮宁兵在安州交战，官军大败，张伯仪仅以身免，还失去了所持旌节。李希烈叫人把张伯仪的旌节以及被俘士兵的左耳给颜真卿看，颜真卿痛哭扑地，气绝而复苏，从此不再与人讲话。

王武俊、田悦、李纳见到赦令后，都免去了王的称号，上表认罪。只有李希烈仗着自己兵力强盛，资财丰饶，策谋称帝。

　　李希烈派人向颜真卿询问有关礼仪，颜真卿说："我曾经担任过掌管礼仪的官员，所记着的只有诸侯朝见天子的礼仪而已！"李希烈登上皇帝的宝座，国号称作大楚，更改年号为武成。李希烈设置百官，任命他的同党郑贲为侍中，孙广为中书令，以李缓、李元平同平章事。将汴州称为大梁府，将他境内地盘划分成四处，分别设置节度使。

　　李希烈派遣他的将领辛景臻对颜真卿说："你不肯失气节，就该自己烧死！"在颜真卿居住的院中堆起柴禾，浇上油脂。颜真卿快步走向火堆，辛景臻急忙止住了他。

　　李希烈听说弟弟李希倩被处死，又怨恨，又恼怒，派遣中使往蔡州去杀害颜真卿。中使对颜真卿说："有敕书。"颜真卿拜了两拜。中使说："现在赐你死。"颜真卿说："老臣办事一无成绩，应当是死罪。不知使者是几时从长安出发的？"中使说："我是从大梁来的，不是从长安来的。"颜真卿说："这么说来，你们是一帮贼寇罢了，怎么能称敕旨呢！"中使气急败坏，缢杀了颜真卿。

　　听闻颜真卿遇害，三军将士纷纷痛哭失声。朝廷追封颜真卿为司徒，给予"文忠"的谥号。

诗词拓展：

闻颜尚书陷贼中
[唐] 戎 昱

闻说征南没，那堪故吏闻。
能持苏武节，不受马超勋。
国破无家信，天秋有雁群。
同荣不同辱，今日负将军。

朱全忠灭唐建后梁

朱全忠原名朱温,在黄巢起义时是黄巢的得力大将。

唐僖宗中和二年(公元882年),身为黄巢部属的同州防御使朱温固守河中一带,多次请求增兵,可是知右军事孟楷把这事压下而不上报。朱温看到黄巢队伍的形势越来越紧迫,知道将以失败告终,着急万分。亲信将领胡直、谢瞳二人规劝朱温归顺大唐。

九月十七日,朱温杀掉军严实,率同州全部人马投降王重荣。朱温把王重荣当作舅舅来侍奉。王铎承旨意,让朱温做同华节度使,派谢瞳奉恭表文向皇帝报告。唐僖宗接到报告后,任命朱温为右金吾大将军、河中行营招讨副使,并赐名为全忠。

中和三年(公元883年),黄巢所带的人马多次战败,粮食也吃尽，暗中筹谋逃离长安，他派出三万兵马扼守住蓝田这一向南出走的要道。唐僖宗派遣尚让带兵救援华州；李克用、王重荣带领官军在零口迎击，获得胜利。李克用率领大军前赴渭桥，骑兵则布置在渭北，李克用每天夜间都命令将领薛志勤、康君立偷偷进入长安城，焚烧黄巢积聚的财物，斩杀虏获黄巢的人马，然后再退出，使贼寇大为惊慌恐惧。

这时，朝廷正在用人之际，唐僖宗不计前嫌，任命河中行营招讨副使朱全忠为宣武节度使，等到夺回长安，再令他前往镇所。

李克用与忠武将军庞从、河中将军白志迁等带领人马先行进军，在渭南与黄巢军队展开激战，一天交战三次，都获得胜利；义成、义武等军相继赶到，黄巢人马只好败逃。李克用等从光泰门进入京师长安，黄巢顽强争战而不能取胜，最后放火焚烧宫殿后逃跑。贼寇战死和投降的人很多，但官军横暴抢掠，与贼寇没有什么两样，长安城内的房屋和百姓所剩无几。黄巢从蓝田进入商山，在路上扔了许多珍宝，官军争抢这些东西，而不急于追击，贼寇于是逃脱了。

宣武节度使朱全忠率领部下几百人前往镇所，中和三年（公元 883 年）七月初三，朱全忠到达汴州。当时汴州、宋州一带接连闹饥荒，国库资财匮乏，百姓穷困潦倒，内部有骄横的军队难以控制，外面又受到强大的贼寇进攻，没有一天停止交战,很多人担忧害怕,可是朱全忠的勇气却更加振奋。唐僖宗颁发诏令,指出黄巢一伙还没平灭,加封朱全忠为东北面都招讨使。

这时,陈州被黄巢困住很久,派人抄近路向邻近各道求救,于是周岌、时溥、朱全忠都率领队伍前往救援。

黄巢围攻陈州已将近三百天,赵犨兄弟与黄巢大小战斗几百次,虽然官兵的粮食快没有了,可是大家抗击贼寇的决心更加坚定。李克用在陈州与许州、汴州、徐州、兖州的各路官军相会;朱全忠攻打黄巢的瓦子寨。黄巢听到这些战况很是恐惧,把人马撤退到故阳里,陈州开始解围。

朱全忠听说黄巢快要到来,带领军队回到大梁。五月初三,天下大雨,雨水淹没地面三尺深,黄巢的军营被水淹没,又听说李克用将要来到,于是带领人马往东北方向的汴州奔去,进屠尉氏。尚让带领精壮骑兵五千逼近大梁,到达繁台,宣武将军丰州人朱珍、南华人庞师古将尚让击退。朱全忠又向李克用告急请求援救,李克用与忠武都监使田从异从许州出发,在中牟北面的王满渡追赶上黄巢,李克用乘黄巢人马渡到汴河一半的时候,奋勇攻打,击败黄巢的队伍,斩杀一万余人,贼寇溃退。尚让率领人马向时溥投降,其他将领临晋人李谠、曲周人霍存、甄城人葛从周、冤句人张归霸以及他的堂弟张归厚带领所部向朱全忠投降。

黄巢经过汴河向北奔去,李克用又在封丘追上黄巢,又将黄巢打败。当天夜间，天下大雨，贼寇惊慌畏惧向东逃跑，李克用穷追不舍，先后经过胙城、匡城。黄巢把剩余的人马收集起来，将近一千人，向东奔往兖州。李克用追到冤句，统领的骑兵仅几百人，一天一夜行程二百余里，士兵和马匹都疲惫不堪，粮草也断绝了，于是回到汴州，想携带这里的粮食再次追击黄巢。李克用捉住黄巢的幼子，缴获了黄巢乘坐的车马和他的器具、服装、符节和印章，并收得黄巢以前掠抢的男女百姓有一万多，把他们全部放回去。

李克用到达汴州后，在城外安营扎寨；朱全忠坚持请李克用进入城内，在上源驿为李克用设立馆舍。朱全忠为李克用置办酒席招待，有精彩的歌舞音乐，丰盛的美食佳肴，十分恭谦。李克用趁着酒兴大发脾气，多有恶语伤人之处，朱全忠心里愤愤不平。

到了傍晚，酒宴结束，李克用的随从都喝得大醉，胸襟沾湿而不能自持。宣武将军杨彦洪与朱全忠谋划，把马车连起来用树木做栅栏以堵塞主要道路，然后派出军队包围上源驿攻打李克用，呼喊的声音惊天动地。李克用已醉，不知道这一切，他的亲兵薛志勤、史敬思等十几人展开激烈的搏杀，侍卫郭景铢扑灭蜡烛，搀扶李克用藏到床下，用凉水浇李克用的脸，慢慢地告诉他所发生的灾难，李克用终于睁开眼睛拉着弓箭起来。薛志勤用箭射汴州的人，射死几十名。不一会浓烟烈火从四面扑来，恰好天下大雨，电闪雷鸣，天地昏暗，薛志勤扶着李克用率领身边的几名卫兵，越过墙垣突破包围，趁着闪电的光亮向前走，汴州军队把守渡桥，经过激烈的交战李克用才过去，史敬思在后面阻击掩护，战死。李克用登上汴州城的南门尉氏门，用绳子拴住身体溜下去，得以逃出，监军陈景思等三百余人，都被汴州军队杀害。杨彦洪对朱全忠说："北方的胡人遇有急事就乘骑马匹，我们见到有骑马人便射他。"当天晚上，杨彦洪恰好骑着马出现在朱全忠的面前，朱全忠当即射箭，杀死了杨彦洪。

　　李克用的妻子刘氏，智多善谋，李克用身边的人有的先从汴州城内逃脱回去，把汴州城内朱全忠发动叛乱一事告诉给她，刘氏不动声色，将逃回来的人斩杀，暗中召集各大将军，谋划以求全军回还。等到天亮，李克用回来，要率领所部官兵去攻打朱全忠，刘氏说："你正在为国家讨伐贼寇，解救东面各路官军的燃眉之急，今天汴州朱全忠一伙人不仁道，竟阴谋杀害你，正应当去呈诉朝廷。如果你擅自带领人马去攻打他，那么天下的人谁还能辨别这件事的是非曲直！而且那样会让朱全忠有话可说了。"李克用听从了妻子刘氏的话，带领军队离去，只是写信责备朱全忠。朱全忠回信说："前天晚上的变乱，我实在不知道，是朝廷派遣的使臣与杨彦洪相谋划的，杨彦洪既然已经伏罪处死，只有请你体察原谅了。"

　　唐僖宗中和四年（公元884年），李克用到达晋阳，大规模地修整盔甲武器，并派遣镇守榆次的将军雁门人李承嗣恭奉表文到唐僖宗那里。向唐僖宗陈述道："李克用有打败黄巢的大功劳，却中了朱全忠的阴谋圈套，仅得免于一死，但身边的将领辅佐官员以下跟随的三百余人和朝廷授给的牌印全都覆没。朱全忠还屡屡在东都、陕州、孟州张贴告示，说我已经死亡。军营中的人马溃散，他命令各地拦截阻击全部斩杀，不许漏网一个，为此军营中的将领和士兵都哭诉冤屈，请求报仇。我认为朝廷最为公正，应当等皇上颁发了诏命再行动，因此安抚手下人马遵循朝纲，制止了他们要擅自报仇的请求，又回到原来的营地。现在恳求皇上派遣使臣审查讯问这一事件，发兵讨伐朱全忠，我派弟弟李克勤带领一万骑兵在河中府等候命令。"

当时朝廷认为黄巢大寇刚刚平灭，为政应当宽容一些，接到李克用的表文，大为吃惊，但只是派遣宦官赐发褒嘉奖励李克用诏书，劝二人和解。李克用先后共八次进呈表文，说："朱全忠妒忌他人的功劳和才能，是阴险狡诈的乱臣贼子，将来一定会成为国家的祸患。只要皇上颁发诏令削去朱全忠的官职和爵位，我亲自率领本道官兵对他进行讨伐，不用朝廷支给粮食和兵饷。"唐僖宗几次派遣杨复恭等人向李克用传达谕令，说："我深知你的冤屈，可是现在事务繁多，你姑且以大局为重吧。"对此李克用一直愤懑不平。当时各藩镇的相互攻打，混战多年，朝廷不再为他们明辨谁是谁非。由于这样，各藩镇尽管互相侵吞，只看实力，都没有什么因禀告朝廷而畏惧的了。

淮南一带长期以来战乱不停，朝廷于唐僖宗光启三年（公元887年）十一月，任命朱全忠兼任淮南节度使、东南面招讨使负责解决淮南问题。朱全忠在淮南屡立战功，唐僖宗加授其为校太傅，改封吴兴郡王，食邑3000户。

唐昭宗龙纪元年（公元889年），唐僖宗疾病再次发作，很快病情恶化。不久，唐僖宗在灵符殿驾崩。留下诏令，皇太弟李杰改名李敏，任命韦昭摄冢宰，主持后事。

唐昭宗李敏即位。昭宗体貌精明强干，有英武气概，喜好书文学习，因为唐僖宗时皇威法令不振作，朝廷的地位越来越低下，他即位后立志恢复从前功业。他尊重朝中大臣，渴望贤能豪杰，登基不久，朝廷内外有些起色。

其实黄巢覆亡后，唐帝国已名存实亡，各方节度使形成拥兵自重的局面，其中以宣武节度使朱全忠、河东节度使李克用势力最大。

朱全忠等人请求讨伐李克用，昭宗便命令尚书省、门下省、中书省和御史台四品以上的官员共同商议这件事，认为不能兴兵讨伐的人占十分之六七，杜让能、刘崇望也认为不能这样做。张浚试图凭借外边的势力来排挤杨复恭，于是说："先帝第二次巡幸山南，是李克用逼迫的。我常常忧虑担心李克用与黄河以北的藩镇内外勾结，致使朝廷不能控制。现在河南的朱全忠、河北的李匡威共同请求讨伐李克用，这是千载难逢的机会。只请求陛下授予我统领军队的大权，一个月就可以消灭李克用。如果错失现在的良机而不争取，那么将后悔莫及。"孔纬附和道："张浚说得对。"杨复恭则说："先帝流离迁徙，虽然由于藩镇骄横跋扈造成，但也是因为朝中大臣举止不当、措施不力。现在朝廷刚刚安定下来，不应当再兴兵大战。"昭宗说："李克用有打败黄巢收复京城的大功，现在趁着他处于困境而去攻打，天下的人会怎样说我？"孔纬说："陛下所说的，是现在一时的体面；张浚所说的，是今后世代的大利。昨天计算调遣军队、运送物资、犒劳奖赏的费用，一两年内都不至于缺乏，就在陛下当机立断兴兵讨伐了！"昭宗因为张浚和孔纬两位宰相一唱一和，不得已依从了他们的意见，说："这件事现在就交给你们二人去办理，但不要给朕带来羞辱！"

昭宗颁发诏令削去李克用的官职、爵位及赐他李姓后所编的属籍，任命张浚为河东行营都招讨制置宣慰使，京兆尹孙揆为副使，任命镇国节度使韩建为都虞侯兼任供军粮料使，任命朱全忠为南面招讨使，李匡威为北面招讨使，赫连铎为副使。

李克用派遣使者给朱全忠送去厚礼，请求重归和好。朱全忠虽然派遣使者前去答复，但是愤恨李克用的书信词语傲慢，还是决定派兵去攻打他。

天复元年（公元901年）三月二十三日，唐昭宗到太庙拜谒，大赦天下，改年号为天复，朝廷为王涯等十七家平反昭雪。朱全忠奏请任命河中节度使，同时暗示官吏百姓请求让自己为主帅。朝廷果然任命朱全忠为宣武、宣义、天平、护国四镇节度使。

昭宗一向痛恨宦官枢密使宋道弼景务修专断强横，便经常与吏部尚书崔胤商量除去宦官的事。崔胤奏请昭宗把宦官全部处死，只用宫人掌管内廷各司的事务。宦官听到了一些情况，韩全诲等哭泣着向昭宗乞求哀怜。昭宗于是指示崔胤，"有事要密封奏疏报告，不要口奏"。宦官寻找识字的美女数人送进内宫，暗中叫她们侦察刺探这件事，掌握了崔胤的秘密计划，昭宗却没有觉察到。韩全诲等知道崔胤的计划后非常害怕，每次宴饮聚会，都流着眼泪相互诀别，日夜谋划能够除去崔胤的办法。崔胤当时兼任户部、度支、盐铁三司使，韩全诲等教唆警卫宫禁的军队向唐昭宗喧哗叫嚷，申诉崔胤减少将士的冬季衣服。唐昭宗无可奈何，只得解除崔胤的盐铁使职务。

韩全诲等害怕被杀，密谋用武力挟制昭宗，于是与李继昭、李继海、李彦弼、李继筠深相交结，只有李继昭不肯依从。

当时的朱全忠、李茂贞各有挟制天子以号令诸侯的意图，朱全忠想要唐昭宗驾临东都洛阳，李茂贞想要唐昭宗驾临凤翔。崔胤知道谋杀宦官的计划已经泄露，事情急迫，就送信给朱全忠，假称奉有秘密诏书，令朱全忠派遣军队迎接皇上车驾，并且说："前次恢复皇上君位都是您朱公的妙计，可是李茂贞先进京入朝夺取其功。这次您再不立即来京，必定成为有罪之人，岂止功劳为他人所有，而且要被征讨！"朱全忠收到书信，急忙回大梁发兵。

九月初五，昭宗紧急召见韩全诲，对他说："听说朱全忠想要来京师清除朕身边的恶人，确是竭尽忠诚，但是必须叫他与李茂贞同举此功。如果他们二帅相互争斗，那么事情就危险了。你替我告诉崔胤，立即飞速送信给朱全忠和李茂贞，使他们共同策划，那就好了。"

十月，朱全忠发兵从大梁出发，前往京师长安。韩全诲听说朱全忠就要到达，命令李继筠、李彦弼等率领卫兵劫持唐昭宗，强请驾临凤翔，并增兵防守皇宫各门，人及文书出入搜查检阅非常严格。昭宗派人秘密地给崔胤送去亲笔书信，言语都很凄凉，末尾说："我为了宗庙社稷的大计，势必向西往凤翔去，你们就尽管向东去吧！惆怅啊！惆怅啊！"

这时候，京城里没有皇帝。皇帝所到之处没有宰相。崔胤让太子太师卢渥等二百余人列状请朱全忠西迎昭宗，又派遣王溥到赤水见朱全忠商议迎驾事宜。朱全忠复信说："前进怕被人说成是胁迫君王，后退又怕有负于国家。然而不敢不努力。"

朱全忠到长安后，宰相带领文武百官列队在长乐坡迎接。第二天，朱全忠西行，崔胤率文武百官又在临泉驿列队送别。

天复三年（公元903年），朱全忠派兵围住凤翔，城中粮食吃尽了，冻饿死者不可胜计。李茂贞无奈，只好杀了韩全诲等20人，与朱全忠议和。

昭宗这才乘车驶出凤翔，驾临朱全忠的军营。朱全忠穿上素色衣服，等待处罚。昭宗命令客省使宣布谕旨，宽释罪过，撤去亲、勋、翊三卫立仗，只以左右金吾将军报告平安，让朱全忠穿公服进内叩谢。朱全忠见到唐昭宗，磕头流泪，昭宗命韩偓把他扶起。昭宗也抽泣，说："宗庙社稷，倚赖你再次安定；朕与宗族，倚赖你再次逢生。"亲自解下玉带赐给朱全忠，从此他对朱全忠唯命是从。唐昭宗天复三年（公元903年），朝廷赐朱全忠号"回天再造竭忠守正功臣"。

然而朱全忠并不满足，他的目的是要取而代之。天祐元年（904年）正月，朱全忠屡次上表请昭宗迁都洛阳，昭宗虽然没有允许，朱全忠却常令东都留守佑国军节度使张全义缮修宫室。

事过不久，朱全忠率兵驻扎河中。当时昭宗在延禧楼，朱全忠派遣牙将寇彦卿捧着奏表，称邠州、岐州的军队已经逼近京城管区，请昭宗迁都洛阳；等到昭宗下楼，裴枢已经收到朱全忠迁都的文书，催促文武百官东行。被驱赶迁徙的士人百姓，号哭满路，大骂道："贼臣崔胤召朱温前来颠覆社稷，使我们颠沛流离到这种地步！"众人扶老携幼鱼贯而行，一个多月没断。

昭宗到达华州时，百姓夹道呼万岁，昭宗哭着对他们说："不要呼万岁，朕不再是你们的君主了！"当晚，昭宗在兴德宫住宿，对侍臣说："俗语说：'纥干山头冻得要死的山雀，为什么不飞到能够活的地方去快乐。'朕今东奔西走，行止无定，不知道究竟流落到哪里！"因此哭湿了衣襟，左右的人不能抬头仰视。

此时的唐昭宗其实是被朱全忠软禁了。自崔胤被杀之后，六军全都逃散，余下的击球供奉、内园小儿共二百余人，跟从昭宗东行。朱全忠还忌恨他们，就在帷幄中为他们设置食物，把他们全部勒死。预先挑选大小相似的二百余人，穿上他们的衣服，代替他们侍从护卫。昭宗开始没有察觉，过了几天才发觉。从此，昭宗左右的管事调遣全是朱全忠的人了。

昭宗自从离开长安，每天忧虑发生意外事变，经常与皇后相对而泣。朱全忠让枢密使蒋玄晖侦察昭宗的言行。一天昭宗对他说："朱全忠为什么一定要杀朕的爱子？"说完泪流满面，咬得自己的中指流血不止。朱全忠知道这事后，更加不安了，决定加快夺位进程。

八月十一，昭宗在何皇后殿内，枢密使蒋玄晖等人选择龙武军牙官史太等一百人，在夜里敲击宫门，说军事前线有急事奏报，要面见昭宗。夫人裴贞一开门见有兵士，说："有急事奏报用兵士做什么？"史太杀了她。蒋玄晖问："陛下在哪里？"昭仪李渐荣对窗大叫道："宁可杀了我们，不要伤害陛下！"昭宗刚睡，急忙起来，穿着单衣绕柱逃跑，史太追上并把他杀死。李渐荣用身体遮挡昭宗，史太也杀了她。史太又要杀何皇后，何皇后向蒋玄晖哀求，才放了她。

朱全忠听到朱友恭等杀死昭宗的消息，假装震惊，放声大哭，自己扑倒在地上，说："奴才们害死我了，让我千秋万代蒙受恶名！"朱全忠到达东都洛阳，伏在昭宗的灵柩上恸哭流涕，一直说杀死昭宗不是自己的心意，请求讨伐乱臣贼子。随后，他杀朱友恭和氏叔琮以灭口。

朱全忠急于称帝，密令蒋玄晖等商议筹划。蒋玄晖与柳璨等人商议：由于魏、晋以来，都是先封大国，加九锡之礼、特殊的礼遇，然后接受禅让，应当依次序进行。于是，先授给朱全忠诸道元帅，用以表示有先后次序，并以刑部尚书裴迪担任送官告使，朱全忠勃然大怒。

宣徽副使王殷、赵殷衡嫉妒蒋玄晖专权受宠，想要得到他的位置，因此向朱全忠诬陷蒋玄晖说："蒋玄晖、柳璨等想要延续唐室的宗脉，所以迟缓禅让是想来等待事变。"蒋玄晖听说后非常害怕，亲自到寿春，详细地说明这件事的情况。朱全忠说:"你们巧言陈述无关紧要的事情来阻止我,假使我不受九锡之礼,难道不能做天子吗!"蒋玄晖说:"唐室的气数已尽,天命归属大王,无论愚笨还是聪明的人都知道。玄晖与柳璨等不敢违背恩德,但由于现在晋、燕、岐、蜀都是我们的劲敌,大王突然接受禅让,他们心里不服,不能不设法尽理尽义,然后取得帝位,这只想为大王创建万代基业罢了。"朱全忠大声责骂他说:"奴才果然反了!"蒋玄晖惊惧立即告辞回洛阳,与柳璨商议行九锡之礼。

当时,唐昭宣帝将要举行祭天祀典,百官已经练习礼仪,裴迪从大梁回到洛阳,传达朱全忠生气时说的话:"柳璨、蒋玄晖等想要延长唐室的福运,才郊祀祭天。"柳璨等惧怕,赶紧将祭天的日子改到了第二年。

后梁太祖开平元年(公元907年),唐昭宣帝派遣御史大夫薛贻矩到大梁慰劳朱全忠,薛贻矩请以臣子见君之礼请见,朱全忠拱手作揖让他登阶而上,薛贻矩说:"殿下的功业德行都在人们心里,天、地、人三灵已经另选新君,皇帝正要举行舜、禹禅让事宜,我怎么敢违抗!"于是,面朝北在厅堂行朝拜皇帝之礼。朱全忠侧身避开。

薛贻矩回到东都洛阳,对唐昭宣帝说:"元帅有接受禅让帝位的意思了!"唐昭宣帝于是颁下诏书,在二月让位给梁王朱全忠。又派遣宰相拿着书信告诉朱全忠;朱全忠推辞。于是,朝中大臣、藩镇乃至湖南、岭南呈进奏笺劝朱全忠即帝位的接连不断。

唐昭宣帝在各种压力之下,颁下诏书让位给梁王。三月初四,梁王朱全忠开始登金祥殿,接受唐室文武百官称臣,下行文书称教令,自称寡人。正式称帝,更名为朱晃,庙号太祖。改元开平,国号大梁,史称后梁。

诗词拓展:

梁王坐上赋无云雨(荀鹤初谒朱全忠,雨作而)
〔唐〕杜荀鹤

同是乾坤事不同,雨丝飞洒日轮中。
若教阴朗长相似,争表梁王造化功。

"儿皇帝"石敬瑭

　　石敬瑭从小就沉默寡言，喜欢读兵法书，而且非常崇拜战国时期赵将李牧和汉朝名将周亚夫。李嗣源对他很器重，而且还将自己的女儿嫁给了他，并让他统领自己的亲军精锐骑兵"左射军"，将他视为心腹之将。

　　石敬瑭跟随李嗣源转战各地，成为李存勖的一员骁将。在和刘寻对阵交战时，刘寻袭击还没有列好阵势的李存勖，军情危急，石敬瑭立即率领十几名亲军驰入敌阵，东挡西杀，左冲右突，遏制住了敌人的攻势，掩护李存勖后撤。事后李存勖对他大加赞赏，石敬瑭由此而名声远扬。除了救李存勖之外，石敬瑭还多次救过他的岳父李嗣源。在晋军和后梁军队激烈争夺黄河沿岸时，晋军先攻下了杨柳镇（今山东东阿东北），李嗣源却中了梁军的埋伏，危急时刻又是他这个爱婿率军拼死掩护他撤退，才得以领兵突出重围。

后来有人上奏后唐皇帝说李嗣源已经叛变。李嗣源派出使者给后唐皇帝送自己解释的奏章，一天之内就有好几个人来送。但是李嗣源的所有奏书，都被人拦下，不得通达皇帝手中。李嗣源也因此而疑惧。石敬瑭说："什么事情都是由于果断而取得成功，犹豫而招致失败，哪里有上将和叛军入贼城而他日又安然无恙呢？大梁是天下的要害地方，我希望借三百骑兵先夺取大梁。如果侥幸攻取了大梁，您就率领大军赶快前进，只有这样才可保全自己。"于是李嗣源下令安重诲发出檄文集中部队。

当时齐州防御使李绍虔、泰宁节度使李绍钦、贝州刺史李绍英驻扎在瓦桥，北京右厢马军都指挥使安审通驻扎在奉化军，李嗣源都派遣使者去召集他们。李从珂从横水率部队从盂县直奔镇州，与王建立的军队会合，日夜兼程地奔赴李嗣源。李嗣源因为李绍荣在卫州，所以谋划从白皋渡过黄河，分出三百名骑兵让石敬瑭率领作为前头部队，李从珂跟在军队的最后面，于是军势大盛。

在此以前，后唐帝派遣骑将满城人西方邺镇守汴州。石敬瑭派副将李琼带劲兵突然攻入封丘门，石敬瑭跟在他们的后面从西门进入，占据了汴州城，西方邺请求投降。石敬瑭派人去报告李嗣源，几天之后，李嗣源进入大梁，最后李嗣源终于像石敬瑭预料的那样登上帝位，是为明宗。

当时蜀地叛乱，明宗派人带兵讨伐，但因为道路艰险狭窄，进兵极为困难，函谷关以西的人由于为军队转运粮饷，搞得很疲惫，往往逃窜躲藏到山谷中，聚合当盗贼。明宗很忧虑，对亲近的大臣说："有谁能替我办理朝中事务，我要亲自去征伐蜀地。"安重诲说："我承蒙重用，任职于机密要位，现在军威不能振兴，是我的过失，请求让我去亲自督战。"明宗准许了他。安重诲立即拜辞朝廷，便上路了，每天奔驰数百里。西方的藩镇闻讯，没有不惊惶骇惧的。钱币、布匹、军草、粮食，等等，昼夜用车运送到利州，人畜颠跌毙死于山谷的不可计数。当时，明宗已经疏远安重诲，石敬瑭本来就不愿西征，等到安重诲离开君主身边后，才敢多次上表奏论，认为对蜀地不可征伐，明宗认为很正确。

李嗣源的儿子李从荣像鹰眼一样，常常侧目看人，为人既轻薄又尖刻。他被任用为判理六军诸卫事务后，又参与朝政，往往骄纵不守法纪。李从荣因为李从厚的名声比自己高，便尤其忌恨他。李从厚善于用谦卑软弱的姿态对待李从荣，所以嫌隙之状表面上看不出来。

石敬瑭的妻子永宁公主与李从荣是异母所生，他们两人素来就相互憎恶不和。石敬瑭因不愿与李从荣共事，常想到外面藩镇补领一职来避开他。范延光、赵延寿也顾虑弄不好招祸，多次请求辞去枢要职务，与可信用的老臣更换充任，明宗不答应。

当时正逢契丹要来侵扰，明宗授命秉政大臣选择可当统帅的人才去镇守河东，范延光、赵延寿都说："现在可任统帅去河东的只有石敬瑭、康义诚而已。"石敬瑭也表示愿意前去，于是，明宗就任命委派他去。

　　后唐长兴四年（公元933年），明宗李嗣源死，李从厚继位，为后唐闵帝。当时凤翔节度使李从珂（李嗣源的养子）和河东节度使石敬瑭都拥兵自重，后唐闵帝对他俩不放心。为削弱他们的势力，遂下令二人对调，派潞王李从珂为河东节度使，兼任北都太原留守；迁石敬瑭为成德节度使。

　　潞王李从珂不服，在凤翔起兵反叛，闵帝亲自带兵讨伐。四月初一，天还没有亮，闵帝到达卫州以东几里的地方，遇到石敬瑭，闵帝大喜，便向他询问如何保存社稷的大计。

　　石敬瑭说："听说康义诚向西讨伐，怎么样了？陛下为什么来到这里？"闵帝说："康义诚也叛变离去了。"石敬瑭垂头长叹了好几次，说："卫州刺史王弘贽是位宿将，懂得很多事情，请您等我和他商量。"于是石敬瑭就去问王弘贽，王弘贽说："前代天子流亡的也不少，然而都随从有将相、侍卫、府库、法物，使得随从的人有所依恃和希望；现在主上什么也没有，只有五十骑兵跟随着他自己，我们虽然有忠义之心，还能有什么办法呢？"石敬瑭回来，到卫州的驿馆去见闵帝，把王弘贽的话告诉闵帝。

弓箭库使沙守荣、奔洪进上前责备石敬瑭说："您是明宗的爱婿，富贵相互共同享有，忧患也应该相互体谅、承担。现在，天子奔波在外，把希望寄托给您，以图复兴，你竟然拿这四样来做托辞，这简直是要依附于叛贼而出卖天子呀！"沙守荣抽出佩刀要刺杀他，石敬瑭的亲将陈晖救他，沙守荣与陈晖相斗而死，奔洪进也自刎而死。石敬瑭的牙内指挥使刘知远带着兵卒进来，杀死闵帝左右及随从的骑兵，只是留下闵帝不顾而去。潞王李从珂顺利登上皇位，为后唐末帝。

末帝李从珂和石敬瑭都是由于勇武善斗而服侍在明宗李嗣源的左右；然而二人心里竞争，平素彼此不和睦。现在，李从珂即位为皇帝，石敬瑭不得已入京朝拜，安葬完明宗以后，不敢提出归还镇所。当时石敬瑭久病之后很疲弱，曹太后和魏国公主几次替他说情；而从凤翔来的将佐大多劝说末帝把他羁留洛阳，只有韩昭胤、李专美认为宣武节度使赵延寿正在汴梁，逼近洛都，为了避免赵延寿的疑惧，不应当猜忌石敬瑭。

末帝也看到石敬瑭很消瘦衰弱，但是不担心他，便说："石郎不但是内亲，关系密切，而且他从小与我共同经历艰难；现在我做了天子，不依靠石郎还能依靠谁呀！"便仍任用他为河东节度使。

云州奏报契丹入境侵犯，石敬瑭上奏表示他愿意带兵屯驻百井，来防备契丹。

石敬瑭返归镇所后，暗中谋划如何保全自己。当时，石敬瑭的两个儿子任内使，曹太后则是石敬瑭之妻晋国长公主的母亲，石敬瑭贿赂太后的左右，让他们暗中侦查末帝的密谋，不论事情的大小他都能知道。石敬瑭常常在宾客面前自称病弱不能领兵为帅，希图朝廷不猜忌他。

后唐潞王清泰二年（公元935年）六月二十九日，石敬瑭率领大军屯驻忻州，朝廷派使臣赏赐军士夏衣，传布诏书加以抚慰，军士曾多次呼喊万岁。石敬瑭害怕，他的幕僚河内人段希尧请求杀了那些带头呼叫的，石敬瑭命令都押牙刘知远斩了挟马都将李晖等三十六人作为此事的宣示。末帝听说这些情况，更加怀疑石敬瑭。

第二年正月在自己的生日千春节置酒设宴，晋国长公主上寿祝贺完毕，告辞回晋阳。当时末帝已经醉了，说道："为什么不多留些时候，忙着赶回去想帮助石郎造反哪！"石敬瑭听说后，更加害怕。

石敬瑭赶紧把他在洛阳及诸道的财货全部收拢送回到晋阳，托词说是帮助军费，人们都知道他是心怀异志。唐主在夜间同近臣从容平淡地说："石郎是朕的至亲，没有什么可猜疑的；但是流言总是不断，万一和他失掉和好，怎么办为好？"众臣都不回答。

不久末帝任用建雄节度使张敬达为西北蕃汉马步都部

署，催促石敬瑭速赴郓州。石敬瑭非常疑惧，便和他的将佐商议说："我第二次来河东时，主上曾当面答应我终身不再派别人来替换我；现在又忽然有了这样的命令，莫不是像今年过千春节时，主上同公主所讲的那样吗？我如果不造反，朝廷就要先发制人，我怎么能束手被擒，死于道路之间呢！今天我要上表说有病，来观察朝廷对我的意向，如果他对我宽容，我就臣事他；如果他对我用兵，那我就要另作打算了。"于是，石敬瑭便下了造反的决心。

昭义节度使皇甫立奏报石敬瑭叛乱。石敬瑭上表称："皇帝是养子，不应该继位，请把皇位传给许王李从益。"末帝把石敬瑭的表章撕碎扔在地上，用诏书回答他说："你同鄂王李从厚本来并不疏远，卫州的事情，天下人都知道；许王的话，谁肯听他！"并下制令，削夺了石敬瑭的官爵。

石敬瑭派使者从僻路求救于契丹，让桑维翰草写表章向契丹主称臣，许诺了卖国条件：割让十六州给契丹，每年进贡大批财物，以儿国自称。

正愁没机会南下的耶律德光喜出望外，立即领兵来救石敬瑭，最后大败了后唐军队。让石敬瑭做了皇帝，建号大晋，石敬瑭就是晋高祖。石敬瑭则将十六州，即现在的河北和山西北部的大片领土割让给了契丹。

石敬瑭称帝后，很守"信用"，割燕云十六州给契丹，承诺每年给契丹布帛 30 万匹。燕云十六州乃北部天然屏障，至此中原完全暴露在契丹铁蹄之下。以后燕云十六州成为辽南下掠夺中原的基地，使北方社会经济遭到严重破坏，贻害长达 400 年。

石敬瑭对于契丹百依百顺，非常谨慎，每次书信皆用表，以此表示君臣有别，称太宗为"父皇帝"，自称"臣"，为"儿皇帝"。每当契丹使臣至，便拜受诏敕，除岁输 30 万布帛外，每逢吉凶庆吊之事便不时赠送好奇之物，以致赠送玩好奇异的车队相继以道。

石敬瑭虽然坐上了皇帝的宝座，但这个儿皇帝并不好当，隐忍得有时候也觉得难受。但契丹的使者来后，无礼骄横、横加斥责时又不得不卑躬屈膝地应酬。大臣中除了桑维瀚少数几个人外，都对契丹人有气，主张抵御契丹。

石敬瑭也曾动摇过，但看了桑维瀚的长篇奏折，又觉得当儿皇帝好处较多，所以一直到死也没有扔下儿皇帝这顶帽子。

在称帝之前，石敬瑭很节俭，但做了皇帝后就开始奢侈起来，他的宫殿都用黄金、美玉、珠宝等物装饰得富丽堂皇，原来的首都在洛阳，后来又嫌其破旧，就将都城迁到了汴州（今河南开封），将汴州升为东京开封府。

为了镇压百姓的反抗，他又下令制定了许多残酷的法律。此外，他对士人也不信任，觉得他们不为国家着想，只知道为自己的子孙谋利，所以石敬瑭又像后唐那样重用宦官，使宦官势力重新抬头。

石敬瑭晚年尤为猜忌，不喜欢读书人，专任宦官，因此，宦官大盛。由于吏治腐败，朝纲紊乱，以至民怨四起。石敬瑭既不敢得罪手握重兵的刘知远，更不敢得罪"父皇帝"，因此，忧郁成疾，于天福九年（公元942年）六月在屈辱中死去，时年51岁。

诗词拓展：

南城怀古

［元］王　冕

日上高楼望大荒，西山东海气茫茫。
契丹踪迹埋荒草，女直烟花隔短墙。
礼乐可知新制度，山河谁问旧封疆？
书生慷慨何多恨，恨杀当年石敬瑭。

赵匡胤立功掌兵权

后周太祖显德七年（公元 954 年），后周太祖郭威病逝，他的养子郭荣继承皇位，世称周世宗。

北汉的君主刘崇听说周太祖去世，非常开心，赶紧派使者去契丹请求救兵，打算趁周世宗刚刚即位，一切还不稳定的时候入侵后周。在此之前，刘崇曾几次联合契丹攻打后周，但都是以失败告终。这一次，契丹答应了刘崇的请求，派遣杨衮率领骑兵一万多人到达晋阳，与刘崇率领的三万多士兵会合，一起南下直奔潞州。

周世宗听到消息后，想亲自出征迎战。但是群臣劝阻说道："天下四海之广大，日常政务之繁多，即使是唐尧、虞舜也不能独自治理，必定要选择贤人来任用他们。何必降低国君的尊严而代替臣子的职责，枉屈高贵的地位亲理低贱的事务，不是丢失为政的根本了吗！"但是周世宗并没有听从，率领禁军从开封出发，亲自上场迎敌。

　　刘崇见后周带来的军队人数很少，非常后悔请来了契丹人帮忙，便对手下人说："我们自己就能击败后周军队，哪里用得着契丹人。今天一战我们不但要打败后周，还要让契丹人看看我们的厉害。"于是刘崇命令手下猛将张元徽率领一千多精兵冲击后周的右翼。后周的右军主将樊爱能本来就有怯战心理，交战不久，他看到后汉军队来势汹汹，就率领士兵率先逃走。一千多步兵脱下盔甲口呼万岁，向北汉投降。

　　后周世宗看到形势危急，自己带贴身亲兵冒着流矢飞石督战。赵匡胤当时任后周警卫将领，对同伴说："主上如此危险，我等怎么能不拼出性命！"又对张永德说："贼寇只不过气焰嚣张，全力作战可以打败！您手下有许多能左手射箭的士兵，请领兵登上高处出击作为左翼，我领兵作为右翼攻击敌军。国家安危存亡，就在此一举。"张永德听从，各自率领二千人前进战斗。皇帝身先士卒，快马冲向北汉前锋，士兵拼死战斗，无不以一当百，北汉军队溃败。内殿直夏津人马仁对部众说："让皇上受敌攻击，那还用我们干什么！"跃马奔腾，拉弓发射，大声呼喊，连续击毙数十人，士气愈发振奋。殿前右番行首马全对世宗说："贼寇气势已经尽了，将要被我们擒获，望陛下抓住缰绳别动，慢慢观看众将如何击破贼寇。"立即率领数百骑兵前进深入敌阵。

　　刘崇得知周世宗亲自披挂上阵后，重赏张元徽，催促张元徽大举进攻。张元徽骑着战马前进，结果战马被射到，张元徽掉下马来，被后周的士兵斩杀了。张元徽被斩之后，北汉军队士气低落，无心战斗。后周军队趁着越刮越大的南风，猛烈进攻，终于大败北汉军队。虽然此时北汉君主刘崇亲自指挥战斗，但也无法扭转战败的结局。契丹将领杨衮看到后周军队如此勇敢，也不敢再派兵救援，于是率契丹军撤退回国。后周军队乘胜追击，一直打到太原，北汉君主刘崇落荒而逃。

　　这场战争不但成就了周世宗，也成就了赵匡胤。战争结束后，张永德向周世宗推荐赵匡胤，极力称赞他智勇双全。于是周世宗提拔他为殿前督点检，兼任宋州归德节度使，负责防守汴京。

　　当初，宫禁警卫士兵，历朝相承，只求息事宁人，不想再检查挑选，恐怕伤害人情，因此瘦弱年老的占据多数。但又骄横傲慢，不听命令，实际无法使用，每次遇到大敌，不是逃跑就是投降，各朝之所以丧失国家，也大多由于这个原因。后周世宗通过高平一战，开始知道它的弊端，就对侍从大臣说："大凡军队只求精而不求多，如今用一百个农夫也未必能供养得起一名全副武装的士兵，怎么能榨取百姓的血汗，去养活这批无用的东西呢！况且勇健懦弱不加区分，用什么去激励士众!"于是命令各军普遍检查挑选兵员,精锐的提升到上军,瘦弱的逐出军队。又因强健勇猛的战士大多被藩镇所收养,下诏征募天下壮士,全部遣送到京城,命赵匡胤挑选其中最好的组成殿前诸班,其余骑兵、步兵各军,分别命令将帅挑选士兵。从此士兵精干强壮,近代以来没有比得过的,征伐四方,所到之处频传捷报,这就是挑选兵员的功效啊!

周世宗死后,他的儿子柴宗即位,当时年仅7岁,赵匡胤凭借自己在禁军中的威望与自己掌握的兵权轻易地发动了"陈桥政变",篡夺了后周政权,建立了宋朝。

诗词拓展:

初日诗

[宋]赵匡胤

欲出未出光邋遢,千山万山如火发。
须臾走向天上来,赶却残星赶却月。

名师导读

一、名著概述

中华五千年文明,给人留下了多少脍炙人口的经典故事。楚汉相争、苏武牧羊、赤壁之战,等等,至今让后人津津乐道。在这些故事的流传中,史书的作用功不可没,它给后人留下了非常珍贵的文化遗产。中国的史书浩如烟海,《资治通鉴》是其中的一部优秀之作。

《资治通鉴》是一部编年体史书,其作者是宋代史学家司马光。它以时间为纲,事件为目,从周威烈王二十三年(公元前 403 年)写起,到五代的后周世宗显德六年(公元 959 年)征淮南停笔,涵盖 16 朝 1362 年的历史。它是中国第一部编年体通史,在中国官修史书中占有极重要的地位。

宋神宗熙宁年间,司马光强烈反对王安石变法,上书请求外任。熙宁四年（1071年），他判西京御史台，自此居洛阳十五年，不问政事。历经19年编辑完成了294卷300万字的编年体体史书《资治通鉴》。

他在《进资治通鉴表》中说："臣今筋骨癯瘁，目视昏近，齿牙无几，神识衰耗，所谓旋踵而忘。臣之精力，尽于此书。"司马光为此书付出毕生精力，成书不到2年，他便积劳而逝。《资治通鉴》从发凡起例至删削定稿，司马光实都亲自动笔，不假他人之手。清代学者王鸣盛说："此天地间必不可无之书，亦学者必不可不读之书。"

北宋时代，在中唐以来长期混战之后，实现了国家统一，恢复和发展了社会经济，繁荣了学术文化；同时，内政多弊，御戎不力，"积贫积弱"，局势不稳。这是一个有生气的时代，又是一个很苦闷的时代，是个前进的时代，又是个软弱的时代。当时，君主将相，志士仁人，平民百姓，多在考虑如何生活，寻找出路。于是，有主张以"柔道"治天下，说祖宗之法不可变的；有立志改革，而实行变法的；有生活困苦，被逼铤而走险，起义造反的。掌握文化知识的人们，特别是历史学家，如欧阳修、司马光、范祖禹等，往往面对现实而回顾历史，企图总结历史经验教训，借鉴历史，为了有助于治国安邦，更好地解决现实矛盾。其中，司马光主编《通鉴》的目的最突出，最具代表性。它是由"鉴前世之兴衰，考当今之得失"而得名。宋神宗认为此书"鉴于往事，有资于治道"，即以历史的得失作为鉴诫来加强统治，所以定名为《资治通鉴》。

毛泽东自称曾十七次批注过《资治通鉴》，并评价说："一十七遍。每读都获益匪浅。一部难得的好书噢。恐怕现在是最后一遍了，不是不想读而是没那个时间啰……中国有两部大书，一曰《史记》，一曰《资治通鉴》，都是有才气的人，在政治上不得志的境遇中编写的……《通鉴》里写战争，真是写得神采飞扬，传神得很，充满了辩证法。"

二、知识梳理

1. 编年体史书是<u>编者按照时间顺序，把各个历史事件分头记录下来形成的一种史书</u>。现存最早的编年体史书是<u>《春秋》</u>，相传是<u>孔子</u>撰写。

2. "春秋五霸"分别是指：<u>齐桓公、宋襄公、晋文公、秦穆公和楚庄王</u>。

3. 商鞅变法的命令：将人民编为<u>五家一伍</u>、<u>十家一什</u>，互相监督，<u>犯法连坐</u>。举报奸谋的人与杀敌立功的人获同等赏赐，隐匿不报的人按临阵降敌给以同等处罚。把四散的小村落合并到一起，成为一个<u>县</u>，设置<u>县令</u>、<u>县丞</u>等官员，共设了<u>三十一</u>个县。

4. 魏晋时期有一群崇尚虚无之论，轻蔑礼仪法度，每日以纵情饮酒为乐，不问世事的人，分别是陈留人阮籍、谯郡人嵇康、阮籍的侄子阮咸、河内人山涛、河南人向秀、琅琊人王戎、沛国人刘伶，号称竹林七贤。

5. 隋代的大运河以洛阳为中心，分为三大段。中段包括通济渠与邗沟。通济渠北起洛阳，东南入淮水。邗沟北起淮水南岸之山阳（今江苏淮安），南达江都（今扬州）入长江。南段名江南河，北起长江南岸之京口（今镇江），南通余杭（今浙江杭州）。北段名永济渠，南起洛阳，北通涿郡（今北京城西南）。

三、我问你答

1. 三家分晋是哪三家？

2. "项庄舞剑，意在沛公"讲的是什么事？

3. 赤壁之战的经过是什么？

4. "以人为镜，可以明得失"是谁讲的？为什么讲出这样的话？

5. "想当年，金戈铁马，气吞万里如虎"讲的是谁的故事？尝试复述一下。

6. 你最喜欢这里面的哪一个故事？谈谈你读此故事后的感受。

图书在版编目(CIP)数据

《资治通鉴》故事/(北宋)司马光原著；沈慧红改写. —南京：南京大学出版社，2014.5(2017.7 重印)
(新课标经典名著：学生版)
ISBN 978-7-305-12541-6

Ⅰ.①资… Ⅱ.①司… ②沈… Ⅲ.①中国历史-古代史-编年体-青年读物 ②中国历史-古代史-编年体-少年读物 Ⅳ.①K204.3-49

中国版本图书馆 CIP 数据核字(2013)第 291082 号

出版发行	南京大学出版社		
社　　址	南京市汉口路22号	邮编	210093
出 版 人	金鑫荣		
丛 书 名	新课标经典名著·学生版		
书　　名	《资治通鉴》故事		
原　　著	(北宋)司马光		
改　　写	沈慧红		
责任编辑	肖自强　蔡冬青		
照　　排	南京理工大学资产经营有限公司		
印　　刷	北京中印联印务有限公司		
开　　本	880×1230　1/32　印张 14.125　字数 257 千		
版　　次	2014 年 5 月第 1 版　2017 年 7 月第 3 次印刷		
ISBN	978-7-305-12541-6		
定　　价	29.00 元		
网　　址	http://www.njupco.com		
官方微博	http://weibo.com/njupco		
官方微信号	njupress		
销售咨询热线	(025)83594756		

* 版权所有，侵权必究
* 凡购买南大版图书，如有印装质量问题，请与所购图书销售部门联系调换